国家出版基金项目
NATIONAL PUBLICATION FOUNDATION

中华文明的印迹

古代陵墓

永恒的家园

GUDAI LINGMU
YONGHENG DE JIAYUAN

桑永夫 吕劲松 王璐／著

辽宁师范大学出版社
·大连·

图书在版编目 (CIP) 数据

古代陵墓：永恒的家园 / 桑永夫，吕劲松，王璐著
. -- 大连：辽宁师范大学出版社，2021.12
（中华文明的印迹）
ISBN 978-7-5652-3172-8

Ⅰ．①古… Ⅱ．①桑… ②吕… ③王… Ⅲ．①陵墓（考古）－介绍－中国 Ⅳ．① K878.8

中国版本图书馆 CIP 数据核字（2020）第 008439 号

中华文明的印迹

古代陵墓
永恒的家园

出 版 人：王　星
策划编辑：王　星　邓丽萍
责任编辑：任　飞　韩福娜
责任校对：王　硕
装帧设计：李小曼
出 版 者：辽宁师范大学出版社
地　　址：大连市黄河路 850 号
网　　址：http://www.lnnup.net
http://www.press.lnnu.edu.cn
邮　　编：116029
营销电话：（0411）82159912　82159913
印 刷 者：大连金华光彩色印刷有限公司
发 行 者：辽宁师范大学出版社
幅面尺寸：170mm × 230mm
印　　张：23.5
字　　数：392 千字
出版时间：2021 年 12 月第 1 版
印刷时间：2021 年 12 月第 1 次印刷
书　　号：ISBN 978-7-5652-3172-8
定　　价：130.00 元

总序

“中华文明的印迹”丛书，集当代中国文博考古、历史文化领域专家学者的力量，从学术文化视角，依据档案文献，对中国文物古迹进行深入的学术解读与研究，是一部既有较强的学术性又适合大众读者的丛书。

中国是悠久的文明古国，有大量的古迹遗存，这些不可移动的文物就是凝固的历史，是中华文明历史传承的表征，是印证历史、传承文明的载体。数千年来历史的积累和叠加形成的古迹遗存，是中华文明传承不断的历史见证。其保护传承的艰难，甚至战火的摧残，都没有改变和动摇其根基。今天，保护和研究这些老祖宗留下的古迹遗存，是我们的一种神圣职责，辽宁师范大学出版社敏锐地选择这一课题具有独到的眼光。

古迹遗存是文化遗产，是文明实体的标志。中华古迹遗存遍布于960万平方公里的辽阔土地之上。展示中华文明，宣传中华文明，需要各领域的专家学者通力合作，田野考古、踏查闾里、寻访遗存，需要做大量的组织工作和细致的踏查寻访，同时还要查阅大量的档案文献，包括官书方志、笔记丛书、手稿日记等，要完成这样繁杂而艰苦的工作，没有坚守中华文明的信念是很困难的。为此，我们感谢出版社和各路专家的积极策划与辛勤付出。

本套丛书作者的研究方法是独到的，即将古迹遗存与档案文献相结合、相比较，探索文物遗存背后的历史真相。许多古迹遗存由于各种原因，历经磨难甚至战争的摧残，都或损或残。今天对文物的研究和书写就是一种修复和保护，也是对中华文明的传承和发扬，以此给中华民族的子孙后代留下传承中华文明

的依据。因此，我以为“中华文明的印迹”系列丛书具有继承中华文明、观照当代文明、发扬文明传统的意义。

近年来，有些国家标榜其文明优越，贬低其他国家民族文化。“文明冲突论”再次甚嚣尘上，他们害怕失去“自我优越”，进而歪曲历史，贬损其他国家民族的文明。文明是文化的内核和内在价值，文化是文明的外在表现。中国有五千多年的文明历史，是世界上唯一的文明血脉与历史传统未曾中断的大国。人类文明包括物质文明、精神文明与制度文明，文明囊括了人类历史活动的所有建设性成果。“中华文明的印迹”中涉及的古迹遗存有都城、坛庙、建筑、陵墓、桥梁、名塔、长城、瓷窑、名城、古镇，其文化内涵既包含物质文明，也包含精神文明，又包含制度文明。同时，中华文明又有其特殊性和独特价值。当今时代是一个多维度、全媒体时代，外来文化和本土文化的冲突与碰撞愈演愈烈，中华传统文明受到一定的冲击。因此，树立坚定的文化自信、坚守中华文明、宣传中华优秀传统文化，亦成为当务之急，“中华文明的印迹”系列丛书正是应运而生的产物。

著名的老一辈文物研究保护专家罗哲文先生曾经提出“文物古迹的保护，是一种上对祖先、下对子孙后代的千秋大业。因为文物是具有历史、科学、艺术价值的物质遗存，不仅传给我们这一代，还要传给子孙后代，它又是不能再生产的，一旦遭到破坏就不可再得。因此，我们每一个人都负有保护文物的义务和责任”。中华民族的悠久历史和灿烂的文化印迹，就是这些古迹遗存。它们从古到今一直展示在世人面前，代代呵护，代代传承。因为各种原因，尽管古都名城曾遭破坏，殿阁楼亭曾经斑驳，桥塔寺庙曾经残破，遗址陵墓曾经荒芜，但中华儿女追念先祖、传承国脉的初心一直未变。经过一代代人的不断修缮和保护，古迹遗存的历史得以延续。“中华文明的印迹”系列丛书的出版必将大力促进中华大地上几千年来保存下来的古迹遗存得到更有效的保护和传承。

“中华文明的印迹”系列丛书即将付梓，感念先祖，寄望后代，赘言为序。

朱诚如

于北京故宫城隍庙
2021 年 9 月 16 日

目录

第二章　地下的宫殿——历代帝王陵寝

第三章　幽界的殿堂——历代王侯墓

第四章　精雕细刻的美屋家宅
——汉画像砖石墓与宋元仿木结构雕砖墓

第五章　逼真斑斓的极乐世界——历代壁画墓

第六章　青山处处埋忠骨——历代名人墓

第一章　魂安之所　灵栖之路

——丧葬礼俗起源与丧葬制度的历史回顾

“人生天地之间，若白驹之过隙，忽然而已。”两千多年前的先贤大哲庄子的这一形象而优美的至理名言，说明了一条古往今来颠扑不破的真理——人总是要死的。诚哉斯言，无论是帝王将相、王公贵族，还是平民布衣、普通百姓；无论是腰缠万贯、颐指气使，还是失魂落魄、一贫如洗，在经历了对权势、财富、地位、情爱、长生的狂热追求后，都要无可奈何地共同抵达生命的终点。在遥远的古代，面对曾经与自己团结一心，却在严酷的自然环境下倏然而去的同伴的尸体，人们由茫然而生恐惧，因悲痛而发希冀。他们幼稚而执着地认为，死去的只是他（她）的肉体，而与肉体并生却游离于肉体之外的灵魂将在另一个世界里获得永生。从这一简单而美好的幻想开始，经过历代权力和伦理的推动与演绎，产生并逐步完善了人类所独有的社会活动和文化行为——丧葬礼俗。

一 丧葬礼俗的起源

由生而死，由死而葬，认识这一正常而自然的道理，事实上经历了漫长的渐次进化过程。作为一种社会的、文化的而绝非孤立的现象，丧葬的出现，需要一系列物质和社会前提：它不仅是灵魂不死的产物，还必须有人类原始思维的进化作为前提，并由氏族制度的形成作为社会保证。换言之，灵魂不死的观念使丧葬成为必要，人类思维的进化使丧葬成为可能，而氏族制度的形成使丧葬成为现实。

人类的历史至少可以追溯到300多万年以前，但经考古证实的最早的丧葬遗迹，距今仅10万年左右。丧葬礼俗在人类形成数百万年之后才出现的主要原因，是人类体质进化得极其缓慢。古人类学及考古学的发现与研究证明，距今200万～20万年前的处于直立人阶段的远古人类，其体质较之现代人，仍有着十分明显的原始性。他们虽然已具有语言能力，但脑容量较小，大脑结构与机能也和现代人有着很大的区别，所以其语言能力十分低下。与此相适应，他们的思维结构也是十分简单和粗陋的，他们的思维能力只是一种处于萌芽状态的早期思维，被称为“实象思维”。这种思维虽已不同于动物的本能和感觉，能够反映自身与外界、事物与事物间的一些明显的简单的联系，但还不能产生记忆表象，更不能形成概念。它只能凭当前刺激即实象所引起的现实的感觉、知觉和表象，通过相应的动作来进行。它的基本特征是直接的现实性、具体性、直观性以及不能脱离本能动作的随机性。这种思维只能使人类形成某些习惯，而不能产生抽象或理性的认识。这个时期的人类，混沌未开，除了使用天然形成或简单加工的工具及天然火种外，其生活内容和生活方式与动物没有太大的区别：他们活着的时候以采集植物或捕获动物为食，死后则被弃之荒野，任其自然消失或成为其他动物的食物。

人类的智力在距今25万～4万年的早期智人时期提升到了一个新的阶段。这一时期人们的脑容量、结构与机能几乎与现代人相同，语言能力大大提高，思维能力也随之有了实质性提升，由“实象思维”发展到“形象思维”。形象思维可以使人类产生记忆和想象，即人类可以在不出现实物或者行为结果的情况下预先在脑海中形成某种形象，然后再凭借想象或简单推理与总结，间接地反映事物之间的联系。虽然形象思维依然是具体和直观的东西，但毕竟已不是对实物原样的、直接的反映，而是具有了典型的、抽象概括的性质。也就是说，形象思维已经使人类产生意识，进而有能力对物象进行综合分析，从而生动地、具体地反映某些事物的基本特征。

人类从消极适应大自然演进为具备对周围世界和自身的观察、认识和适应的能力，这就具备了丧葬出现的物质前提。

但是，即使早期智人的形象思维可以进行观察和思考，但由于人类活动的简单机械和形象思维本身的落后，他们在观察、认识自身和周围世界时仍不可避免地产生了许多困惑。他们不理解四季变换、草木荣枯、昼夜更替，不理解山高水流、日月升落、风雨雷电等——大自然中的一切，都是神秘的。他们不理解人何以生，又何以死，不理解为什么做梦，为什么死者会在梦里复生，更不理解疲劳和饥饿、痛苦和疾病——人体的大部或全部，也是神秘的。他们不理解为什么大自然能给他们提供阳光、水、空气以及食物，使他们延续生命，却又能以火山喷发、雷电轰击、洪水泛滥、猛兽侵袭等方式吞噬威胁他们的生命与安全，产生痛苦或死亡——人与自然的关系，也是神秘的。

基于这许许多多的不理解，人类便产生了许多恐惧和幻觉，其中对死亡的恐惧是最持久和最严重的。这是因为当时人类生存的环

境极其险恶，婴儿成活率很低，人的寿命短暂，死亡频繁发生。群体中个体成员不断地死亡，常常会诱发和导致整个群体的瓦解和消亡，所以死亡便不再仅仅是某个生命的消亡，而是威胁到整个群体生存的严重事故。出于生者求生的本能，人们不愿意承认死亡竟是自身的彻底消亡，不相信死亡竟是生命的结束。出于对死亡的厌恶与恐惧，人们便试着探索死亡的秘密和意义，寻找摆脱死亡的方法和途径。

从对梦的感受与解释开始，人类将自身一分为二，一个是依附肉体而存在的自我，一个是脱离肉体而存在的自我。这样，人类头脑中第一次出现了灵魂的概念。他们相信，这种灵性是一种变幻莫测的超自然的力量所赋予的，人们的思维和感觉，只是这种独特的、寓于人体之中而在人死之后就离开身体的灵魂的活动。既然灵魂在人死亡后能离开肉体继续活着，那么就没有任何理由去设想它本身还会死亡，于是产生了灵魂不死的观念。

灵魂不死的基本理念是，人的存在并不会由于死亡而结束。对于活着的人来说，死去的人并非绝对地消失了；相反，他不过是改变了生存的形式而已，即从一个肉体的本质变为一个精神的本质。相对于生而言，死亡只是人生的一部分，而且由于脱离了有限的肉体，死去的人更得以永恒地存在。

然而，人们却无法知道死者的灵魂是以何种形式存在和活动的，也不知道死者的灵魂与生者之间的关系如何。他们十分恐惧地观察到了人死之后其身体形态所发生的重大变化，进而认为死者灵魂也一样将发生重大变化，从而在形态上、功能上将其与活人的灵魂区别开来。这样，人类又产生了鬼魂观念。由于不断遭受无休止的挫折和失败且无能为力，人们普遍相信有一种在冥冥之中操纵自己命运的神秘力量存在；又由于同伴的死亡总是从消极的方面影响自己，对自己不利，所以人们总是把死者的灵魂看作上述神秘力量的一种。这样，从人们头脑中幻生出来的灵魂，就成为一个确实存在但又不可感知的令人恐惧而无奈的对象。

在具有形象思维的原始人类的心中，一切事物都因其具有神秘性而异常复杂，同时也因为具有神秘性而异常简单。当他们不能认识死亡，不能理解灵魂与鬼魂，不能想象死后的世界是何等模样的时候，他们便依照形象思维的逻辑，认为死者有着与生者一样的心理和生理需要，死后的世界也和现实的世界别无二致，死去的人们在另一个世界继续过着生前的日子。不同的是，死者具有超过生者的力量，可以祸福于生者。所以，生者需要像崇拜自己无法理解和控制的自然力量那样去崇拜死者，像照顾生者一样去照顾死者，想方设法去讨好和接近鬼魂，使之与生者之间建立起一种尽量友善的关系，从而得到神灵庇佑而躲避灾祸。于是，这一时期的人类便开始对死者、鬼魂进行种种纪念、祀拜活动，这既是原始宗教的起点，也是丧葬礼俗形成的理论前提。

但是，从灵魂观念的产生、发展到有意识地安葬死者，从而形成固定葬俗，其间又经历了数万年的过程。这是因为，作为伦理的、文化的丧葬礼俗的产生，除了需要具备上述人类体质的进步和意识萌芽之外，还需要一个社会前提，这就是氏族制度的形成。

早期的人类只能结成规模很小的原始群体，这种早期的社会组织虽然是人们最基本的生产和生活单位，但由于杂乱性交、食物匮乏、疾病流行、灾害频发等原因，极易瓦解和消亡。在这种社会组织中，主要存在的是一种由共同的、巨大的生活压力维系着的松散的、混乱的、脆弱的关系。后来，随着血缘家庭的出现，人们依辈分划分，开始具有了较为固定和明确的关系，整个群体的稳定性由此得到加强。到旧石器时代晚期的晚期智人阶段，逐渐形成了一些比较稳定的经济集团，这些经济集团不断加强协作和联系，其中一个重大的进步便是族外婚的出现，并逐步解除了同一血缘关系之间的婚姻。一种新的社会组织——氏族，遂告形成。

氏族制度的出现，不仅基本消除了近亲通婚给人类带来的普遍而巨大的危害，大大促进了人类体质和心智的进步，而且形成了一种不同于辈分概念的新的血缘亲属关系。由此出发，人们产生了一

种不同于以往的亲情观念。在氏族制度下，为了维系本氏族的利益并与其他氏族相区别，人们开始留意计算世系。由于实行族外通婚，因而最初的世系只能以母系为本，即母系氏族。一个母系氏族往往是由同一位女性祖先所生的几代子女所组成的，其内部又依照血统关系的不同，分为若干个母系大家庭。在氏族和母系大家庭内部，实行共同劳动、平均分配的制度，氏族成员之间形成了平等密切的关系。但个体成员死亡仍是一切事物中不可避免并最具破坏性的大事件。这不单是因为它对群体的发展壮大构成了直接威胁，更是因为它对人们的心理打击也比以往更加严重。同一氏族的成员在日常生活中已经建立了一种紧密和牢固的关系，以至于他们彼此之间都具有十分深厚而亲密的感情。所以，人们在自己的亲人死亡之时所产生的悲痛、哀伤之情便大大增加。为了能充分体现丧亲之痛，表达对已故亲人的热爱和敬重，减轻由于个别成员的死亡给氏族带来的打击和破坏，使生者更加亲密和团结，人们开始认识到丧葬的重要性。

就世界范围来说，丧葬在距今 6 万 ~ 5 万年前，即人类进化到晚期智人阶段的旧石器时代末期已经完成。在我国，距今 3 万年前的处于母系氏族社会早期的山顶洞人已有意识地埋葬死者并放置适当的随葬物品。他们把自己居住的山洞深处作为公共墓室，尸体上撒有红色的赤铁矿粉末和粉屑，并有石制工具和石珠、穿孔兽牙等装饰品随葬，俨然是死者生时的写照。这已经是十分成熟且寓意明显的丧葬了。

如果说丧葬礼俗的出现是人类彻底摆脱动物界、最终演化为社会之人、文化之人的重要标志，那么，山顶洞人在悲伤和不解之余，怀着茫然和希冀之情捧起的掩埋同伴尸体的第一抔黄土，便揭开了我国古代神秘而多彩的丧葬文化的序幕。

二 中国古代丧葬制度的历史回顾

丧指哀悼死者的礼仪，葬指处置死者遗体的方式。中国古代的丧葬制度包括居丧制度和埋葬制度，居丧制度又包括丧礼制度和丧服制度。中国向称礼仪之邦，与生时的逐步完善的繁文缛节相适应，对死者的掩埋和哀悼也包含了宗法社会中人们的伦理思想和宗教观念以及与此相关的诸多议题。值得指出的是，丧葬不仅是对死者，更重要的是通过对死者的掩埋和哀悼来规范生者的言谈举止、衣食住行等行为，以达到维系社会伦理道德观念的目的，它所产生的根深蒂固的巨大影响力至今仍无处不在。

（一）葬法和葬式

1. 葬法

葬法指埋葬死者的方法。中国古代葬法种类很多，纷繁复杂。采用哪一种形式埋葬死者与该地区的自然环境，居民的生活方式、生活习惯、宗教信仰、意识形态等都有关系。只要其中某一种或几种因素发生了变化，葬法就会改变；反之，如果这些因素变化不大，那么，某一葬法就会一直延续下去。

土葬是中原地区汉族人的最标准的丧葬形式。中原大地土地肥沃，人们世代以农业为主，认为土地是生命之本，“有地则生，无地则死”是汉族最根本的观念。汉族所崇尚的黄色实为土色，土又居五行之中位，是一个最稳定最可靠的基础。因此，汉族人认为，人死后埋入土中，就是使死者灵魂达到永生的最好办法。土葬符合汉族人的生活习惯、宗教信仰以及慎终追远的伦理情感。同时，进入阶级社会以后，土葬也是最有利于体现等级差别的丧

葬形式。在高度重视等级的中国古代，统治者无一例外不遗余力地提倡土葬，使土葬几乎成为汉族唯一合法又合理的丧葬形式。

火葬一向被汉族视为异端，汉代以前更把焚尸作为对死者及与其有关系的生者的最大耻辱和最严厉的惩罚之一，以后各朝也对火葬屡加禁止。在这种情况下，要汉人把自己的亲人火葬是难以想象和无法推行的。所以，这种葬法直到汉代以前还只存在于边远地区。《荀子·大略篇》说，氐羌部落的战俘不怕绳捆索绑，却担忧死后不被焚烧，可见他们的习惯是焚尸火葬。《墨子·节葬》载，秦国西边仪渠国的人，亲人死了，要聚柴薪而焚之。从这些记载可以看出，火葬在西汉以前只存在于西北边远地区的游牧民族中。汉代以后，佛法东来，印度僧侣盛行的火葬之风随之而来，浸染了许多信奉佛教的汉族群众。火葬在唐宋间已有少数人奉行，而尤盛行于地少人多、水位很浅的南方地区。但火葬后的骨灰仍以匣装掘墓埋葬，俨如葬尸，与现代提倡的火葬只是形式略同，而意义却大相径庭。

水葬是我国古代存在于西藏及其邻近的西南地区的少数民族中的一种葬法。它是将死者投入水中，任其漂流沉浮。在西藏地区，先由喇嘛择定日期，葬时，或用牛驮尸至江边，喇嘛诵经，而后抛尸入江；或将尸体放入木匣，至急流处打碎木匣，沉尸江中或碎尸江上。奉行这种葬法的民族，一般都生活在深谷大川之畔，傍水为生，以水为神，视江河水流为自己生命的源泉和最好的归宿。

天葬又称露天葬、鸟葬等，以藏族露天葬最为典型。藏语称之为“吐垂杰哇”，意为“送（尸）到葬场”，又称“恰多”，意为“喂鹰鹫”。它是将死者穿好新衣服，整理好遗容，放置在空屋或帐篷里，点上几盏酥油灯，以示祭奠。送葬时，用牛驮尸至天葬场，尸体仰卧于地，喇嘛诵经击鼓，煨桑供神，秃鹫一见烟火，便群集附近山峦处。司葬随即将死者衣服剥去，并肢解尸体。首先捣碎骨架拌糌粑投以喂鹫，然后投放肉块。若尸体全被吃光，则说明死者已升入极乐西天，视死者为善人，否则为恶人。实行这种葬法的民族多居山地，以游牧为生，其流传的神话传说也多与猛禽有关。

悬棺葬（如图 1–1）是中国古代一些少数民族在崖壁上或崖穴中安葬死者遗体的一种葬俗。作为一种文化现象，悬棺葬分布地域广阔，延续时间漫长。这种葬俗大致从商周直至明清，曾主要流行于我国南方和西南地区，遍及今日的四川、广西、福建、云南、贵州、湖北、湖南、广东、浙江、江西、安徽、台湾等省区。其中以四川珙县、广西左右江、福建武夷山、江西龙虎山等地区最为集中，亦最具代表性。武夷山和龙虎山甚至将其作为一个重要的游览项目。其葬具主要为船形棺，葬次分一次葬和二次葬。利用木桩或天然石缝把棺木悬置于峭壁之上，或把棺木放在人工和天然的岩洞之中。其升置技术主要有悬索下吊、悬索拖升推上、侧修栈道等方法。溪涧江河之滨，悬崖峭壁之上，洞壑幽深，船棺林立，云雾缭绕，浪涛拍岸，气势壮观，令人惊叹。这种独特而神秘的葬俗不仅引发了许多学者的探讨，也使无数游人惊叹不已。

图 1–1　江西龙虎山洞穴悬棺

2. 葬式

葬式即安葬死者的姿势。人死后埋葬时身体的姿势与生前睡觉一样，多种多样而非统一。这些不同的葬式固然受葬法、葬具等影响，但同时也反映了各自宗教信仰的不同。在各种葬式中，最流行的是仰身直肢葬，即死者身体仰面朝上，四肢并拢伸展。这是人类生时睡眠的标准姿势，意在让死者平安。我国汉族一般都采取这种葬式，从旧石器时代流行这种葬式始，基本上延续至今。在同时实

行直肢葬和屈肢葬的情形下，两种葬式的主人往往有很大的区别，一般是主人仰身直肢，女性或殉葬奴隶为屈肢。屈肢女性不但象征男女同眠，更意味着女性对男性的依附和屈从，屈肢奴隶则象征着执事奉主。

屈肢葬也是人类古老的葬式之一，其姿势一般为屈肢、侧身或仰身。距今一万一千多年前的桂林甑皮岩新石器时代遗址就出现了屈肢葬。屈肢葬的含义大概有二：一是捆绑以防鬼魂骚扰，二是回复胎儿状态，以利死者再度投生。屈肢葬除侧身而卧以外，还有坐、蹲的形态。

屈直、俯仰是基本的安葬姿势，在此基础上可以衍生出许多不同名目的葬式——就像生时的许多不同姿势一样。

（二）葬制

葬制是有关丧葬的规制，如是单身葬还是合葬，是单独建坟还是公共墓地，以及丧葬的等级如何，等等。这里只就葬制和墓地规制进行简单介绍。

就安葬死者的情形来说，单身葬是最原始、最普通的规制之一。这首先是由自然规律——生命过程决定的。人一个个地死去，自然就一个个安葬。但随着社会的进步，社会制度和意识形态决定了单身葬注定要让位给合葬。

人类告别氏族社会进入阶级社会以后，从杂婚、对偶婚发展到一夫一妻（或一夫多妻）制婚姻，合葬随之出现。合葬专指有婚姻关系的死者葬在一起，如夫妻合葬、夫妻妾合葬。合葬之制，《礼记》认为始于周公，但事实上要更早一些，商代就有夫妻合葬墓，春秋战国更为常见。不过，合葬墓的普遍流行是西汉以后的事。一般说来，夫妻不会同时死去，所以需要“虚左以待（男）”或“虚右以待（女）”，这就出现了细节上的问题，即如何合葬。一般情况下是同穴合葬，夫妻中的一个去世后先入圹，另一个去世时，重新掘开墓穴，男左女右，并置棺椁而葬。非同穴合葬有“并穴合葬”“异穴合葬”“同坟异穴合葬”等几种情况。合葬反映了人们的情感意念，可以说是人间婚姻关系借助于灵魂观念的延伸，还折射出了宗教观念与夫权观念的强烈影响——女性只有与丈夫合葬，才最后确定了其社会地位和身份。

丛葬，指多个死者葬在一具棺木、一窟墓穴中。其特点就是许多人葬在一起。丛葬可分为几种类型，一是同性丛葬；二是男女分边合葬，即男女同葬一处，却分出界限。显然，丛葬透露着氏族社会的信息，即社会建立起来的只是杂偶或对偶婚姻关系。这种丛葬也可能是同一氏族成员的合葬，即聚族而葬。丛葬有一次完成的，但更多是二次葬，新石器时代的墓葬中都有此类丛葬的发现。

（三）墓地规制

墓地规制受社会形态和社会意识的影响最大，也最能反映社会组织的情形。

原始社会时期，氏族公社成员生前居住在同一部落，死后则葬在同一墓地，这就是原始的公共墓地。进入阶级社会以后，与“普天之下，莫非王土”的土地国有制紧密相连，与实行严密的宗法制度的社会形态相适应，死者按宗法关系同族而葬，即典籍中所称的“族坟墓”制度。这种制度在西周、春秋战国时期最为盛行。

族坟墓又分为公墓和邦墓两大类。公墓是国君和王室贵族及其子孙后代的墓地，规划十分严格。按照宗法关系区分尊卑次序，事先画好图样，排定墓地。中间是历代国君的墓，以最早葬入的王为准，以下各王依一昭一穆、左昭右穆的次序轮流排列，依次入葬。在国君墓左右，是其他大小贵族的墓位，按生前身份高低依次前后排列。这种以与国君血缘关系的亲疏远近而层层区分大小宗位并事先固定墓位的公墓制度，反映了统治集团在世时的宗法关系。邦墓是普通平民的墓地，由专门官员掌管，划分地域，分族同葬，葬次同样昭穆有序，依生前地位而规格略有不同。

很显然，这种以土地国有制为前提和基础的族坟墓制度，只能在这种特定的历史时期存在。战国末年，各国变法的结果导致土地私有制渐渐合法化，到了西汉时土地已可以自由买卖。土地的

私有制使墓地渐渐被分割为私有财产，而且也可以自由买卖，原先由国家掌管并规划的邦墓就完全解体。在私有制度下，不可能再出现连成一片的公共墓地，族坟墓制度也就分崩离析、退出历史舞台了。

代之而起的是家族墓地，不同的家族可以依照自己的地位和财力选择购买不同的墓地。整个墓地不像邦墓那样排列有序，而是各家族自行安排。强宗豪族的墓地可以绵延数代不休，如孔林，这多少犹存族坟墓制度的痕迹。就民间的一般情况而言，由于家族墓地面积有限，而族人又不断增多，由各房支及至各个家庭自行选择墓地已成为必然趋势,甚至有同一家族成员也不葬在同一墓地的情况。但就普遍意义上说，同一家族的许多成员葬入同一墓地的情况始终存在并影响至今。

（四）葬具和随葬品

最能体现死者当时贫富尊卑并引起今天游人极大兴趣的，是埋葬死者时所用的葬具及随葬物品。

1. 葬具

葬具是盛放死者遗体或遗骨的器具，土葬所用称为棺。早在史前时期，我国先民已开始使用木棺，商代以后更大量用木棺。虽然某个时代或某些地区曾经使用陶棺、石棺、金属棺等，但由于木棺取材容易，制作方便，所以木棺占据了绝对的主导地位。而且，随着社会的进步，特别是进入阶级社会以后，葬具也从原始的盛放并保护尸体的功能,逐渐演变为体现尊卑贫富的等级森严的棺椁制度。文献记载，周时，天子所用除贴身的内棺外，再套四层外棺，共五层，每一层都有特定的名称。最外一层叫大棺，第二层叫属，这两层用梓木制作，故又称梓棺或梓宫。第三层叫杝（yí）或椑（pí），用椴木制作，第四、五层为水牛皮或犀牛皮制成的革棺。诸公以下由内至外递减，到士一级就只有一层木棺，不得用套棺了。

套棺是一层一层紧套在一起的，如果在棺或套棺之外隔较大的空隙再加一层，就叫作椁，棺椁之间的空隙用来放置随葬品。这种被称为周制的棺椁制度，到战国时期在一定程度上仍在流行，后世各朝也在此制度的基础上进行增补，继续实行。战国、秦、汉墓葬所用棺椁，具有象征地上建筑的性质，不仅规模巨大，而且同墓室一样，称为椁室。其形状往往像一口方井，称井椁。椁室用板壁分割成若干块，分别为棺箱、头箱、足箱等。棺木放置在棺箱内，其余部分放置随葬品。汉代还有一种特殊的葬具——“黄肠题凑”，即用一定规格的黄心柏木堆垒而成的框形结构。汉代以后椁室制度不行于世，也不再有套棺与椁的区别，一般把棺外之棺称作椁，不过在大小、质地、形状等方面仍有诸多限制和规定。

2. 随葬品

随葬品是伴随着死者在另一个世界生活的物品。从山顶洞人把石制工具和石珠、穿孔兽牙等饰品一同随死者埋葬的事实可知，随葬习俗几乎与丧葬习俗同步，而最初的随葬物品均为死者生前用过的武器、工具、生活用品以及简陋的装饰品，以此寄托人们对死者的祝愿。这也是由当时生产力低下和丧葬习俗刚刚起始的情况决定的。进入阶级社会以后，除了广大的贫困劳动者不得已继续遵循先人这一行为外，帝王贵族则凭借权力巧取豪夺，生前酒池肉林，骄奢淫逸，并幻想死后到另一个世界里仍能享受荣华富贵，往往用大量的能显示其生前地位及财富的专用品和大量的金银玉瓷、珍奇玩好之物随葬，逐渐形成了厚葬的风气。所谓“愈侈其葬，则心非为乎死者虑也，生者以相矜尚也”（《吕氏春秋·节丧》），说明厚葬并非只是为了死者，一定程度上只是生者攀比富贵、显示地位的“矜尚”心态的表露。

商周是我国青铜文化逐步发展并到达顶峰的时代。王公贵族不仅生前把青铜礼器作为专享之物,死后更随葬数量众多的精美铜器。如安阳殷墟妇好墓，青铜礼器即达 210 件。随州曾侯乙墓，全套青铜礼器竟达 10 吨之重。平山中山王墓各种随葬物品也达到 19000 多件。

除青铜器外，玉器、金银器等也数量众多。以至古人叹曰：“国弥大，家弥富，葬弥厚。含珠鳞施，玩好货宝，钟鼎壶滥，舆马衣被戈剑，不可胜其数。诸养生之具，无不从者。”（《吕氏春秋·节丧》）

大型墓葬普遍使用车马坑，几乎已成商周定制，尤以春秋战国时期为盛。河南洛阳有天子驾六车马坑（如图 1–2），佐证了天子驾六的记载。平山中山王墓车马坑有 12 匹马，4 辆车，甚至还有 5 条船。山东临淄齐国故城河崖头的一座春秋墓，全部殉马总数不下 500 匹。河南三门峡虢国墓地车马坑，更是规模宏大，令人惊叹不已。

厚葬之风发端于商周，并影响了我国两千多年的封建社会。皇帝自不必说，从秦始皇到慈禧太后，不论是身处盛世还是山河破碎、

图 1–2 洛阳天子驾六车马坑

国将不国，都无一例外地倾国之力，把大量的民脂民膏埋入地下。王公贵族、地主豪绅虽有各种限制，但无不凭其生前掠夺，不遗余力地埋金葬银，极尽奢华。影响所及，甚至中小地主乃至一般人家也“靡财单币，腐之地下”（《汉书·杨胡朱梅云传》）。

基于畸形心态的厚葬风气浪费了大量的社会财富，并且诱发和助长了盗墓之风，无益于死者且有损于生者，其悖逆情理之处是显而易见的，因此厚葬风气很早就受到许多有识之士的强烈抨击。后世各代一些开明君主如汉文帝刘恒、光武帝刘秀、唐太宗李世民、宋太祖赵匡胤等也都提倡过实行薄葬，但囿于阶级和时代的巨大局限，不可能从根本上禁止厚葬陋习。倒是对于广大生前啼饥号寒的贫困百姓来说，薄葬成为一种无奈的安慰——他们连一口薄棺都不可得，许多人只是用卷席和破毡草草掩埋，何谈随葬物品？

明器和墓志是一种特殊的随葬品，并有着巨大的历史与文物价值。

明器，又称盟器、冥器、鬼器、息器，是专为随葬而制作的无实用价值的各种器物模型的统称。所模仿的有礼器、工具、兵器以及车、马、船、仓、井、房屋、庭院、牲畜及栏圈等，大凡世之所见，应有尽有。做成人或家畜鸟兽模型的明器即所谓俑。自新石器时代起，历代墓葬均葬明器，尤以中小墓葬为最——明器作为实用物品的替代品，制作简便，易于措办，所以一般心有余而力不足的平民百姓更易承受。这与把许多有实用价值的物品或精巧珍贵的工艺品埋于地下相比，对当时的社会来说，无疑是一种进步。不过一般情况下，明器很少单独随葬，大多是和部分实物一起随葬的。北宋以后逐渐流行纸扎明器，纸扎明器并不是随葬，而是在下葬之时或之后焚烧。这种纯粹象征性的明器可能是最经济的寄托哀思的器物了，所以直至今天仍在普遍使用。

墓志的性质与作用和墓碑相似，是记载死者的姓名和家世生平事迹的石刻，文末缀有称作铭的韵语颂词。不同的是墓碑立于墓前，而墓志则埋入墓中。墓志起源于东汉，魏晋以后普遍流行。早期的

墓志形似碑而较小。南北朝后，一般都作方形，由志盖和志石组合而成。志盖多作箓顶形（像小盒扣在顶上），一面刻有篆体的标题。志石则刻志文、志铭，唐以后还有撰文者及书丹者姓名。历代墓志，其文其书不少出于名人之手，且大多有当时的史实记载并录确切纪年，故具有极高的文物价值和史料价值。

人殉是最为血腥的随葬品。

斧钺高悬，人头滚落，喊声凄厉，身首异处，妃嫔侍者或战俘奴隶被杀后或干脆活着被埋进其生前侍奉的主人的墓穴，这便是自原始社会末期兴起，奴隶制时代盛行并残存于整个封建社会的一种古老的葬俗——人殉的血腥场面。

人殉就是以活人陪葬。从考古资料看，我国中原地区早在2800多年前就有了人殉的现象。这种血腥的葬俗在商周时代登峰造极，直至封建社会如明朝仍有大量残余。

商代是人殉最盛行的时代。为了死后仍有人执役服侍，杀人殉葬似乎已成定例。殷墟妇好墓发现了16具人殉骨架，商王墓的殉葬者更是动辄数以百计。人殉至春秋时期仍盛行不衰，曾侯乙墓有21个青年女子殉葬。秦穆公死后，即以被国人称为“三良”的子车氏之子奄息、仲行、鍼虎等177人殉葬。战国时各诸侯国仍极力仿效，“天子杀殉，众者数百，寡者数十；将军大夫杀殉，众者数十，寡者数人。”（《墨子·节葬》）这说明，自商代至战国，不但王公贵族，甚至一般富豪官吏也大都使用人殉。

人殉在西周末年曾有趋于低落的迹象，表现在人殉主要存在于上层贵族中，而普通官吏或不用或较少人使用。这可能得益于周人对人殉的看法已较商代大有进步。秦统一各国后，人殉又“回光返照”。在20世纪70年代勘探和发掘的秦始皇陵区中，已发现17座殉葬墓。已发掘的8座殉葬墓，除一墓仅放1剑而无骨骼外，其余7座墓殉葬人数为五男二女，系被肢解后入葬，可能是被处死的秦公子、公主或秦始皇近臣。

殉葬的用意是以殉人来警卫或侍奉主人，这显然是古代宗教观念与等级制度的一种血腥的产物。这种对社会和生命造成巨大危害的陋习，自春秋始就遭到有识之士的强烈抨击，孔子、墨子都对这种“不仁”的做法提出过尖锐的批评。汉代以后，人殉虽偶有发生，但总的说来，这种野蛮的制度已被历史否定，且已不作为正式制度。作为一种补偿和替代，以人俑、畜俑和各种实物模型等随葬的习俗却大大发展起来。这虽然体现了统治者至死不忘奴役他人的阴暗心理，但这种无奈的做法比之杀殉恶习，显然是大大前进了一步。

（五）坟丘、墓穴与墓地建筑

丧葬制度中给古人及今人最直观感觉的是坟丘、墓穴和墓地建筑。

1. 坟丘

中国传统的葬式是土葬。实施土葬，要把死者安置在棺中，然后埋入土穴。埋棺之处叫作墓，也叫作茔，墓地周围一定范围内叫兆域，在墓地埋棺之处地面上堆土成丘状，叫作坟，也称冢。也就是说，墓指平处，坟指高处，所以古人说“土之高者曰丘”，“葬而无坟谓之墓”。最先进入阶级社会的中原地区以土坑竖穴墓为主要的墓葬形制，但直到西周初年，地表上还没有明显的坟丘。到了春秋晚期，中原地区才出现了坟丘式墓葬。周游列国的孔子就曾见过四种不同的封土堆：有的四方而高，像堂基一样；有的狭长而陡，像堤坝一样；有的四方广阔而两旁向上尖削；有的狭长而从两旁向上尖削，形同斧刃，因其状似马颈上的鬣毛，俗名马鬣封。孔子在给父母合葬之时，考虑到自己四处周游，为了便于上墓祭祀父母，需要在墓地之上立个标志，于是便立起了四尺高的坟丘。孔子死后，其葬地也起有坟堆。（《礼记·檀弓上》载，孔子死后，他的学生子夏说：“昔者夫子言之曰：‘吾见封之若堂者矣，见若坊者矣，见若覆夏屋者矣，见若斧者矣。从若斧者焉，马鬣封之谓也。’”同篇又载，孔子合葬父母于防，“封之，崇四尺。”）

土丘坟一经出现，在很短的时间内便迅速流行，由“不封不树”发展为“大封大树”，至战国时已蔚然成风并且制度化。“坟墓”“丘墓”

等词在战国文献中已屡见不鲜。土丘坟在春秋战国出现并流行，主要是因为当时墓祭习俗的流行。在一般人心目中，到祖先葬身之地直接祭告，似乎更能为祖先所接受。如果墓地无“坟”，则年久之后难以确认，进而更使墓祭难以进行，所以人们竞相立“坟”而祭，以显诚意。同时，为了显示威严，统治者率先倡导，也起到了推波助澜的作用。为了死后仍能享受人间的一切，向世人显示自己的赫赫地位，高大的封土堆最符合他们的这种愿望。

秦汉之后，几乎可以说无墓不坟。秦汉时的坟丘以方锥形为贵，这种情形一直延续到唐代。但只有皇族可以使用方丘，一般贵族和平民均使用圆锥形。至明太祖朱元璋孝陵改方形陵为圆形宝顶起，无论是王公贵族，还是庶民百姓之墓，都成了圆锥形坟丘，所不同的只是占地大小和坟丘的高低而已。

2. 墓穴

墓穴即墓室，也称墓圹，有竖穴、横穴之分。竖穴是从地面一直往下挖掘而成的土坑，横穴则是先掘到地下一定深度，再横向挖掘而成的洞室。墓室是坟墓的地下部分，因时代和墓主身份的差异而有所不同。

殷周时期墓穴的主要形制为竖穴土坑。到战国晚期，出现了用大块空心砖砌筑而成的墓室，至西汉颇为流行。东汉时期则以用小型砖砌筑的券顶砖室墓最为常见。王莽前后开始出现了在墓中祭奠死者的风气，为了便于在墓内进行活动，竖穴的墓道普遍转变为阶梯或斜坡式。两汉时的砖室墓中，有些还在墓砖上雕刻描绘各种图案，即画像砖墓。隋唐时，盛行壁画墓，即在墓道墓穴内彩绘各种宴饮、出行、狩猎等图案。宋元时则盛行仿木结构墓，即按照墓主生前所居来构筑和描绘墓穴。当然，不同形制的砖室墓仅各级官吏和王公贵族可以享用，隋唐时的这一规定一直为其后各朝所沿用。至于普通百姓，能以土坑竖穴葬其尸已是相当不易了。

3. 墓地建筑

除皇陵外，在一些规模较大的家族墓地和独立的墓葬所在地，地面上还有许多附属建筑，主要有以下几种。

（1）寝。原始社会末期以来，人们相信灵魂不灭，而且可以自由出入，所以需要在墓地上建一小屋供其使用。进入阶级社会以后，这种小屋逐渐演变为供奉死者灵魂起居的墓地建筑，称作寝。安阳殷墟王陵已有寝的痕迹，其位置正好坐落在墓室之上，面积也同墓室大小相等。春秋战国时，陵旁起寝渐具规模，平山战国中山王墓封土堆上就有建筑物的遗迹，墓中出土的“兆域图”标明这些建筑为“王堂”“王后堂”“哀后堂”“夫人堂”等，其性质正相当于寝。在此后的封建社会中，王公贵族乃至中小地主的墓地也几乎都有这种建筑，但不论从规模还是从内容上都以皇陵最为典型，它俨然已成了皇家陵墓的标志和象征。

（2）祠堂。本意上，寝是供墓主灵魂日常出入起居的，祠堂则是用来祭祀死者的。祠堂又称享堂，大致出现于西汉中期。祠堂内设有祭台，上有神座。在特定的祭祀之日用馨香降神的办法召唤死者魂灵来享用祭品。西汉时，随着墓祭习俗的风行，墓前祠堂已相当普遍。一些强宗豪族把墓祭当作团结族众的一种手段，十分重视本族墓地的祠堂建筑，宗族墓地的祠堂往往建成几进房屋的大院落。一些用石材建筑的祠堂更是存在了数百上千年之久，如山东长清孝堂山的郭氏墓石祠、山东嘉祥武翟山的武氏墓石祠至今犹存。后世祠堂大多不建于墓地而另处专建，代之而起的是简易的墓前小屋和墓前供桌。

（3）墓阙。阙本是一种高台建筑，最初用于登高远望。墓前建阙，大约始于西汉中期，至东汉而盛。墓阙多用石块垒砌而成，由基座、阙身和有檐阙顶组成。一般在正阙之旁又有子阙。墓阙的用意是供墓主灵魂登高起居，是一种象征性的建筑。有些墓阙上铭刻墓主生平事迹。汉代以后墓阙基本废止，不过帝王陵前之高台多少犹存墓阙之意。

（4）墓碑。碑最初是一种测量日影长短的计时工具，为一长条形竖石。先秦时，在下葬的时候于墓穴四角和两边竖木碑，碑的上端有圆孔，叫作穿，以穿为支点控制平衡，用绳索慢慢悬棺而下，

棺入穴后，碑也随之埋入墓中。西汉末年，人们把石制的碑立于墓前，既不拆除，也不随棺掩埋，而是在其上铭刻墓主姓名生平，这就是通常所指的墓碑。早期的墓碑顶端或作方形，称“圭首”；或作圆弧形，刻云气图案，称“晕首”。东汉时墓前立碑已蔚然成风，许多墓碑除墓主姓名官爵外，还刻有长篇铭文，介绍墓主生平事迹并颂扬其美德。碑阴则详刻立碑人的姓名。晋时曾一度禁止。至唐宋则仅准许一定级别的官员立碑。碑首也称碑额，刻螭、虎、龙、雀等图案。碑身下碑座称趺。明时更把墓碑的形制作为体现墓主身份的标志，如一品官螭首龟趺，二品官麒麟首龟趺等。原则上平民不得立碑，但这种禁令难以严格执行，所以一般人死后多有立碑，只是体小制陋，又无趺而已。

帝王贵族的墓前通道称神道，如果在神道上立碑，就叫作神道碑。神道碑多刻有墓主家世并诸多颂扬之词。立于墓前的碑碣一般只刻官爵、姓氏、名讳等。墓碑因其上大部刻有长篇铭文，已成为历史研究的重要史料。

（5）石雕群。在墓前通道（神道）两侧排列的人像、动物像、神兽像等石刻，是用来显示死者身份的。石刻最早出现于西汉，如著名的霍去病墓前石刻。东汉墓前石兽的尺寸、数量和种类与西汉相比也有差别。墓前石人象征墓主生前的侍从，体现着墓主生前高贵的地位。唐以后对各级官员的墓前石刻都有详细的规定，以帝陵前石刻最具有代表性。

另外，一些大墓前还有作为标志的石望柱和华表，这两种柱状建筑也具有显示身份和等级的意思。

三 中国古代丧葬制度的基本特征

中国古代的丧葬制度，以原始的宗教信仰为思想基础，用逐步发展的物质文明做物质保证。它发端于原始社会末期，至商周已十分完备。自“罢黜百家，独尊儒术”的西汉起，丧葬制度成为封建宗法伦理制度之一被强制执行。而作为一种制度，其表面上是表达对死者的种种悼念和惜别祝福之仪式，事实上是通过它来维系封建伦理体系，进而规范生者的行为，达到为统治者服务的目的。各代统治者之所以不厌其烦地大力推行并改进这套繁复的制度，除了真正需要的部分伦理因素外，真正的原因就在于此。

（一）鲜明的等级性与政治性

同样是死，天子死曰崩，诸侯死曰薨，大夫死曰卒，士死曰不禄，庶人死曰死。从这一简单的称谓开始，等级的森严和阶级的压迫遍布于丧葬制度的字里行间。无论是茔地范围、坟丘高低大小、随葬物品多寡优劣、葬具质地、墓穴大小深浅以及丧礼级别、丧服着装等，无一不寓示着死者生前的等级和贫富，进而昭示生者的地位和权势。

首先是坟丘，官爵越高，墓地越大。墓地越大，坟丘越高。唐至清各朝的典章对不同品级官员和庶人墓地的大小及坟丘高低都有具体而严苛的规定，不能逾越。

帝王的坟墓规模自然最大，称为陵或山陵，一方面是因其占地之广、封土之高如同山陵，另一方面也有以崇高的山陵比喻至高无上的帝王的意思。例如秦始皇陵，虽经两千多年的风雨冲刷，实测仍高达 76 米；西汉高祖刘邦长陵实测高 33 米，武帝刘彻茂陵高 46.5 米，而当时的高度肯定要比现在的数据高出许多。这种

不惜耗费巨大人力物力为帝王修建宏伟陵墓以体现皇权威严的做法，逐渐成为定制并被历代封建统治者发扬光大。甚至坟丘的形状，在秦汉时也有严格规定，只有帝王能使用方形坟丘，一般贵族官员只能用圆锥形坟丘。

墓室的大小和墓地的各种建筑本身就是等级社会的产物，无处不体现着等级的差别。诸如寝、石像生、祠堂，除皇陵外，各级官吏的使用都有严格规定。例如墓碑，明清时即规定，一品为螭首龟趺，二品为麒麟首龟趺，三品为天禄、辟邪首龟趺，四至七品为圆首方趺，庶人则不得立碑。例如石像生，唐代规定，三品以上可置石人、石羊、石虎各两件，四、五品官员只能置石人、石羊各两件，六品以下则不得置。清时规定，二品以上置石人、石马、石虎、石羊、石望柱各两件，三品置石虎、石羊、石马、石望柱各两件，四品置石虎、石马、石望柱各两件，五品置石羊、石马、石望柱各两件。至于帝王陵墓神道两侧排列的石雕群，更是名目繁多，宏伟精美，是臣下庶民望尘莫及的。

葬具和随葬品亦是如此。如用棺，《礼记·檀弓上》记载："天子之棺四重。"郑玄注曰："诸公三重，诸侯再重，大夫一重，士不重。"且棺木的大小厚薄、内外装饰用料、图形纹样等也有具体规定。用椁，"天子之棺椁七重，诸侯五重，大夫三重，士再重。"（《荀子·礼论》）随葬品更是高低贫富一目了然，王公贵族用数以千百计的珍奇玩好之物来装饰自己的冥间天堂，而衣不蔽体的贫困百姓只能像生前一样一贫如洗，草草掩埋。甚至对于可使普通百姓聊以自慰的明器，也有各种规定，例如唐时，三品以上可用明器九十事，四、五品可用六十事，七、八、九品可用四十事，庶人准用十五事。不过准用和是否能用完全是两回事。

等级的实质是阶级压迫，而且带有血腥的味道，例如殉葬。在这一点上，实际上根本不用任何规定，想想贫困者生前的惨状，死可以说是一种解脱，其在来世的生活只好悉听尊便了。丧葬制度本身是阶级社会的产物，又反过来体现和维系着阶级压迫的严酷事实。

（二）强烈的宗法伦理观念

丧葬制度的各个方面都体现着强烈的宗法伦理道德观念。

丧葬制度与宗法制度密切相关，反映了宗法社会中的宗教观念和伦理思想。例如，家族墓地对每一个家庭成员来说都有着神圣的意义。依恋祖坟，是人之大伦，而死后不准入祖坟，则是对不肖子孙最严厉的惩罚，祖坟被毁，更被认为是奇耻大辱。一个人背井离乡，或沦落街头或富甲一方，唯一的心愿就是客死异乡后能葬入祖坟，此即所谓“叶落归根”。

再以丧服制度为例，它从一个侧面反映了每一个具体的人在宗法系统中的地位，反过来又维系着宗法制度的尊严和神圣。同是母亲，一经改嫁，丧服即大有区别；同是女儿，在室与出嫁亦有区别；同为孙辈，服制也有不同。除此之外，还规定了诸侯为天子，大夫、士人为诸侯，公、士大夫之众臣为其主的不同丧服。而帝王去世全体臣民均为之服丧，则被视为天经地义的事。大凡君臣父子夫妻邻里等“礼”，无不体现在丧服制度中。在丧服制度中，父系、母系有别。在父权社会中，只重宗族、宗亲，不重外亲，血统更以父亲论，所以父系亲属的服丧范围很广，服制很重，母系亲属却十分有限，且服制轻微。亲疏有别，血缘关系愈亲的服丧愈重，反之愈轻。男女有别，如夫为妻服齐衰杖期，而妻为夫服斩衰。嫡庶有别，如妻为妾无服，而妾为妻服齐衰不杖期等。凡此种种都完全符合宗法制度的原则，更符合伦理道德的规范。丧服制度既是宗法制度的表现形式，又反过来使宗法关系更加严密，二者不可分割。无论是封建社会前期的强宗大族门阀制度，还是封建社会后期以祠堂族权为象征的家族制度，都带有浓厚的宗法伦理色彩。

可以说，通过对死者的种种礼仪，来对生者的各种伦理道德进行检阅和示范，使其永远发挥作用，正是丧葬制度的重要功能和突出特色。而这一被儒家视为经典的先秦丧葬制度，在其后长期维持并日益强化，也有赖于封建宗法伦理的巨大束缚——它的巨大影响至今仍未消除。

（三）“事死如生”的基本法则

“事死如生”即按死者生前的生活居住情形来为死者举行葬礼，这一法则在墓室建造和随葬物品中表现得尤为突出。

不同时代的墓穴虽各具特点，但无不模仿现实生活中的宫室房屋。旧石器时代晚期人们在洞穴中居住，墓穴即为洞室，而土坑竖穴墓则是依照新石器时代半地穴式住室而埋葬的。先秦家室主要建筑的基本形式是坐北朝南，分为前后两部分。前部中央为室，是日常起居、接待宾客、举行吉凶之礼的地方。堂前空地为庭，堂东西两壁为序，序外还各有一个进深与堂相同的狭长空间，又前后隔开，前为厢，后为夹。帝王宫殿亦为前朝后寝，朝为接见下臣、处理政务之区域；寝为人君及后妃生活区域，显然是前堂后室的扩大。后历经增减，但前堂后室的总格局却相沿不改。墓室情况亦是如此。大部分墓室分为明显的前后两半，前半相当于堂，陈放供桌及随葬物品；后半相当于室，用来放置棺木，耳室相当于厢房。一些大型墓更是墓室众多，但仍与传统的居室相适应，如满城汉墓。又如明神宗定陵地宫的墓室，由五个高大的拱券石室组成，分为前殿、中殿、后殿和东西配殿。后殿相当于室，两个配殿相当于房和厢，中殿为堂，而前殿则象征着庭。

皇陵神道两侧的石像生象征着朝中肃立的文武大臣，明十三陵祾恩殿与故宫太和殿如出一辙，而秦始皇兵马俑坑象征着横扫六合的秦国强大军阵。唐宋时盛行的壁画墓，想来唯恐尚不达意，便直接用壁画表现了墓主生前的生活情形。宋元时期的仿木结构墓，更是把墓室逼真地建成生前居室，斗拱门窗无不齐备。

随葬品更反映了人们的这种心态。王公贵族把生前所用之物一股脑儿地埋进墓中，平民百姓亦倾其所有埋葬生前物品，都是为了让死者在另一个世界继续各自的“生活”。明器更是模仿得惟妙惟肖，而车马坑、杀殉恶习可以说是把现实生活搬到了地下。埋葬死者的最初意愿就是希望死者灵魂能在冥间继续生活，所以“事死如生”的原则已成了天经地义的大事。而生者对死者绵绵无期的祭奠则是这种心态的最佳表露和体现。

（四）深受“堪舆学说”影响

从皇帝到平民，坟地的选择无不受到相地之术——堪舆学说（民间称为风水）的极大影响，这也是中国古代丧葬的一个独特之处。家族墓兴起后，人们可以根据自己的财力和好恶自由选择购买墓地，这导致了这门独特“学问”的流行和兴盛。堪舆学家认为，风水有好坏之分，选择好地，则子孙荫福；选择坏地，则祸患无穷。在这种蛊惑人心的学说影响下，有人托故停棺，经年不葬，以求宝地；有人既葬又迁，以躲凶得福；有人因所谓阴宅的影响而致兄弟不和、邻里反目，甚至因阴宅不吉而翻动阳宅；种种情形，不一而足。帝王陵寝更是由风水先生反复踏勘，以求帝王之气永存。以宋陵为例，按堪舆学说的解释，宋代国音（即皇帝赵姓所归之音）为角，利于丙壬方向，“吉方则要山高水来”，所以，宋代诸陵南北轴线皆正北偏西约六度，下宫、陪葬后陵亦择壬方。除永裕陵、永泰陵偏西外，皆正对少室山主峰。少室山俗名冠子山，遥峙群峰，上若屏风，其前金牛、白云两山对立，形胜至佳。诸陵地面南高北低，由鹊台至陵台逐渐斜降。尤其是永定陵、永昭陵，陵台顶面竟不高于鹊台处地面，一反我国古代建筑逐渐增高、置中心建筑于最高地位之常例，受堪舆学影响极为显著，其余唐陵、明清帝陵亦无一例外。

第二章　地下的宫殿

——历代帝王陵寝

从高大的秦始皇陵到巍峨壮观的唐乾陵，从似乎漫无边际的明十三陵到幽深莫测的清东陵、西陵，这些虽各具时代特色但主题一脉相承的皇帝陵寝，形成并体现了中国特有的古代帝王陵寝制度。对这一制度做一扼要的回顾和思考，对于我们全面了解中国古代的陵墓文化将会大有裨益。

墓葬文化是特定社会历史时期社会生活的一个表现。人类对死亡的态度，从原始社会的恐惧、茫然，发展到封建社会的“事死如生”，总是直接地或间接地反映了某个时代的社会制度、社会经济和意识形态等，其中最突出的是体现了各个时代的阶级关系。中国古代帝王陵寝制度正是这个阶级关系中最集中的反映和体现。就像古代帝王生时为九五之尊并拥有至高无上的权力一样，他们死后的陵寝则是名副其实的来世的宫殿——以便他们在另一个世界里继续享受作威作福、役使万民的生活。

中国古代帝王陵寝，从战国时代建造陵墓始，下迄明清，经历了两千多年的历史，形成了一整套十分严格而复杂的制度。

君王之墓最早称陵，始于春秋。赵肃侯十五年（前335年）下令修建寿陵，至秦惠文王规定“民不得称陵”起，陵便成为帝王墓葬的专用词了。史载，秦始皇“起寝于陵侧”，即把宗庙之寝移至陵边一侧。西汉在继承这一做法的同时，也将宗庙造在了陵园附近。这就初步形成了陵侧起寝、陵旁建庙的制度，也就是将陵与寝、陵园与宗庙结合起来的陵寝制度。

中国古代君主所居宫殿，前称“朝”，即处理政事之所；后称“寝”，即饮食起居之所。君主宗庙亦分为两部分：前为庙，供祭祀祖先；后为寝，用以陈列祖宗生前衣冠及日常生活用品。秦及汉初时把寝从宗庙中分离出来，建到陵墓上方或边侧，最初仍只是作为墓主魂灵日常生活的处所。随着陵寝制度的发展与完善，寝的规模亦逐渐扩大，成为陵园地面建筑的主要部分。

古代帝陵最直观的部分是高大的陵墓封土、庞大的地面建筑以及神道石刻群。

秦汉时封土为陵，以“方上”为主。所谓“方上”，就是在帝陵地宫之上，用土层层夯筑，使之成为一个上小下大的方锥体，因其上部是方形平顶，故名之为“方上”。又因此种封土状如一个倒扣着的斗，所以又被形象地称为“覆斗状封土堆”。秦始皇陵和汉代诸多帝陵，都是这种封土形式。魏晋隋唐时，流行因山为体、以山为陵的筑墓方式，山之峰峦即为坟头。如唐太宗昭陵，即以九嵕山为陵体，凿山建造。这种气魄宏大、显示大唐盛世景象的山陵，成为唐代陵墓的主体形式。明清时期，复“积土起坟”，但陵墓由方形变为圆形，称为“宝顶”，又称“独龙阜”，

其上广栽树木，以求郁郁葱葱、佳气笼罩的神秘感。这是因为明朝开国皇帝朱元璋之孝陵地处多雨的南京，方顶封土堆极易受雨水冲刷而不易保持原状，故其陵受长江流域无方坟习俗的影响而改变为圆锥形。而北京的明十三陵又都以孝陵为蓝本，清陵又都模仿明陵。宝顶周边砌以砖壁，上砌女墙，称为宝城。两朝略有不同的是，明代宝城多圆形，清朝则多椭圆形。

地面建筑主要指各种祭祀建筑物。西汉时，寝分正寝和便殿。正寝为墓主灵魂日常起居之所，设神座、床、几、匣匮、被枕、衣冠及其他日常生活用具。东汉明帝时开始举行上陵礼，每年元旦之日，由明帝率公卿百官和各郡官吏“特祭于陵”，向光武帝刘秀的神座举行朝拜和祭祀，由此确立了以朝拜和祭祀为主要内容的陵寝制度。寝的功能也由原来的供墓主灵魂日常生活变为朝贡和祭礼之用，因此陵寝建筑也开始扩大和改造。东汉时在陵墓前建有寝殿（石殿）以及悬挂大钟的虡，专为朝拜祭祀之用，此外另建供墓主灵魂游乐和起居的寝宫。寝殿、便殿和寝宫是建在一个地方的。唐代的寝殿称献殿，已脱离寝而单独成为朝拜祭祀的大殿；寝宫称下宫，多建在离陵 5 里（唐制，1 里约合现制 540 米）的山下。这样分别建筑，可以分别进行朝拜、祭祀和供墓主灵魂起居。宋代称献殿为上宫，与下宫相对，作用仍如唐时。明代取消下宫建筑，扩大上宫规模，在享殿（上宫）两旁分建配殿。享殿仿明宫殿式样，称祾恩殿。如明成祖长陵祾恩殿，雕梁画栋，气势宏伟，完全可与故宫太和殿媲美。清代一如明制，只是把祾恩殿改为隆恩殿而已。

除此之外，陵园建筑的另一个重要组成部分就是陵园内的神道及石刻群，包括石柱、石碑、石刻人像、石刻动物像等。石刻在东汉时已有实物可考，至南朝时期陵墓石刻已成为各陵的重要组成部分。唐代陵前神道及神道两旁石像生已具极大规模。如乾陵，神道长 3 千米，两侧整齐排列的石像生包括双翼石马（天马）1 对，鸵鸟 1 对，石马及牵马人 5 对，石人 10 对，石狮 1 对。明清时神道继续扩展，明十三陵神道长 7 千米，清东陵神道长 7 千米，而且一改每陵各有神道的前制，各陵共用一个神道，但两侧石刻及各种建筑明显增多。显然，神道加长及石像生数量的增多，愈发显示了封建帝王的权势和威严。

秦始皇时已有庞大的护陵机构。汉代诸陵还在陵墓所在地建置县邑，徙民居住，称陵邑。宋时在宋陵设承安县，其意义与陵邑同，只是它兼管各陵而已。明清时，设护陵监专司护陵之责。护陵监外有城墙围绕，内有衙门、市街、住宅等。清东陵除设护陵监外，还专门修了一座新城以为护陵之用。

中国古代陵寝制度的发展史，是中国古代社会发展史在意识形态及社会伦理领域内的集中反映，是两千多年中国封建社会发生、发展、灭亡的历史见证。透过幸存于今的肃穆庄严的陵墓、石刻及寝殿，仿佛看到了在人间建筑的冥冥天国。而这些饱含着各朝各代劳动者的辛勤汗水，闪耀着他们智慧之光的建筑，又留给了后人无尽的思索，令后人无比敬仰。

一 传说时代的陵寝

大约五六千年前，中国各地先后进入了父系氏族社会，有了内容较丰富而系统的神话传说。中国古代夏以前的历史时期即中国古史的传说时代，又称传疑时代，是指依靠口耳相传所描述的远古历史时期。在文字记载出现之前，历史靠世世代代的口述而流传，这些内容到后来才被文字记录下来，成为文献中的古史传说。传说时代虽然神乎其神，亦真亦幻，但也有其相对合理性。它更多的是寄托了后人对远古时代的想象和向往。这一时期出现的传说和人物包括盘古时期的盘古开天辟地的故事和传说，有创制八卦的太昊伏羲氏，有发明火的三皇之一燧人氏，有教民耕种、发明陶器并尝遍百草的炎帝神农氏，有五帝时期的轩辕黄帝，以及唐尧时期的尧、舜、禹，等等。这些美好的传说时代的人物已经成为中华民族的无可争辩的共同祖先，他们的葬地则成为凝聚世代中华儿女的伟大向心力，供人们永世崇拜和敬仰。需要说明的是，在祖国神州大地上，传说时代的著名人物之葬地或故里，由于其传说的特殊性，无法准确考证，史料记载又多有分歧，众说纷纭，无法统一，本书只摘其约定俗成、有相对定论或声名颇大者做一叙述。

（一）太昊陵

伏羲氏，即太昊，风姓，定都于陈宛丘（今河南省周口市淮阳区），相传伏羲教民结网，渔猎畜牧，创文字、古琴。又传说伏羲坐于方坛之上，听八方之气，乃创八卦。八卦衍生《易经》，顿开华夏文明。因其创制八卦，奥妙无穷，哲理深刻，世人奉之为神，尊其为八卦祖师。

太昊陵，即三皇之首、中华人文始祖太昊伏羲氏的陵与庙，位于河南省淮阳羲皇故都风景名胜区，毗邻风景秀丽的万亩龙湖。因太昊伏羲氏位居三皇之首，其陵被誉为天下第一陵。太昊陵始建于春秋，增制于盛唐，完善于明清，有三千年历史，历代帝王五十余次御祭。这个“人祖”伏羲氏即太昊定都和长眠的地方，历来被称为“天下第一皇朝祖圣地”。

太昊陵庙依伏羲先天八卦数理兴建，是中国帝王陵庙大规模宫殿式古建筑群之孤例。全庙南北长 750 米，占地 58.3 万平方米。分外城、内城、紫禁城三道“皇城”。全陵有三殿、两楼、两廊、两坊、一台、一坛、一亭、一祠、一堂、一园、七观、十六门。几十座建筑主要贯穿在南北走向的中轴线上，如果把南北大门层层打开，可从南面第一道门直望紫禁城中太昊伏羲氏的巨大陵墓，故称“十门相照”。景区内主要景点包括中轴线上的一系列建筑——午朝门、道仪门、先天门、太极门、统天殿、显仁殿、太始门、八卦坛、太昊伏羲陵墓、蓍草园等，以及附属景点独秀园、碑林（如图 2–1）、西四观、岳忠武祠、同根园、博物馆等几部分。

图 2–1　河南淮阳太昊陵碑林

春秋时已有太昊陵，汉以前已有祠。宋太祖赵匡胤于建隆元年（960 年）置守陵户，诏示三年一祭。此后，陵与庙祀日渐崇隆，并有御祭。明洪武三年（1370 年），朱元璋访求帝王陵寝，太昊陵列第一，御制祝文致祭，复置守陵户，并不断加以扩建修缮。清乾隆十年（1745 年），大为修葺。至此，内外城垣，规模宏大，殿宇巍峨，金碧辉煌，格局已定。1996 年，太昊陵被国务院列为第四批国家级重点文物保护单位。

太昊陵南临碧波荡漾的万亩龙湖，沿湖滨北行 70 米，是一道宽约 25 米的蔡河，即太昊陵的南部边界。鸟瞰全景，首先映入眼帘的是横跨蔡河的石桥，名曰渡善桥，俗称“面桥”，意思是朝祖进香的善男信女和游客，来到这里已和“人祖爷”见面了，应万心归善。过桥 30 米，便是太昊陵的第一道大门——建于明代的午朝门，门上方悬有“太昊陵”“午朝门”“开天立极”的匾额。过了午朝门，中轴线上主甬道青石铺墁，两旁古柏参天，庄严肃穆。距午朝门约 30 米处，有一条小河，叫玉带河，玉带河上有三座敞肩式石拱桥，分别与午朝门、东天门、西天门对应。过玉带桥前行不远，是穿堂式的道仪门，旧称通德门，俗称“三门”，是太昊陵的第二道大门。穿过道仪门，迎面是一座高台建筑，上悬一石匾，名为“先天门”，是清代建筑，与道仪门一样，都是为歌颂伏羲功德而建的。

过先天门为太极门广场，广场北面与先天门相对为太极门，旧称太极坊或戟门。它是太昊陵东西南北的中心，与两仪门、四象门、三才门、五行门等都是以伏羲先天八卦之数理而定名的。此门在古建筑中属三间三楼柱不出头式木牌楼，筑于高台之上，台高五级。东有角门名“仰观”，西有角门名“俯察”，以示太昊伏羲氏仰观于天，俯察于地，中观万物，创先天八卦，肇始华夏文明。过太极门为太昊陵的中心大院。大院东南角有钟楼，西南角有鼓楼。钟楼上悬有明铸巨钟一口，击之，其声悠扬。鼓楼内挂有大鼓一面，敲之，其音悦耳。钟鼓二楼，层檐凌空，晨钟暮鼓，响彻陵区。

与太极门相对应，迎面为统天殿，俗称大殿，建于明代，是陵庙内体量最大、等级最高的重点建筑，面阔五间，进深三间，龙凤大脊，屋面覆以黄色琉璃瓦，脊上装饰考究：中为三节彩釉吉星陶楼，楼下有一龛，龛内书有“太昊伏羲殿”五字，左右配以二十八宿，代表天上的二十八个星宿；殿四挑角为四绝人（庞涓、子都、韩信、罗成）。殿内有丈八木龛，雕工精细，造型庄重。龛内塑有伏羲像，头生双角，腰着虎皮，肩披树叶，手托八卦，赤脚袒腹。左右配享朱襄、昊英。朱襄为飞龙氏，造书契；昊英为潜龙氏，造甲历。殿内墙壁上嵌有青石浮雕《伏羲圣迹图》，分别为履巨人迹、伏羲出世、都于宛丘、结网罟、养牺牲、兴庖厨、定姓氏、制嫁娶、画八卦、刻书契、作甲历、兴礼乐、造干戈、诸夷归服、以龙纪官、崩葬于陈。殿前有月台，是历代举行祭祖大典的中心场所。环统天殿、钟鼓二楼，为东西廊房，共 42 间，呈曲尺状，前有回廊、棂子门窗、花砖大脊、吻兽装饰、彩绘檐椽、红柱绿窗。

统天殿后便是等级仅次于统天殿的显仁殿，俗称二殿。该殿面阔七间，进深五间，高台走廊，周围巨柱林立，结构朴实、端庄、严谨。与显仁殿相距 7 米之处为寝殿。该殿下为古城门式门洞，门洞上方嵌有阴刻楷书“太始门”三字，右悬继天立极匾，左悬赞神明铁匾。上筑寝殿，两厢有台阶、角门，可以绕殿巡游，因此又称“转厢楼”。楼内立有明正德八年（1513 年）御碑一通，故又称“御碑亭”。碑文开头有“洪武四年”字样，故有传说现今所看到的太昊陵格局是明朝洪武四年（1371 年）仿照南京皇宫建造的。

寝殿后面是先天八卦坛。青砖垒砌，为直壁式等边八角形，周围有青石压条。坛面以青砖砌先天八卦图，中为一八角形凹槽，上原有一尊龙马负图，俗称四不像。八卦坛之后便是紫禁城，城内是伏羲氏的巨型陵墓。方座边长 182 米，上圆下方，取“天圆地方”之意。陵墓前竖有一块巨型墓碑，既无题跋又无年款。因此，关于碑文书者与年代说法甚多，其中以苏东坡女弟苏小妹巾书传说流传较广，虽不足信，但美丽逼真，可供谈资。

陵墓的后面是“蓍草园”，此为淮阳八景之一——“蓍草春荣”。

传说伏羲就是根据白龟背部图案，采来蓍草揲蓍画卦，创下了先天八卦，所以此草被称为神蓍。据说全国只三处生长此草：一为山东曲阜，二为山西晋祠，三是太昊陵。因此草稀有，历代帝王每到春秋二季就派大员朝拜人祖，大员返京复命时都必须带回一束蓍草作为到了太昊陵的信物。

在太昊陵显仁殿东北角的青石台基上，有一个圆孔，游人香客称之为“窑”。凡是来太昊陵的游人，尤其是女性，都要用手摸一摸这个“窑”，以祈求子孙兴旺、健康，所以这里又被称为子孙窑。相传子孙窑在伏羲氏的时候就有了。伏羲氏有十大功绩，其中之一就是制定嫁娶，匹配夫妻。从此，人类结束了群婚和族内婚的历史。

太昊陵人文始祖祭祀活动绵延千年历久不衰。每年农历仲春二月二日至三月三日太昊陵都会举行盛会，俗称二月会，也称人祖会。每年此时，世界各地数百万游人涌向淮阳太昊陵祭拜伏羲。农历每月初一、十五，亦有盛大祭祀活动，游客人数日达数十万。人们在祭祖进香的同时，利用各种形式进行文化、物质交流。如今，朝圣者已经遍及全国各地，不少国际学者在此期间也来太昊陵探古寻幽，研究古老的东方文明。侨居海外的中华儿女，每年都有人组团到此祭拜，以示不忘祖先。

（二）炎帝陵

炎帝和黄帝是古书记载中我国远古时代的两个部落首领，最早都居住在今陕西一带。正是他们曾经的辛勤劳作，才使中国这块古老的土地充满生机，才使得几千年的中华文明傲立于世界文明之林。

炎帝陵是炎帝神农氏的安息地，享有“神州第一陵”之誉，坐落于湖南省炎陵县城西 17 千米处的鹿原陂。

相传，炎帝神农氏是上古时代姜姓部落的首领，是中华农耕文化的创始者，为中华民族的始兴和发展做出了开创性的伟大贡献。他始作耒耜，教民耕种；遍尝百草，发明医药；织麻为布，制作衣裳；日中为市，首倡交易；耕而作陶，始造明堂；削桐为琴，始作蜡祭；弦木为弧，剡木为矢，以威天下。相传，炎帝晚年为民治病，采药来到湖南，日遇七十二毒，最终因误尝断肠草而崩，葬于长沙茶乡之尾，即今湖南省炎陵县鹿原镇。

关于炎帝神农氏安葬地的记载，最早见于晋代皇甫谧撰写的《帝王世纪》，炎帝“在位一百二十年而崩，葬长沙”。宋代罗泌撰《路史》记述得更具体：炎帝“崩葬长沙茶乡之尾，是曰茶陵”。炎帝陵自宋太祖乾德五年（967 年）建庙之后，迄今已有千余年历史，随着历代王朝的兴衰更替，炎帝庙也历尽沧桑，屡毁屡建。20 世纪 50 年代一个除夕之夜，因香客祭祀时不慎引燃殿内彩旗，致使炎帝陵正殿和行礼亭被焚。“文化大革命”期间，陵殿及其附属建筑又重遭破坏，除陵墓外，全部夷为平地。被焚以后，炎帝陵殿亟待修复，终于在 20 世纪 80 年代修复竣工。重修后的炎帝陵殿规模较前稍有扩大。整个建筑金碧辉煌，重檐翘角，气势恢宏，富有民族传统风格。炎帝陵（如图 2-2）是炎帝神农氏的安寝福地。

炎帝陵的主要建筑有炎帝陵殿和神农大殿。炎帝陵殿位于炎陵

图 2-2　湖南炎帝陵神农大殿

县炎陵山（又名皇山）西麓，是炎帝陵景区的主体景点，沿陵墓南北纵轴线均衡对称布局，坐北朝南，南临洣水。陵园保持了浓郁的清式建筑风格，红墙黄瓦，古木参天，庄严肃穆，气势恢宏。

陵园共分四进。一进为午门，拱形石门，门前为朝觐广场，左右分列拱形戟门和长方形掖门，门扇均为实榻大门。午门正中，立“炎帝陵”汉白玉石碑，前嵌盘龙龙陛，取“龙盘虎踞、天下一统、江山稳固”之意；左右分立雄健山鹰和白鹿花岗石雕。二进为行礼亭，是汉民族奉祀始祖的地方，庑殿顶，为前后檐各四柱落脚的三开间长方亭，正上悬挂匾额，上书“民族始祖光照人间”，亭前嵌双龙戏珠龙陛，取名双龙起舞，寓“盛世逢年、天下太平”之意。亭中设置香炉、烛台，供人们进香祭拜行礼之用。三进为陵殿，重檐歇山顶，由30根直径60厘米的花岗岩大柱按四排前廊式柱网排列支撑，上下檐为单翘昂头五彩斗拱，正脊檐角饰鳌鱼兽吻。殿内天花饰以金龙和玺、龙草和玺、龙凤和玺及旋子式、苏式等彩绘，共绘彩龙9999条。殿中设神台，上立檀木神龛，龛内端坐炎帝金身祀像，上书“齐天鼻祖”。殿前龙陛为汉白玉卧龙浮雕，卧在炎帝陵前，似走非走，取“藏龙卧虎、皇权至上”之意。四进为墓碑亭，四角攒尖式屋顶，檐角高翘，亭内正中竖一块汉白玉墓碑，上镌刻“炎帝神农氏之墓”。亭后是炎帝墓冢，封土高5.58米，进深6.64米，宽28.9米，冢丘碧草茵茵，四周花木郁郁。

神农大殿坐落在炎帝陵殿中轴线东侧，为炎帝陵公祭区，于21世纪初建成并投入使用。神农大殿为清式仿古建筑，面宽37米，进深24米，高19.6米，由大殿、东西配殿、连廊和两个四方亭组成，大殿外廊挺立着10根高浮雕蟠龙石柱，蟠龙栩栩如生。神农大殿中央立炎帝石雕祀像，炎帝一手拿谷穗，一手握耒耜，寓意开拓农耕文化。雕像两旁立有对联石柱：“到此有怀崇始祖，问谁无愧是龙人。”大殿左、右、后三面墙是大型红砂岩石雕壁画，壁画内容为歌颂炎帝十大功德。

神农大殿以南依次为祭祀广场、朝觐大道、龙珠桥、朝觐广场、咏丰台、龙珠大道、圣德广场等建筑。祭祀广场南端的两侧和大殿平台的边上，是双面雕刻百草图案的花岗岩栏板，主要是纪念炎帝遍尝百草、发明医药；二级平台正中，立有一只高浮雕九龙戏珠的石制圆形香炉，为公祭敬香或焚帛书用；两边立一对整石雕琢的青石香炉，单重 24 吨。平台踏步间，是一块高浮雕九龙戏珠御路石。龙珠桥由三座拱桥组成，中间是主桥，两边是边桥，桥栏板雕刻的是古代乐器图案，分别为琴、筝、竽、笙、笛、箫、云板、编钟、月琴和琵琶。朝觐广场为正八边形广场，中轴距离 48 米，按“乾、坎、艮、震、巽、离、坤、兑”顺序嵌入了八卦图案，以纪念炎帝发明重八卦为六十四卦。

炎帝墓冢之北是御碑园，廊壁刊历代御祭文碑 51 块（其中明代 13 块，清代 38 块），另刊宋、明、清及中华民国和新中国各历史时期的记事文碑 5 块。现在最早的御祭文碑是洪武四年（1371 年）朱元璋登基告祭文碑。东西碑廊之间有九鼎台，台上列石鼎 9 只，每只高 1.5 米，重 1.11 吨，象征国家统一，金瓯无缺。园北面是弧形照壁，镶石刻壁画《神农功绩图》。壁画以炎帝功绩为主题，以原始先民从渔猎到农耕，从穴处到定居这一历史性转变时期的生产和生活为背景，采用线雕手法制作而成，生动形象地表现了炎帝勇于开拓、敢于创新、乐于奉献的伟大实践和高尚精神。御碑园中心九鼎台，台面外圆内方，圆台直径 18 米，方台边长 9.999 米。九鼎是我国古代国家最高权力的象征，这里寄寓祖国统一、民族昌盛、国家利益高于一切之意。

距炎帝陵 10 千米处有高 18.66 米的牌坊，主体横跨 22 米，选用花岗石砌成，四根石柱下各安置石狮一座。五子庙是 1995 年为纪念“炎陵五子”（即神农天子、钟馗才子、孟姜女子、铁头太子、罗浮孝子）设计建造的仿古建筑，里面摆放着分别代表智慧、勇敢、刚正、忠效、善良的圣人或奇人的塑像。炎陵山顶有神农洗药池，又名“天池”。其水夏凉冬温，清澈碧绿。传说炎帝常在此洗药，尝味草木，故其水浴之可以健肤，饮之可以强体。龙脑石又称石龙

鼓，位于陵前水岸，巨石临江，状似龙首，江水奔注喷薄，宛如鼓欲飞。传说当年炎帝灵柩水运至此，大雨倾盆，江水翻腾，一阵湍急漩涡将炎帝灵柩沉入水底，卷入石穴。原来是水中的金龙为感炎帝救治之恩而跃出水面，将炎帝请至龙宫做客。后来天上玉帝为惩罚金龙无理，命金龙化为石龙。龙头化为龙脑石，龙爪化为龙爪石。至今龙脑石、龙爪石仍然存在，龙首兀立江面，栩栩如生，为炎帝陵自然胜景。

鹿原亭位于炎陵山山顶，亭呈飞檐角式，古色古香。相传炎帝出生后仙鹿为其喂奶，神鹰为其蔽日遮阴。据此传说，鹿原亭外置有石雕鹿群，卧、立、跃、哺，形神各异，四周苍松环绕，景色宜人。在炎陵古道，桥头岭下官垄口道旁，石壁上镌刻“邑有圣陵”四个大字，为乾隆十六年（1751 年）遗迹。炎帝陵阙门位于公祭区入口处，主塔高 17.09 米，被誉为“中华第一阙”。沿祭祀大道两侧立 5 对五谷柱，分别雕饰稻、粱、菽、麦、黍图案。炎帝雕像身高 9.7 米，底座长 8.7 米，宽 4.7 米，重约 390 吨，以红色花岗石雕制。

炎帝陵的主要功能是举行炎帝陵祭典，这是千百年来后人为缅怀炎帝所形成的一套祭祀活动。自炎帝“崩葬于长沙茶乡之尾”——鹿原陂起，人们就开始运用多种祭祀方式祭奠炎帝，缅怀炎帝的丰功伟绩。炎帝神农氏是先民心目中最尊贵和崇敬的始祖，先民对炎帝的祭祀仪式越来越隆重，祭祀炎帝陵成为重要的祭祀形式。官方祭祀称为公祭或告祭。自宋乾德五年（967 年）起，元、明、清各代对炎帝陵的祭祀从未间断。古代官方祭祀炎帝陵，声势浩大，仪程复杂。演变至今，主要有公祭大典、告祭典礼。民间祭祀以告祭为主。祭祀时间多选在每月的初一、十五以及各种节令、节庆。此外，每逢炎帝生辰日（农历四月二十六），方圆几百里的群众都会汇集于炎帝陵，祭祀炎帝，祈福求平安。祭式包括：①文祭，主要内容为歌颂炎帝功德，祈福明志。②物祭，祭品多为牲畜、果品。③火祭，炎帝又称火德王，因此火祭是现代炎帝陵祭典经常举行的一种生祭方式，主要有击石取火、药龙喷火等。④乐祭，祭祀乐曲代表性的作品古有《哭皇天》《朝天子》，现有《炎帝颂》《祭炎帝》。⑤龙祭，自古以来华人以“龙的传人”自谓，故龙祭在炎帝陵祭典中有着重要的位置。

按古史传说，炎帝因误尝断肠草而崩葬于长沙茶乡之尾（即今湖南长沙炎陵县），但其生于姜水（即今陕西宝鸡），因此，宝鸡号称炎帝故里，并建有第一代炎帝陵墓。

炎帝部落以宝鸡为中心，沿渭河向四周扩展，至中原大地，土地平坦肥沃，气候湿润，原始农业得到长远的发展。部落开始定居，建都陈，再迁往鲁，建都曲阜，后来炎帝部落与南方的蚩尤发生战争，求助于生活在姬水一带的邻居黄帝部落，炎帝部落和黄帝部落联合在涿鹿大败蚩尤。

宝鸡炎帝陵和炎帝祠位于宝鸡市渭滨区神农镇常羊山上，是第一代神农炎帝的陵寝，为人们拜祖祭祀的主要场所。炎帝陵划分为陵前区、祭祖区、墓冢三个部分，主要游览建筑有神农门、羊脚亭、炎帝陵大门、炎帝行宫、羊首亭、神农城池、“华夏始祖”牌坊、祭坛广场、炎帝大殿、炎帝塑像、大型彩绘、墓前石阶、陵墓等。陵前区从姜城堡地区至天台山入口的蒙峪建有多处古式牌坊，上书“炎帝故里”“神农之乡”“神农门”“人杰地灵”等。进入山门，即进入祭祀区，沿百米台阶而上，来到陵台，陵台处为山门，门外竖立一块石碑，上刻“常羊山”三个大字。登上山顶，便到了羊首亭。

炎帝庙，大殿面阔五间，左右两边的对联“创始定有人千载岐黄崇炎帝，流传安无据八方稼穑念神农”，表达了人们对炎帝的崇敬之情。殿前为祭祀广场，可容纳千人。广场两侧分别建有鼓亭和钟亭。正殿面积400平方米，高12米，为清式庑殿。殿堂正中为炎帝坐像，炎帝目光炯炯有神，庄重慈祥。殿内两侧壁上分别绘有有关炎帝的大型壁画，分别为常羊育炎、浴圣九龙、农业之神、太阳之神、医药之神、炎帝结盟，讲述了炎帝的生平和功绩。

穿过祭祀区，便进入墓冢区。沿着长长的陵道拾级而上，两边矗立着百代帝王石像，总共16位，依次为尧、舜、禹、启、桀、汤、

盘庚、纣王、周文王、周武王、周幽王、周平王、郑庄公、齐桓公、秦穆公、宋襄公。沿着陵道一直向上，便来到了气势雄浑、庄严肃穆的炎帝陵前。“炎帝陵”三字飘逸洒脱，为启功所题。这里就是汉民族儿女拜谒先祖的圣地。炎帝行宫是另一处重要的炎帝遗存，位于山西省高平市东北 14.5 千米的故关村。该宫建于村中偏南，创建年代不详，至迟在明代已有。坐北面南，单进院。现有正殿、午台、圣贤殿等。正殿三间，进深六椽，前殿悬山顶。院内现存明、清碑四通。

每年农历七月初七及清明节的炎帝祭日，海内外各界民众聚于炎帝陵及炎帝祠进行盛大的公祭仪式，共同拜祭人文初祖炎帝。

（三）黄帝陵

黄帝氏族的发祥地在陕西北部，后来向东迁徙，沿北洛水南下到今陕西大荔一带，东渡黄河，顺着中条山和太行山边，又向东北，到达今山西省南部黄河之滨，最后定居在今河北涿鹿附近。黄帝族的后裔主要是姬姓，所以这一带曾有过不少姬姓部落，有些建国还很早。在逐渐向东北迁徙并定居的过程中，他们的生产也由游牧发展到从事农业生产并开始驯养家畜，种植作物。相传，黄帝为少典氏之子，长于姬水，因以为姓（本姓公孙）。居轩辕之丘（今河南

新郑西北），因以为名。又称缙云氏、帝鸿氏、有熊氏。娶西陵氏之女嫘祖为元妃。黄帝任部落联盟首领期间，以云命官，置左右太监，监督万国。黄帝有许多发明创造，采首山之铜以铸鼎，做舟车以济不通，制指南车以示方向。其妃嫘祖始创养蚕治丝之法，其史官仓颉初创书契。羲和占日，常仪占月，伶伦造律吕，大桡作甲子，隶首作算数，这些都反映了先民们在科学文化领域取得的最初成就。在军事方面，黄帝闻炎帝侵凌诸侯，乃安抚万民，以熊罴、貔貅、貙虎为前锋，雕、鹖、鹰、鸢为旗帜，与之战于阪泉，三战而胜之。又闻蚩尤作乱，乃征师诸侯，战于涿鹿，胜而杀之。经过这两次大的胜利，诸侯俱尊轩辕为天子。

黄帝陵（如图 2–3），是轩辕黄帝的陵寝，位于陕西省延安市黄陵县城北约一千米的桥山。因此黄帝陵古又称桥陵，是历代帝王和名人祭祀黄帝的场所。黄帝陵所在的桥山，是子午岭向东延伸的部分。子午岭南北而行，北为子，南为午，故称子午岭。山体浑厚，气势雄伟，沮水三面环流。沮河由西向东呈 U 形绕桥山而过，站在山上朝下看，东边有河，西边亦有河，就像水从山底穿过，故此山名桥山，黄帝陵因山而得名桥陵。黄帝陵风水轴线就是桥山主脊至黄帝墓冢，并与印台山山峰之间构成一条连线，黄帝陵区的各种

图 2–3 陕西黄帝陵

建筑都是以此为轴线而建造的，墓冢方向正好在这条线上。这条连线是西北至东南走向，也就是说，黄帝陵陵冢的坐向不同于后世帝王的正北正南（坐北朝南）或正西正东（坐西朝东），而是依据地理，背向西北，面朝东南，同桥山、子午岭和号称龙脉的昆仑山走向完全吻合，即中国地理的基本形态——“天倾西北，地不满东南”。

黄帝陵景区主要由轩辕庙和黄帝陵两大部分组成。轩辕庙在桥山山麓，而黄帝陵则在桥山之巅。

黄帝陵印池广场前，立有黄帝陵标志碑，以郭沫若题写的“黄帝陵”为标志碑主要素，标志碑总高 4.5 米，寓意五湖四海对始祖黄帝的敬仰。轩辕广场位于景区最南端，是一座宽阔的不对称半圆形广场，地面用 5000 块秦岭天然河卵石铺砌，象征中华民族五千年的悠久历史。轩辕广场北，有一条蜿蜒的河流——沮河，沮河古称姬水，轩辕黄帝因“长于姬水”而姓姬。桥山与印台山之间的这段沮河，又称为印池，寓意为黄帝用印之水。印池之上，横跨着一座通往北岸轩辕庙的轩辕桥。轩辕桥为仿灞河古磡梁桥，全长 66 米，共九跨。桥面设护栏，栏板上均雕有古典图案花纹。轩辕桥的北端即桥北广场，与轩辕庙的龙尾道相连接，地面用花岗岩铺砌。广场上耸立着四根高 4.8 米的花岗岩望柱，是黄帝陵庙前区的标志之一。轩辕庙前的龙尾道，共设 95 级石质台阶，经 5 个踏步组逐级登高，寓意黄帝九五之尊，至高无上。

由龙尾道向上即登临庙院山门，山门位于轩辕庙中轴线上，为仿汉风格的石质建筑。山门内西侧有一棵高大的古柏，即著名的“黄帝手植柏”，距今已有五千余年。相传此树为轩辕黄帝所植，故又称“轩辕柏”。柏树枝干苍劲挺拔，树叶青翠，主干略向南倾斜。树高 19 米，其冠如盖，其势巍峨。黄帝手植柏是中国现存最古老的柏树，世人誉之为“世界柏树之父”。

沿中轴线北行即到诚心亭，诚心亭北为碑亭，形式与诚心亭相仿，面积较之略大。碑亭内现存石碑四通。西侧二通，前边一通刻有毛泽东撰写的《祭黄帝陵文》；后面一通是邓小平为黄帝陵题词的碑，碑上刻着邓小平的亲笔题字。东侧二通，前边一通刻有孙中山先生于1912年任中华民国临时大总统时所作的一首黄帝赞词；后边一通刻有蒋介石于1942年冬为桥陵改称黄帝陵题写的“黄帝陵”三个大字，此碑原立于黄帝陵墓之前，后被郭沫若题字碑代替，现存石碑为重刻碑。

黄帝脚印石旁，有一棵汉武挂甲柏，又称将军柏，树干斑痕密布，纵横成行，似有断钉在内，是群柏之中最为奇特的一棵。特别是每年清明节前，这棵古柏枝干上流出的柏液凝结为球状，经阳光照射尤为壮观，吸引着各地前来谒陵拜祖的人。

人文初祖大殿是祭祀轩辕黄帝的正殿，也是整个庙院的主体建筑，坐落在庙院中心。它重建于明朝，1959年曾做过一次较大规模的重修。人文初祖大殿占地282平方米，面阔七间，进深三间。大殿屋顶为歇山顶，雕透花脊，屋面由灰布板与筒瓦相扣覆盖，檐部施勾头滴水，前檐及其他三面均有斗拱。前檐当间建有六扇隔扇门，次间、稍间则各有四扇隔扇门。檐下的栏额、平板枋为和玺彩绘、斗拱彩绘，两侧与两侧背面、内梁等处的彩绘，均精致华丽。大殿正中木质壁龛内供放着一尊巨大的石刻轩辕黄帝浮雕像。这尊中华民族人文初祖的浮雕像，以东汉桓帝建和元年（147年）建于山东嘉祥的武梁祠黄帝石像为蓝本，适当融入现代审美理念放大刻制而成。黄帝浮雕像为全身像，石料采用陕西富平墨玉，高3.6米，宽3.3米，重11吨。浮雕轩辕黄帝沉稳站立，步履向东又回首望西，抬臂扬手，冠带简朴，着装无华。神龛四周的图案为上朱雀、下玄武、左青龙、右白虎。轩辕庙山门至人文初祖大殿的中轴线东西两边，有两条按汉代建筑风格设计的长碑廊。

人文初祖大殿北面，是占地1万平方米的祭祀广场，可容纳5000人。广场地面为花岗岩铺就，南端东西两侧各建三出阙，阙前台上摆放着八尊青铜铸鸿叔簋；东西两侧分列着九尊高2米的青铜铸牛鼎和代表56个民族的56面龙旗。东面还有一口龙魂大钟，西面则立一面龙威大鼓。整个祭祀大院庄严肃穆，威风凛然。龙魂大钟是用于公祭轩辕黄帝陵的礼器，设计时兼顾礼乐钟之外形、庙堂钟之音响和时代之风采。大钟以陕西周原出土的周代铜钟为主型，以汉代画像黄帝功德为主图案，以周原出土的龙凤玉饰和祥云纹为底饰，钟纽为双凤耸立，两侧以双龙为扉棱，钟面正中心为篆体“龙魂”二字。钟的整体造型庄重凝练，独特精美，表现华夏文明的博大精深，体现钟鸣盛世、龙凤呈祥、天人合一的意蕴。龙威大鼓重 750 千克，鼓面直径 2.5 米，与龙魂大钟相得益彰，显得威风八面。

祭祀广场北端，在总高 6 米的三层石台上，巍巍矗立着轩辕殿（如图 2–4）。殿区内不设其他楼阁廊榭，凭借山川地貌与植被构成的大环境，呈现出大象无形的境界。大殿檐下正中悬挂着著名书法家黄苗子先生书写的隶体“轩辕殿”匾额。轩辕殿建筑面积 1700 平方米，由 36 根高 3.8 米的圆形石柱合围成长方形空间，柱间无墙，上覆巨型覆斗屋顶，体现了“黄帝明堂”风貌，是庙区最具特色的标志性建筑，冗长的屋檐、硕大的斗拱、简洁而古

图 2–4 陕西黄帝陵轩辕殿

朴的屋脊，使整座建筑显得宏伟而庄严，具有古汉风格。屋顶中央有直径 14 米的圆形“天光”，蓝天、白云、阳光直接映入殿内，整个空间显得恢宏神圣而通透明朗。殿内地面采用青、红、白、黑、黄五色花岗石铺砌，隐喻传统的“五色土”，以象征黄帝恩泽天下。整个轩辕殿设计取“天圆地方”之意，承天接地，沐阳光雨露，象征着中华远祖质朴的宇宙理念。

轩辕殿内中央偏北处，竖一高大花岗岩石碑——轩辕黄帝像石碑。石碑正面刻轩辕黄帝像，此像与人文初祖殿的黄帝像一样，高 3.9 米，宽 2.6 米，采用“减地平雕加阴线刻”的汉代画像石雕刻技法加工而成，由 16 块青灰花岗岩巨型料石构成甲骨文的“祖”字形，呈现出严谨朴素、重拙写实的古汉风韵。石碑背面，嵌刻有节录自《史记》中的“黄帝本纪”，整个大殿气势宏伟，古朴典雅，庄严肃穆，是祭祖的圣殿。

陵道和神道是进入陵区的重要通道，沿山体采用形断意连、曲不离直的手法修筑。道路总长 455 米，全部用花岗岩条石铺筑，共 277 个台阶。沿登陵道拾级而上，两侧古柏参天。桥山山丰土厚，林木茂密，有古柏 8 万多株，其中千年以上古柏 3 万多株，是中国最古老、覆盖面积最大、保存最完整的古柏群。登陵道途中建有黄帝陵的守护神天鼋神慧。距黄帝陵约 200 米的神道旁，树立着一座明朝嘉靖年间立下的下马石，上刻“文武百官至此下马”八个大字。古代山路崎岖，谒祖祭陵者多骑马坐轿，行至此处，均下马下轿，整理衣冠，平静心情，恭行至陵前。现代人虽不骑马坐轿，多为步行上山，但接近陵园，亦须恭敬肃然；乘车上山者，同样也须在此下车，以示敬意。

神道尽头便是陵区。陵园四周顺依山势，修有绵亘不绝的青砖围墙，高 1.6 米，涂以红色，象征至尊至伟。墙头为红椽绿瓦，古色古香。陵园有两个门，分立东西两侧。从东门进入陵园，左侧是一座 24 米高的夯筑高台，始建于西汉元封元年（前 110 年）。台旁立一石碑，上书“汉武仙台”四字，汉武仙台又称汉武祈仙台，

相传，汉武帝刘彻勒兵北征朔方，凯旋后，为夸耀武功，祭告祖先，便于归途经黄帝陵时，停兵祭祀。同时为使自己长寿成仙，又令兵士于此起土筑台，以土堆成，翠柏围之，后人因此称此台为祈仙台。

穿过汉武仙台旁的棂星门，登上桥山之巅，便是黄帝陵冢。黄帝陵冢前为祭亭，飞檐起翘，气宇轩昂。亭前置放供桌、祭器与各种供品等，亭中置一高大石碑，碑高 4.3 米，宽 1.2 米，上刻“黄帝陵”三个大字，为郭沫若手书。祭亭由八根柱子支撑，上部四角卷起处系有风铃，微风起时，风铃齐鸣。祭亭地面铺以花岗岩石，纯净清亮，素朴庄重。从古至今，每年的清明、重阳祭祀大典，多在这里举行，这里成为人们追思先祖功德、抒发民族情感的重要场所。

黄帝陵前还立有一块石碑，位于郭沫若手书“黄帝陵”碑后，上书“桥山龙驭”四字，意为黄帝驭龙升天之处。黄帝陵冢位于桥山山顶正中，坐西北面东南，陵冢为土冢，扁球状，高 3.5 米，直径为 16 米，周长 48 米，有砖墙围护。土冢下部筑方形墓台，以烘托陵墓的神圣感。方台与圆冢相结合，上圆下方，具有天圆地方、天地相合的象征意义。在黄帝陵北端，有一座建筑耸立于桥山之巅，这就是龙驭阁。龙驭阁处地海拔 994 米，是黄帝陵陵区的最高点。阁内墙壁上，有 12 幅展示黄帝功德的主题绘画，通过这些绘画，人们可以进一步了解黄帝众多的发明创造和卓著功绩。

传说中的黄帝脚印石为西汉文物，长 0.62 米，深约 2 厘米，于 1956 年出土于黄帝陵东南 2 千米的郭家洼村。整块石头占地约 1 平方米。青石面上，镌刻有黄帝脚印一双。民间有向黄帝脚印投硬币或零钱以测运气的习俗，据说投向脚印大趾运气最好，为大吉大利。

黄帝使华夏民族由蛮荒时代跨入了文明时代，他的丰功伟绩理所当然地受到后世的敬仰和崇拜。黄帝死后，人们为了表达对这位人文初祖的怀念之情，便在桥山起冢为陵，立庙祭祀。黄帝陵祭祖大典为国家级祭典，在黄帝死后的几千年里，历代祭祀黄帝的活动从未中断。从虞夏到明清，都无一例外地将黄帝作为祖先来祭祀。

除黄帝陵外，河南新郑黄帝故里（如图 2–5）也是人们祭祀黄帝的重要场所。新郑古为有熊国，乃古有熊氏的族居地，五千多年前，轩辕黄帝出生于今新郑北关的轩辕丘，长于姬水河畔，黄帝元年即位，居有熊，初制冕服。黄帝故里位于河南省新郑市轩辕路，即为汉籍史书中记载有熊氏的族居地，故有熊国之墟，自汉代即建轩辕庙，历代毁建不断，经 2002 年和 2007 年两次规模大的扩建，形成规模宏大的黄帝故里景区。景区面积 7 万平方米，整体布局突出“中华之根”主题，从北到南依次为轩辕丘拜祖区、故里祠区、中华姓氏广场区，构成了“天、地、人”三大板块，气势恢宏，灿然有肃。

祭拜先祖黄帝的仪式拜祖大典，自唐代后即为官方祭典，为国务院公布的国家级非物质文化遗产项目，于每年农历三月初三在新郑黄帝故里黄帝纪念馆前黄帝宝鼎坛区隆重举行。

举凡传说时代的发明创造，几乎都与黄帝、炎帝有关。那些反映了那个时代社会生活、生产状况的美好传说，使因人而神的炎黄二帝成为汉族的共同祖先而永远受到人们的敬仰。当我们从这个高度去理解和感受时，就不难领悟到，炎黄二帝其实是辛勤劳作的中国人的精神象征。炎黄二帝开创了中华民族的历史文明先河，用他们自己生生不息的奋斗，为我们开创和积累了如今赖以生存的土地和精神财富。当我们肃立在他们高大庄严的陵前时，一种继往开来的沉重的责任感油然而生。他们是永生的，因为他们留给后人的是无比珍贵的奋斗精神。

图 2-5　河南新郑黄帝故里

图 2-6　绍兴大禹陵

（四）大禹陵

大禹是家喻户晓的中国上古洪荒时代的治水英雄，是中国第一个王朝——夏朝的开国之君，故亦被后人尊为“立国之祖”。

滔天汹涌的洪水即使对于今天高度发达的文明社会也是一种巨大的威胁，人们在它的面前甚至仍然无可奈何，它带来的巨大灾害也令人触目惊心。但在五千多年前，就有一位巨人挺身而出，用他的智慧和勇敢以及坚忍不拔的毅力，最终成功治理了危及初生文明社会的洪水灾害。他就是大禹。几乎每个文明初期都有关于洪水的传说，大禹治水是其中仅见的成功范例，这是人类取得的征服大自然的一次重大胜利。而治水，仅仅是这位传奇人物诸多事迹当中的一个。相传，大禹亲手终结了传为美谈的部落联盟首领禅让制，扶植其子启并建立了我国历史上第一个奴隶制王朝——夏朝；禹铸象征王朝权威的重器九鼎；禹分九州——冀州、兖州、青州、徐州、扬州、荆州、豫州、梁州、雍州，为了显示威严，他不断到各地巡行。一次在会稽（今浙江绍兴）召集各部落首领开会，防风氏部落首领来晚了，竟被勃然大怒的禹当场杀掉。禹就这样一步步强化其权威，建立了夏朝。

大禹陵（如图 2-6），古称禹穴，即大禹的葬地，位于浙江绍兴城东南稽山门外会稽山麓，背靠会稽山，前临禹池。大禹与绍兴渊源颇深。绍

兴古称会稽，《管子·封禅》称“禹封泰山，禅会稽”，其目的在于通过召集诸侯共同祭祀会稽山，逐渐强化集权。这种政治结盟的形式，开其后春秋战国时代诸侯会盟之先河。大禹治水改堵为疏，他三过家门而不入，终于成功。史载“禹疏了溪”，了溪后称剡溪，为今曹娥江上游。大禹与涂山氏的结合，史称禹娶会稽。最终大禹死后葬在会稽，即今绍兴的大禹陵。

大禹陵由禹陵、禹祠、禹庙三部分组成。禹陵在中，禹祠位于禹陵南侧，祠外北侧有“禹穴”碑。祠内有“禹穴辩”碑，大禹陵碑亭北侧，顺碑廊而下即为禹庙。

禹陵，即大禹葬地，墓在会稽山下，为大禹陵的核心部分，陵区占地面积 2.7 万平方米，建筑面积 2700 平方米。大禹陵以山为陵，坐东向西。池岸建青石牌坊一座，由通道入内，旧有陵殿，现已废。禹祠位于大禹陵南侧，坐东朝西，由前殿、后殿、曲廊组成，中有天井分隔。入口为垂花门，后殿置有前后廊。祠内有禹穴辩碑，有前殿、后殿、放生池、曲廊和禹井亭等建筑，是禹的第六代子孙无余所建。后来作为供奉、祭祀大禹及其后代的宗祠。几经兴废，现存的禹祠是 1986 年在原址上重建的。内有一尊大禹塑像，两边陈列着与大禹治水传说相关的文物图片、历史资料及绍兴姒氏宗谱。禹庙位于禹陵北侧，为历代帝王、官府和百姓祭祀大禹的地方。禹庙坐北朝南，周以丹墙，是一组宫殿式建筑群，总体布局沿南北轴线展开，前低后高，左右对称，主要建筑物自南而北，依次为照壁、岣嵝碑亭、棂星门、午门、拜厅、正殿，依山势逐渐上升，禹庙之照壁与南墙相连，顺山势逐步升高，殿前铺设石阶。配以窆石亭、宰牲房、菲饮泉等景点。今庙始建于南朝梁武帝大同十一年（545 年），历代屡建屡毁。现存大殿建筑系 1933 年重建，其余部分为清代重建。

照壁以北，有岣嵝碑亭，内立充满上古之意的岣嵝碑一通，实系明嘉靖知府张明道据岳麓书院拓片刻立，主要内容是赞美大禹，特殊之处在于碑文用“蝌蚪”文字书就，非隶非篆，颇为神秘。亭殿是古代帝王陵墓地面建筑的主体部分，明嘉靖初年，绍兴知府南大吉邀请学者对大禹陵的位置进行了考证，立“大禹陵”碑，并在碑后建享殿三间，享殿至清代光绪年间倾圮。2007 年复建大禹陵享殿，重建后的享殿与现存禹庙大殿的建筑风格一致，同为清代官式。钢筋混凝土结构，五开间，重檐歇山顶。正殿设神龛，供奉“华夏圣祖大禹之神位”。神位正前方按“太牢”之礼，陈设了 43 件祭器。两侧墙面配以大禹治水等大型彩绘，浓缩地体现了大禹一生的丰功伟绩。

大禹陵碑（如图 2–7）是明嘉靖十九年（1540 年）绍兴知府南大吉所立，整块碑高 4.05 米，宽 1.9 米。“大禹陵”三个大字即由南大吉题写。1956 年秋，碑石被大台风折成两段，1961 年 10 月重立此碑时，在“禹”字之下、“陵”字之上断裂处用钢筋和砂浆连接。碑上碑亭是 1979 年根据明代原貌而重建的，飞檐翘角，气宇轩昂，亭南有禹穴辩碑和禹穴碑，系前人考辨夏禹墓穴所在时而立。

位于入口处的大禹陵牌坊前横卧的青铜柱子，名龙杠。龙杠两

图 2–7　绍兴大禹陵碑

侧各有一柱，名拴马桩。凡进入陵区拜谒者，上至皇帝，下至百姓，须在此下马、下轿，步行入内，以示对大禹的尊崇。龙杠上有“宿禹之域，礼禹之区”的铭文。咸若古亭建于南宋孝宗隆兴二年（1164年），“咸若”二字，出自《尚书·皋陶谟》。咸若古亭又称奏乐亭，是古时候祭祀大禹时乐师奏乐的地方，为石构建筑，八角重檐亭，上刻“咸若古亭”四字，距今已有八百多年历史了。

大禹铜像建在石帆山顶上，高21米，重118吨，建成于2001年，是大禹治水时亲躬劳作的形象，大禹手持木耜，脚踏巨舟，气势雄伟，屹立在石帆山顶。为了便于人们登山瞻仰，又修筑了4级台阶步行山道。

碑廊位于咸若古亭右前方，最高大的碑叫“会稽刻石”，又称“李斯碑”，篆刻于秦代。据记载，秦始皇三十七年（前210年），秦始皇东巡，上会稽，祭大禹，登秦望山，眺南海，感叹之余，命宰相李斯撰文刻于石上以歌颂大禹的功绩。碑文字属秦小篆，是秦统一六国后颁行的文字，字体清秀圆润，在中国书法史上有极其重要的地位。原碑已毁，现碑为清乾隆绍兴知府李亨特根据早期的拓本命高手摹刻。还有明成化年间所镌刻的“山会水则碑”“戴琥水利碑”等，均弥足珍贵。

在禹祠的左侧有一井，名曰“禹井”，相传为禹所凿。有亭名“禹井亭”，其楹联系孙其峰先生补书，联云“轨范昭百代，德泽被万方”，意为中华大地的人民都得到了大禹的恩惠，他为民忘私，是人们的楷模，光照后世。

大禹的葬处被称为“禹穴”。“禹穴”原在窆石所在地，至明嘉靖三年（1524年）移至大禹陵碑后侧。碑处建有亭，廊下壁间嵌有清代毛奇龄《禹穴辩》和沓尉林所书“禹穴”碑。

治滔天洪水，开文明先声，历代对大禹的敬仰演变为隆重的国家公祭。大禹为中华民族的历史发展做出了巨大的历史贡献，如今正享受着人间仙境的恬淡宁静和后世子孙的袅袅香火。

二 殷商王陵

灭夏而立的商王朝，发展和完善了我国的奴隶制度，并使我国古代青铜文化发展到了高峰。从幸存于今的甲骨文和大量考古发现中，我们可以对三千多年前的商王朝有一个基本的认识。

殷商有许多著名人物，从率领族众艰苦创业的契，到灭夏兴商的汤，再到力排众议、毅然迁都于殷的盘庚，直至因酒池肉林、重色轻国而致国灭身焚的纣，等等。事实上，他们代表了商的建立、迁徙、兴衰和灭亡的历史。据司马迁《史记·殷本纪》载，商人在成汤开国之前的所谓先商阶段曾将国都迁徙了8次，在成汤灭夏建立商帝国到第二十代商王盘庚的帝国前期阶段中，又曾迁都5次。这一流动频繁、“不常厥邑”的历史事实，汉代张衡在《西京赋》中将其概括为“殷人之屡迁，前八而后五”。这一现象给现代商文化研究和探讨带来了无数争执与课题。

公元前14世纪末，盘庚为了扭转商帝国的衰颓气象，重振国势，“行汤之政”，摆脱旧都的腐朽势力，力排众议，毅然西渡黄河迁都于殷。商朝以殷地为政治、经济、文化和军事的中心，努力开拓和发展，国力再度膨胀，很快将我国的青铜文化推向鼎盛时期。

这个三千多年前的锦绣帝都，位于今河南省安阳市西北部。洹水——黄河中游冲积平原上一条并不著名的河流——流经这里时有一个S形的曲折，形成了两个南北相对的河湾。就在这条河流的两岸，有一些原本名不见经传的小村庄——小屯、武官村、侯家庄等，经过考古学家半个多世纪的发掘和研究，证实这一带就是当年殷王朝国都之所在，即名震遐迩的殷墟。洹北侯家庄西北岗，武官村北一带即为历代殷王的王陵所在地——与殷王室的宫殿宗庙隔河相望。

在考古学界，商代墓葬以盘庚迁殷为标志，大致分为前后两期，每期又分为大中小三类。大型墓又分为甲乙两种：甲种墓墓室面积达 500 多平方米，其中有“亚”字形墓，即南北东西 4 条墓道，以及“中”字形墓，即南北 2 条墓道；乙种墓面积在 30 ~ 100 平方米之间，一般仅 1 条墓道，即“甲”字形墓。大型墓甲种是商王墓葬，大型墓乙种为贵族和大奴隶主之墓。

洹水北岸的西北岗，地势稍高，在东西 450 米、南北 250 米的区域内，分东西两区集中了 13 座按一定布局排列的大墓，这就是埋葬着自盘庚以后十三代商王的殷商王陵区。王陵西区有 8 座大墓，东区除 5 座大墓外就是一片祭祀场。大墓的墓室边上开有从地面延伸到墓地的斜坡道或阶梯，即为墓道。有一座大墓，既无墓道也未葬人，称之为假大墓，乃是殷纣王帝辛生前所建，因国破身亡未及享用。在漫长的岁月流逝中，殷王陵不但地面建筑已荡然无存，而且各墓无一例外均已被盗。不过，从劫后幸存的随葬物品的数量及考古发掘所见墓葬规模和结构来考察，我们仍然可以强烈感受到这些商王陵墓的盛大气势。例如王陵西区的 1001 号大墓，深 10 米多，面积 713 平方米。墓室中有椁室，椁室的地面及四壁都用木板搭成，木壁上刻有各种花纹，涂朱并镶嵌了用野猪牙雕成的装饰品。盗余仍有许多铜器、玉器、白陶等珍贵物品的残片，另有殉葬人骨架 100 多具，马骨架 10 多具。著名的武官村大墓在王陵东区，是有 2 条墓道的“中”字形墓，深 7 米多，面积 340 平方米。更有 1217 号大墓，面积竟达 1800 平方米，深 15 米，规模之巨大，令人惊叹。

巨大的墓室、华美的装饰、众多的人殉、丰富的随葬品，这些反映殷商君王极度奢侈的事实，可以从 1976 年发掘的幸未被盗扰过的殷墟妇好墓中得到例证。

妇好墓（如图 2–8）因出土随葬物品上多刻有“妇好”二字而得名。它并不在洹北王陵区，而在洹南小屯村北略偏西 100 米处。

图 2-8 安阳殷墟妇好墓

妇好墓无墓道，面积仅 22 平方米，深 7.5 米，大大小于陵区诸墓。但它上面却发现有类似寝的建筑基址。随葬物品除 6000 多件海贝外，还有各种器物 1928 件，单青铜器即达 468 件，几乎包括了此前殷墟出土的青铜礼器的全部品种。铜器数量之多，超过了数十年殷墟发掘所得总和，总重量达 1.6 吨。另有精美绝伦的各种玉器 755 件，这些玉器更是旷世珍品。

铭文“妇好”及甲骨文中关于妇好的 240 余条记载，证实妇好为商王武丁之配偶，死于武丁晚期。妇好虽为女流，却是一位显赫人物，甚至经常率军冲锋陷阵。例如，甲骨文中记载的用兵最多的一次伐羌的战斗，就是这位三千多年前的女将指挥的，可以说是我国见诸史实的最早的女将军。妇好的地位低于商王，其墓葬的面积仅为王陵的几十分之一，但墓中随葬物品已是如此丰盛，工艺水平又如此之高超，诸王陵之随葬品的质量和数量就可想而知了。

人死之后如生时一般在另一个世界里生活，墓葬是墓主生前居址之延续，这种思想在殷代十分盛行。殷帝国的最高统治者为了死后能继续享用如同现实生活中一样富丽堂皇的宫殿，在生前就驱使大批奴隶营建王陵，以便自己的灵魂在其中骄奢淫逸地生活，继续统治冥间的天下。这种思想和行为影响了其后我国三千多年的帝王生死之观念。随着生产力的进步，国力的增强，各朝代帝王竞相仿效，陵墓的营建规模越来越大，随葬物品更多更精。在商代，与之形成鲜明对比的是，数以万计的冤魂死于野蛮的人殉和人祭习俗，想起当时斧钺高悬、人声凄厉的悲惨场面，真令人不寒而栗。

曾经是一代帝国锦绣都城的千年古都安阳，因殷墟的发现声名远播。殷墟是 20 世纪最伟大的考古发现之一，使得湮灭已久的商代成为信史，并溯及夏代。1961 年 3 月，殷墟被列入首批全国重点文物保护单位。2006 年 7 月，殷墟被列入世界文化遗产名录，现为国家 AAAAA 级旅游景区。21 世纪初，以殷墟王陵遗址、殷墟宫殿宗庙遗址（妇好墓所在区域）等为主要内容的殷墟宫殿宗庙遗址景区（如图 2–9）建成，新建的景区复原了部分商王陵墓，包括著名的妇好墓，并建有殷墟博物馆，供游客观览。

图 2–9　安阳殷墟宫殿宗庙遗址景区

三 秦始皇陵

陕西省西安城东临潼骊山脚下，巨大的封土堆下埋葬着中国历史上第一个大一统王朝的皇帝——秦始皇。

秦，嬴姓，是西周东迁时才被周平王承认的诸侯国。大约在商周兴衰之际，以玄鸟为图腾的秦人从东方沿海迁徙到了西北黄土高原。

秦始皇嬴政（前259—前210）即位后，依靠由秦穆公霸西戎和商鞅变法带来的强大国力，远交近攻，横扫东方六国，统一中原，于公元前221年建立了中国历史上第一个统一的多民族的封建帝国。这个巨大的历史功绩与他诸如大兴土木、穷兵黩武、焚书坑儒等暴行苛政一起，使他成为一个备受争议的历史人物。而巨大的秦始皇陵兵马俑坑的发现，更使他在两千多年后再次声震中外，名扬四海。

秦始皇虽然幻想并狂热地追求长生不老，曾派人到处求取长生不老之药，但他也自知死亡之难免，即位不久就开始为自己修建陵墓，直到公元前210年去世，共修建了37年。大规模地修筑是在统一六国后的10年，由丞相李斯督率役用刑徒总计72万人，倾全国之力修造。“运石甘泉口，渭水不敢流，千人唱，万人讴……”这首流传极广的歌谣生动地描绘了修建陵墓的巨大声势。又传有一块百吨大石，因为运不动，只好放在骊山旁边，后人称之为“狠石”。石上刻铭曰：“发石此山，言础于坟，若有凭依，屹住中逵，淫刑蹴迫，人力无施。”

秦始皇陵墓封土呈四方锥形，顶部略平，底部南北长515米，东西宽488米，原高115米，经过两千多年的风吹雨打，现高76米，周长1250米，远远看去犹如山峰屹立。墓中建宫殿及百官位次，奇珍异宝不计其数。又以水银为百川江河大海，机械转动，以人鱼膏为烛，以期长明。令工匠特制机关弩矢，若有人穿圹于内，弓弩便自动发射，极尽豪华之能事。陵体高大，苍茫起伏，南依骊山，北临渭水，雄伟壮观。

陵园为土筑长方形重城，分外城和内城。内城周长 3890 米，外城周长 6290 米，都是南北向的长方形，夯筑，大部分已埋入地下。内城东北角另筑一小城。内城和外城四面开门，两两相对，直通陵冢，小城则只有南北两门。陵寝位于秦始皇陵陵冢封土北 130 米处，其大型建筑基址于 1995 年被发掘，位于内城中部地下 0.3 ~ 1.6 米处。它是由几组形制不同的建筑构成的，其布局纵横交错，设计独特，风格有别，保存较为完好。据钻探，这座大型陵寝建筑遗址总面积约 4500 平方米，如此规模为古代帝王陵园所仅见。陵园西边内外城之间有一面积达 107 万平方米的建筑基址，从出土的刻有“丽山食官”的陶片和东府铭文铜编钟来看，当是陵园食官居处。陵园东边有秦始皇诸公子、公主的殉葬墓和埋葬陶俑的随葬坑群。

秦始皇陵周围不断有珍贵文物出土。除 1980 年 12 月发掘出土的两辆设施齐备、保存完好、为实物 1/2 大小的彩绘铜车马外，最著名的当然是被誉为世界第八大奇迹的秦始皇陵兵马俑（如图 2–10）。

图 2–10 秦始皇陵兵马俑

秦始皇陵兵马俑，1987年与秦始皇陵一起被列入世界文化遗产名录，国家AAAAA级旅游景区，全国重点文物保护单位，是20世纪考古史上的伟大发现，成为全人类的一份珍贵文化遗产。以秦始皇陵兵马俑为基础，在兵马俑坑原址上建立了遗址类博物馆，这也是中国最大的古代军事博物馆——秦始皇兵马俑博物馆，并随着遗址的发掘复原逐步对公众开放：1979年建成一号俑坑遗址大厅，1989年建成三号坑遗址大厅，1994年建成二号坑遗址大厅。三座遗址大厅的总建筑面积为3.4万平方米，把三个俑坑全部罩于遗址大厅内，并有较好的通风、采光、防火、防盗等设施，以确保遗迹、遗物的安全。

秦始皇兵马俑博物馆由一、二、三号三个兵马俑坑组成。一号坑是一个战车和步兵相间的主力军阵，约有6000个真人大小的陶俑。二号坑是秦俑坑中的精华，面积6000平方米，由四个单元组成，四个方阵由战车、骑兵、弩兵混合编组，严整有序，无懈可击。三号坑则是军阵的指挥系统。

一号坑规模最大，呈长方形，长230米，宽62米，坑内有10道宽2.5米的夯筑隔墙，形成南北面阔九间，周围绕以回廊的格局。根据出土兵俑的排列密度估计，一号坑共埋葬兵马俑6000余件。凭栏俯视，东端3列步兵俑面向东方，每列68尊，是军阵的前锋；后面接着战车和步兵相间的38路纵队构成军阵主体；俑坑南北两侧和西端各有1列分别面南、面北和面西的横队，是军阵的翼卫和后卫。这是一个两千多年前的秦国庞大军阵，它们披坚执锐，军容严整，气势雄伟，势不可当，历史距离瞬间消失，一种神秘的力量把观者带进喊杀震天、金戈铁马的古战场。登台而望，眼前豁然开朗，气势磅礴的一号坑兵马俑坑便尽收眼底。俯视俑坑，映入眼帘的是一个浩浩荡荡的军事场面：武士俑组成了面朝东方的3列横队，是军阵的前锋；随后是由步兵和战车组成的纵队，步兵俑披甲穿袍，战车四马奔腾，这是军队的主体；南北两侧及背后，各有1列面朝外的武士俑，这是侧翼和后卫，以防敌人截击或包抄。这种组织严密的军阵，充分显示了秦军“奋击百万，战车千乘”的威武场面，再现了秦始皇当年金戈铁马、纵横驰骋、内合六国、外却匈奴的壮丽图景。

二号坑在一号坑北侧约 20 米处，平面略呈曲尺形，是秦俑坑中的精华，它的发现揭开了古代军阵之谜。东西最长处 96 米，南北最宽处 84 米，深约 5 米，面积约 6000 平方米。由四个单元组成：第一单元即东边突出部分，由持弓弩的跪式和立式弩兵俑组成；第二单元即俑坑南半部，由驷马战车组成车兵方阵；第三单元即俑坑中部，车徒结合，由车、步、骑兵俑混合编制组成长方阵；第四单元即俑坑北半部，由众多骑兵组成长方阵。

三号坑在一号坑西北约 25 米，东距二号坑约 120 米，呈“凹”字形，规模最小。武士俑按夹道的环卫队形排列，象征古代的军幕，是军阵的指挥系统。

兵马俑不但场面宏大，布阵精密，撼人心魄，且神态各异，个性鲜明，造型逼真，栩栩如生，是世界雕塑史上的绝唱。

将军俑，分为战袍将军俑和铠甲将军俑两类，头戴鹖冠，高大魁梧，气质超群，颇具大将风度。战袍将军俑着装朴素，只在胸口有花结装饰，而铠甲将军俑的前胸、后背以及双肩，共饰有八朵彩色花结，华丽多彩，飘逸非凡，衬托其等级、身份以及在军中的威望。

车士俑，车士即战车上除驭手（驾车者）外的士兵。一般战车上有两名车士，分别为车左俑和车右俑。车左俑身穿长襦，外披铠甲，胫着护腿，头戴中帻，左手持矛、戈、戟等长兵器，右手作按车状。车右俑的装束与车左俑相同，姿势相反。它们都是战车作战主力，在兵器配置和作战职责上有着一定的区别。在战车上，除了矛驭手和车左俑、车右俑外，还发现有指挥作战的军吏俑。

立射俑在秦俑中是一个较为特殊的兵种，出土于二号坑东部，所持武器为弓弩，与跪射俑一起组成弩兵军阵。立射俑身着轻装战袍，束发绾髻，腰系革带，脚蹬方口翘尖履，装束轻便灵活。立射俑的手势与文献记载符合，说明秦代射击的技艺已发展到很高的水

平，各种动作已形成一套规范的模式，并为后世所承袭。跪射俑与立射俑一样，出土于二号坑东部，所持武器为弓弩，与立射俑一起组成弩兵军阵。立射俑位于阵表，而跪射俑位于阵心。跪射俑身穿战袍，外披铠甲，头顶左侧绾一发髻，脚蹬方口齐头翘尖履，左腿蹲曲，右膝着地，上体微向左侧转，双手在身体右侧一上一下作握弓状，表现出一个持弓的单兵操练动作。

作为军阵主体的武士俑即普通士兵俑，在秦俑坑中出土数量最多，可依着装不同分为两类，即战袍武士俑和铠甲武士俑。它们作为主要的作战力量分布于整个军阵之中。战袍武士俑大多分布于阵表，灵活机动；铠甲武士俑则分布于阵中。两类武士俑皆持实战兵器，气宇轩昂，静中寓动。

军吏俑低于将军俑，有中级、下级之分。从外形上看， 头戴双版长冠或单版长冠，身穿的甲衣有几种不同的形式。军吏俑除了服饰上与将军俑不同外，精神气度上也略有差异，军吏俑的身材一般不如将军俑体魄丰满魁伟，但整体比较高大，双肩宽阔，挺胸伫立，神态肃穆，更多地表现出勤于思考、勇武干练的一面。

骑兵俑出土于二号坑，有 116 件，多用于战时奇袭。由于兵种的特殊，其装束显然与步兵、车兵不同。它们头戴圆形小帽，身穿紧袖、交领右衽双襟掩于胸前的上衣，下穿紧口连裆长裤，脚蹬短靴，身披短而小的铠甲，肩上无披膊，手上无护甲。衣服短小轻巧，一手牵马，一手持弓。二号坑出土的骑兵形象，是迄今为止我国考古史上发现的最早的骑兵实物。

驭手俑为驾驶战车者，在三座俑坑中均有出土，它们身穿长襦，外披铠甲，臂甲长及腕部，手上有护手甲，胫着护腿，脖子上围有颈甲，头上带有巾帻及长冠，双臂前举作牵拉辔绳的驾车姿态。

1980 年，在秦始皇陵西侧 20 米处发掘了两乘大型彩绘铜车马（如图 2-11）。两乘车都是四马单辕，由大小 3400 个零部件组装而成。其中二号车车长 3.17 米，高 1.06 米，铜马高 65~67 厘米，身长 1.2 米，总重量 1234 千克。主体为青铜铸造，车马金银饰品 1720 件，

金银器总重 7 千克。制作工艺精细，造型逼真，是我国出土文物中时代最早、驾具最全、级别最高、制作最精的青铜器珍品，也是世界考古发现的最大青铜器。

图 2-11　秦始皇陵铜车马

兵马俑还是我国古代的艺术宝库，是秦代写实艺术的完美体现，形体高大，比例匀称，形象生动，神态逼真，可谓千人千面，栩栩如生，在艺术史上亦具有极高的价值。兵马俑的塑造，是以现实生活为基础，艺术手法细腻、明快，装束、神态各异，具有鲜明的个性和强烈的时代特征。从它们的装束、表情和手势就可以判断出是官还是兵，是步兵还是骑兵。这里有长了胡子的久经沙场的老兵，也有初上战场的青年。身高达 1.96 米的将军俑，巍然直立，凝神沉思，表露出一种坚毅威武的神情。武士俑（如图 2–12）则两眼直视前方，显得意气昂扬而又带有几分稚气。兵马俑坑内出土的青铜兵器均经过铬化处理，虽然埋在土里两千多年，依然刀锋锐利，闪闪发光，表明当时已经有了很高的冶金技术。

图 2-12　武士俑

秦始皇陵兵马俑是秦代雕塑艺术取得划时代成就的标志。秦人崇尚写实，创作手法严谨，追求性格鲜明、形象生动的艺术效果。作者通过眉、眼、鼻翼、胡须等细部形象的刻画，着重塑造将士们机智沉着、威武刚健、坚毅勇猛的性格。一号坑出土的一件按剑将军俑，具有运筹帷幄、决胜千里的大将风范，二号坑出土的一件垂手将军俑，则表现了将军凛然不可侵犯的气势，惟妙惟肖，匠心独具，具有强大的艺术感染力。走近俑坑观看，眼前是生龙活虎的战士、昂首嘶鸣的战马、巨轮滚滚的战车、指挥若定的将军。军阵中的武士，一类免盔束发，身穿短褐，系带扎腿，挽弓挎箭；另一类头戴战冠，身披铠甲，足蹬战靴，执矛秉戈。一个个面容不同，神态各异。军阵中的陶马膘肥体壮，劲健有力，衔镖张口，鬃毛分飞，造型生动，形象逼真，震撼人心。

兵马俑坑内的整体布局，展现了两千多年前秦国强大的军阵和震人心魄的威武场面，再现了秦始皇当年为完成统一中国的大业而展现出的军功和军威，充满古典写实主义的巨大魅力，在某种程度上可谓“前不见古人，后不见来者”的神秘篇章。两千多年来，秦始皇陵像一个巨大的谜团，吸引着世人关注的目光。当你来到秦始皇陵，面对这空前绝后的杰作时，定会产生无限的敬仰之情和强烈的民族自豪感。

四 西汉帝陵

“乐游原上清秋节，咸阳古道音尘绝。音尘绝，西风残照，汉家陵阙。”诗仙李白的豪放词句描写了位于渭水北岸咸阳原上汉代帝陵的恢宏景象。在夕阳的照耀下，那一座座高大的封土堆披上了一抹金辉，更显出一股磅礴雄浑、生生不息的大汉气魄。

西汉王朝共经历了11位皇帝，除文帝霸陵和宣帝杜陵在渭河以南外，其余9位皇帝的陵墓都分布在咸阳原上，构成了“一”字长蛇阵。它们以汉高祖刘邦的长陵为中心，自西向东依次为武帝茂陵、昭帝平陵、成帝延陵、平帝康陵、元帝渭陵、哀帝义陵、惠帝安陵、高祖长陵、景帝阳陵。西汉帝陵规模较大，大致可分为陵园、寝园及陵邑三区。其中陵园是整个陵墓最主要的部分，又分为地面与地下两部分，地面的建筑物有陵垣、门阙、角楼和坟丘等。由夯土筑成的垣墙，平面大多呈方形。正中均开陵门（汉时称“司马门”），门旁皆建有门阙，垣内转角处有曲尺形建筑，当为角楼及守卫之附属房舍。在墙垣之内有高大积土之坟丘，通常为去顶的方锥形，或多层之台状，亦由夯土构筑，汉时称为“方上”。陵园之地下部分，是放置棺椁的地方，即后世所谓之“地宫”，为陵园之核心区域，其形制系仿地上宫殿构筑。寝园为帝陵中一组专门用以供奉先王神位、御用衣物及每日“四时上食”之祭祀性建筑。西汉之初，依秦制置于陵园之内，大约在景帝时才移到园外。其形制近于陵园，主要建筑有门殿、走廊、正殿、寝殿、吏舍及庭院等。

西汉帝陵规模巨大，除霸陵以山为陵外，其余均用黄土夯筑成高大的坟丘，略呈方形，顶部平整，汉代人称之为“方上”，现在人们则形象地称之为“覆斗”。汉代帝后合葬同茔而不同陵，后陵一般在帝陵之东，坟丘也较帝陵略小。西汉诸陵的陪葬墓都在帝陵之东，是陵园的重要组成部分。尤以长陵的陪葬墓最多，规模最大，现今地面上仍有60余个坟丘，纵横整齐排列。西汉从长陵开始置陵邑，实行陵邑制，即依陵设县制度，因陵移民置县者七陵（高帝、惠帝、文帝、景帝、武帝、昭帝、宣帝）。长陵、茂陵各万户，其余五千户。所迁之民多为高官富豪之家，致使皇陵附近繁华一时，成为富贾权贵特别集中的地区，当时人即称渭北纨绔子弟为“五陵公子”。

西汉是以儒家思想为主体的中国传统思想、伦理道德和价值体系的形成时期，也是秦代创立的统一的政治体制的巩固完善时期，西汉帝陵集中体现其政治、文化、思想形态，帝陵的形制更为中国古代陵寝制度的建立奠定了基础，成为西汉以降各朝帝陵的基础蓝图。

（一）汉高祖长陵

由市井无赖至亭长小吏，以“将将”之能围杀西楚霸王，位至九五之尊仍击筑高唱《大风歌》，这就是西汉开国皇帝——略带痞气的汉高祖刘邦，无论秉笔正史还是市井笑谈，其生适乱世并败中取胜的奋斗史都足够精彩。

汉高祖刘邦，生于公元前256年，也就是秦国统一天下之前的35年，死于公元前195年，沛郡丰邑（今江苏丰县）人，字（或曰小名）季，秦时曾做过泗水亭长。刘邦少时家贫，为人狡黠聪明，性格豪爽，不爱劳动，善交友用人，不拘小节，大智若拙。妻后吕氏，名雉，生子惠帝刘盈。在秦末乱世中，兴兵反秦，芒砀斩白蛇，沛中子弟多附之。西进关中，至霸上，兵临咸阳城下，秦王子婴献城投降，约法三章，甚得民心。自忖不敌项羽，贿项伯，只身逃出鸿门宴，被封为汉王，领地巴蜀。又以将将之才，历经苦战，明修栈道，暗度陈仓，终于垓下一战重创楚军，逼四面楚歌的西楚霸王项羽自刎于乌江。公元前202年二月初三，刘邦在山东定陶汜水之阳举行登基大典，国号汉。初定都洛阳，后听娄敬、张良等言旋迁都长安（西安）。又诛杀韩信、彭越等诸异姓王，削弱萧何相权，迁六国后裔到关中，将其置于中央控制之下。刘邦以文治天下，征用儒生，广泛求贤。承秦中央集权制和郡县制，废秦苛法，制九章律，豁免徭役，减轻人民的负担，建天禄阁、石渠阁。安抚国人，凝聚中华，促成了汉代雍容大度的文化基础。对汉民族的形成、中国的统一强大、汉文化的保护发扬有决定性的贡献。刘邦高瞻远瞩，深谋远虑，他确立的政治制度和对后世的安排使大汉成为延续了长达400余年的统一王朝，令世人景仰与歌颂。刘邦为人豁达，不装不掖，直抒胸臆，曾于平定英布时过沛县，邀集故人饮酒。酒酣时刘邦击筑高唱《大风歌》："大风起兮云飞扬，威加海内兮归故乡。安得猛士兮守四方？"抒发了功成名就时感怀兴奋、踌躇满志，又忧江山不稳、高处不胜寒的复杂心情。情发于心中、流于诗外，慷慨悲壮，流韵千古。纵观开国之君，虽大多不擅长诗词文章，但偶一为之，便自有一番常人难以企及的恢宏气势。刘邦长年征战，多处负伤，在平定英布时又中箭伤，至长安病情加重。遂安排后事，于公元前195年四月二十五日崩，年六十二，谥号高皇帝，庙号高祖。

汉高祖长陵（如图2-13），位于今咸阳之北，与汉长安城隔渭水相望，又称"长山""长陵山"。西汉及以后，历代帝王都对长陵采取诸多保护措施，使得两千多年之后的高祖长陵仍以高大雄伟的姿态，屹立在咸阳原上。刘邦于称帝的第二年即开始营建长陵。陵园是仿照西汉都城长安建造的，只是规模略小而已。陵园内还建有豪华的寝殿、便殿。寝殿是陵园中的正殿，殿内陈设汉高祖的"衣冠几杖象生之具"，完全像皇帝生前时一样侍奉。

刘邦的陵冢在陵园的偏西处，形状像覆斗，是夯土叠筑而成的。陵前立有清乾隆年间陕西巡抚毕沅所书的"汉高祖长陵"石碑一通，陵冢下面是刘邦安寝的地宫。陵园中还有吕后合葬陵，在长陵东面200多米处。由于汉代的制度规定帝后同茔不同陵，所以吕后单独起陵于长陵之东，形状亦是覆斗形而略小于长陵。

图 2-13　汉高祖长陵

史载长陵墓冢东西 120 步，高 13 丈。经过两千多年的风雨剥蚀，今存长陵的墓冢底部东西 153 米，南北 135 米；顶部东西 55 米，南北 35 米，封土高 33 米，是典型的覆斗形土丘，它直接影响着后来的皇陵形制。长陵陵园经考古实测，是一个边长为 780 米的正方形。令人感到惊异的是它那四面墙垣的厚度：东、西、南三面墙厚 7 ~ 9 米，而北墙居然有 15 米宽。四面墙垣中央各开一门，门外立双阙，简直如同一个坚固的小城堡。在陵园内外发现有多处建筑遗址，应属于长陵的寝殿、原庙等礼制建筑。

西汉自长陵即开始置陵邑，陵园的北面是长陵邑的所在地，在今咸阳韩家湾。陵邑略呈长方形，城墙由夯土筑成，南北长，东西宽。西汉王朝建都长安以后，将齐、楚诸国的大姓和有功之臣都迁到长陵邑，将有实力的豪族控制在长安，以便巩固统治。长陵邑在长陵之北，陵园北墙就是长陵邑的南墙，长 1245 米，西墙长 2200 米，北墙残长 200 米，没有发现东墙。园墙夯筑坚固，有几段尚存有 6 米多高。据记载，长陵邑形制仿长安城设计，平面为长方形，内有官署、市场和里居。在长陵陵邑范围内曾经发现双兽纹半瓦当和大量瓦片堆积、水管道、生产工具等。从文献记载及这些残留的废墟、出土文物中，可以窥见当年陵邑朱檐彩栋、深宫广院、车马人熙的繁华景象。

长陵的陪葬墓在陵园东门外道北，在西起长陵，东至泾河南岸，东西绵延 7 千米的范围内，分布着大小各异、外形不同、排列有序的 63 座封土堆，埋葬着西汉的开国元勋、文武重臣，或达官显贵、皇亲国戚，如萧何、曹参、周勃、周亚夫、王陵、张耳、纪信、戚夫人等。吕后与高祖同茔而不同穴，吕后陵在长陵陵园内东南部，是首要的陪葬墓，坟丘大小几乎和高祖长陵坟丘相同。汉初三杰之一的丞相萧何，死后葬在长陵陪葬区最显要的位置——长陵东司马门道东边，西临长陵（今徐家寨双冢）。曹参、王陵等人的墓葬，也都在陪葬区的显要位置。唐代诗人唐彦谦有诗云："长陵高阙此安刘，祔葬累累尽列侯。"这累累丘冢，再现了汉初文治武功之盛景。在西汉诸陵中，长陵的陪葬墓数量最多，跟随刘邦南征北战的功臣和贵戚，死后多陪葬在长陵。1965 年冬，在长陵陪葬墓中，出土了驰名中外的三千彩绘兵马俑。在陪葬墓区发现东西两排土坑，土坑内是排列有序的 1800 余步兵俑、580 余骑兵俑，还有许多陶盾牌、兵器和车马饰。步兵俑葬于 5 个坑内，大者身高 48.5 厘米，小的 44.5 厘米，相当于正常人的三分之一到四分之一。虽不是真人原大，但个个威武十足。它们身披各式用红、白色描绘出甲片的黑色铠甲，手持戈或盾，左手握拳下垂。骑兵俑葬于 6 个坑内，它们身着红、白、绿、紫等颜色的服装，上面还有彩绘的图案，大多也披着黑色铠甲。所骑之陶马形象逼真，有的俯首帖耳，似安然待命；有的昂首嘶鸣，似急欲出征。经研究考证，初步认为这两个墓是西汉重臣周勃、周亚夫父子的墓。汉太尉周勃亦为沛人，自幼随刘邦起事，为人质朴，深得刘邦信任，在刘邦死后毅然遵高祖之嘱，平定几成气候的诸吕叛乱，独力挽救刘氏天下。其子周亚夫将门虎子，勇冠

三军。在景帝刘启即位的第二年，受命出征，三个月之内平定了酝酿已久、声势浩大的七国之乱。周氏父子对安刘定国，功劳可谓大矣！以周氏父子的武功以及他们在汉初政局中所起到的特殊作用，得此威武军阵送葬，当可谓名正言顺矣！

1968 年在长陵附近出土一颗有“皇后之玺”篆文的螭虎纽白玉印，晶莹润泽，高 2.8 厘米，重 33 克，印上部为螭虎纽，虎呈伏卧状，头尾微向左边蜷曲，怒目张口，造型生动。玉印四周有线雕云纹。印面为正方形，边长 2.8 厘米，上阴刻“皇后之玺”四个篆字，经考证其主人即汉高祖刘邦的皇后吕雉，吕后权欲甚大，诸吕几乎夺刘氏天下。这是中国最早发现的皇后印玺，极为珍贵，堪为国宝。

在长陵邑、陵园和陪葬区范围内均发现有汉代遗物，有汉代砖、瓦、瓦当、水管道、陶文瓦片和铁铲、铁夯头等，其中以瓦当最多。种类有圆形和半圆形，带字的和花纹图案等。圆形的以花纹图案为主，半圆瓦当多为素面。带字圆瓦当有“长乐未央”“长生无极”“长陵西神”“长陵东当”“长陵西当”等字。陶水管有圆水道和五角水道两种。花纹砖有正方形和长方形两种，花纹为最常见的回纹和菱形纹等。砖瓦上戳印的陶文有“宫二”“宫三”“大三十”“右三十”等。

长陵在咸阳原的最高点，即秦咸阳宫旧址之上，远望若山峰兀立，气势雄伟。南与未央宫隔河相望，北依九嵕山，泾、渭二水横贯陵区。登高可俯瞰长安胜景，自古就为关中著名的形胜要枢之地，今日更成为人们访古探幽的旅游观览胜地。

（二）汉景帝阳陵

汉景帝刘启（前 188—前 141），汉文帝刘恒第五子，西汉第四位皇帝。刘启在位期间，用晁错之计，推行“削藩策”，削拆诸侯封地，强力平定由此引发的七国之乱，进一步巩固了中央集权。景帝以勤俭治国，尚黄老之道，继续奉行汉初休养生息政策，发展生产，减轻赋税。景帝刘启虽无高祖刘邦和其子武帝刘彻之盛名，但在西汉历史上占有重要的承前启后的地位，他秉承无为而治的黄老思想，去苛政，轻税役，继承并光大其父文帝的事业，父子共同开创了中国历史上著名的“文景之治”，并为其子刘彻的“汉武盛世”奠定了坚实的物质基础，圆满完成从文帝到武帝的精彩过渡。

景帝刘启在位 16 年，后元三年（前 141 年）崩，谥号孝景皇帝，葬于阳陵。

汉阳陵，即景帝刘启及其第二任皇后王氏（孝景皇后王娡，汉武帝生母）同茔异穴的合葬陵园，位于今陕西省咸阳市渭城区正阳镇张家湾、后沟村北的咸阳原上。阳陵始建于景帝前元四年（前 153 年），至汉武帝元朔三年（前 126 年）竣工，修建时间长达 28 年，陵园占地面积达 20 平方千米。

阳陵陵园（如图 2-14）由帝陵，后陵，南、北区从葬坑，刑徒墓地，陵庙等礼制建筑，及陪葬墓园和阳陵邑等部分组成。

帝陵坐西面东，居于陵园的中部偏西；后陵、南区从葬坑、北区从葬坑等距分布于帝陵四角；嫔妃陪葬墓区和罗经石遗址位于帝

图 2-14　汉景帝阳陵

陵南北两侧，左右对称；刑徒墓地及三处建筑遗址在帝陵西侧，南北一字排列；陪葬墓园棋盘状分布于帝陵东侧的司马道两侧；阳陵邑则设置在陵园的东端。整个陵园以帝陵为中心，四角拱卫，南北对称，东西相连，布局规整，结构严谨，显示了唯我独尊的皇家意识和严格的等级观念。自 20 世纪 90 年代开始的调查勘探和发掘，已证实阳陵帝、后陵均为“亚”字形，坐西面东，由此基本解决了学术界关于汉陵面南还是面东这一长期争论不休的难题，否定了汉代帝陵依照昭穆制度进行布局的论点，解决了汉代帝陵制度研究的一大难题。

图 2-15　汉景帝阳陵彩绘陶俑坑

阳陵陵园东西长近 6 千米，南北宽 1~3 千米，四边中央各有一门，均距帝陵封土 110 米。封土外围分布着从葬坑 81 个，帝陵外藏坑是帝陵最重要的陪葬部分。1998 年，考古工作者对位于帝陵东侧 10 个外藏坑进行了发掘，出土了大量的包括文吏、武士、男女侍从、宦者等各种身份的陶俑（如图 2-15），各类陶塑家畜，原大或缩小为三分之一的木车马，各种质地的生活器具和兵器以及粮食、肉类、纺织品等生活消费品。

皇后陵位于帝陵东北，距帝陵 450 米处，与景帝陵遥相呼应。后陵与帝陵形制相同，高约 25.5 米，封土形制为四条墓道的“亚”字形。

阳陵中最惊人的发现是在从葬坑中出土的彩绘陶俑（如图

2–16），被形象地称为汉兵马俑。在20世纪90年代开始的抢救性发掘中，出土了大量彩绘裸体陶俑，引起轰动。南区从葬坑位于帝陵东南，北距后陵300米，共计24个坑，呈南北向14行排列。

从葬坑中有排列密集的武士俑群，有堆放粮食的仓库，还有牛、羊、猪、狗、鸡等陶质动物及成组的陶、铁、铜质生活用具，全面而生动地展现了汉代的军旅场景，当与西汉时期的“南军”“北军”有一定关系。这些考古发现既是西汉帝王丧葬制度的反映，也是西汉时期经济繁荣、军力强盛和物质生活丰裕的缩影。阳陵出土的汉俑高约60厘米，赤

图2–16 汉景帝阳陵彩绘陶俑

身裸体且没有双臂。据研究，这些陶俑在刚刚完工时都身着各色美丽的服饰，胳膊为木制，插入陶俑肩部的圆孔，木胳膊可以灵活转动，但经过两千年的风霜之后，衣服与木胳膊都已腐朽，因此只剩下了裸露而残缺的身躯。兵马俑的队伍中有一部分是女子，大多面目清秀，身材匀称，但也有一些颧骨突起，面貌奇异，可能是当时的异族兵员。比起秦始皇兵马俑的肃穆与刚烈，阳陵汉俑显得平和而从容，正反映了“文景之治”时安详的社会氛围。

位于帝陵东南的罗经石遗址，得名于其正中最高处放置的用整块黑云母花岗岩雕凿而成的一块方形巨石，它是我国目前为止发掘清理面积最大、等级最高的皇家陵园祭祀建筑基址。中心建筑夯土台基，基座呈正方形，依建筑原理，整座建筑复原后是四角攒尖顶建筑，类似西安钟楼；或者是圆形攒尖顶建筑，类似北京天坛。罗经石是建筑中心的一大柱础石，边长近 2 米，其上所立柱子直径有 1.4 米，高度难以想象。基址每边有 14 个柱坑，坑内保存有柱础石，56 根回廊柱与核心柱共同撑起“长安城内就能历历在目”的阳陵高台建筑。整个建筑布局规整，规模宏大。罗经石遗址是阳陵最重要的礼制性建筑之一，也是保存最完整的帝陵陵庙建筑遗址。罗经石经测定为正南北方向。据研究推测，罗经石为修建阳陵时标定水平、测量高度和标示方位之用，是目前世界上发现的最早的测量标石。

阳陵陪葬墓园规模宏大，占地约 3.5 平方千米。陪葬墓园数量众多，围沟完整，布局规整，排列有序，显然是经过精心设计和安排的。刑徒墓地位于帝陵西北约 1.5 千米处，面积达 8 万平方米，估计葬于此地的刑徒在万人以上。1972 年发掘了其中的 29 座墓葬，发现 35 具人骨架，其墓葬排列无序，尸骨凌乱，埋葬草率，均无陪葬品。骨架上大多戴有刑具，有的还有明显的砍斫痕迹。

阳陵邑位于西安市北郊的泾渭三角洲上，阳陵以东，北临泾水，南越渭河与长安相望。这里原是秦代的一个县城，汉景帝五年（前 152 年）在此基础上修建了阳陵邑，阳陵邑东西长 4.5 千米，南北宽 1 千米左右，总面积 4.5 平方千米，东西向有主街道 11 条，南北向街道 31 条，组成了百余个棋盘式的里坊。城里有密集的汉代建筑遗址、官署区、民居区和制陶作坊区，有铸造钱币的遗址和儿童墓地等。出土的文物显示，阳陵邑当时与外界交流非常广泛，而且城内设置机构非常齐备，甚至可能还有监狱。阳陵邑遗址生动地再现了两千多年前汉代古城的文化风貌和汉代的宫廷生活，对研究古代城市发展史具有非常重要的意义。

南阙门是帝陵陵城四门中的南门，也叫朱雀门，由两座三出阙构成。阙为一种礼制建筑，是古代设置在城垣、宫殿、祠庙、陵园大门两侧标示地位尊崇的高层建筑物，也叫门阙。因左右分列，中间形成缺口，故称阙（古代“阙”和“缺”通用）。阳陵的陵冢四周原有一圈城垣，城垣四周均有门阙，南阙门即南边的门阙，其距离帝陵封土 120 米。1997 年 3 月和 2000 年，文物部门分别对其进行了两次考古发掘，发现南门阙的建筑形式为一组两座对称的“三出阙”。这种由一主阙、二子阙组成的三出阙，为皇帝专用。阳陵南门阙是中国发掘的时代最早、等级最高、规模最大、保存最好的三出阙遗址，它的发掘对于门阙的起源、发展，门阙制度的形成、影响，以及中国古代建筑史的研究等有着重要意义。

在汉景帝阳陵帝陵封土南面现存有五通石碑。其中，明代中后期皇帝派遣大臣祭祀汉景帝后所立御制祝文碑两通，清乾隆丙申年（1776 年）陕西巡抚毕沅所立阳陵正名碑一通，现代文物保护标志碑两通。这五通石碑，反映了明清以降各个历史时期官方对阳陵的重视和保护，体现了后世对汉景帝文治武功和统治思想的称赞与认同，具有较高的历史文献价值。

在方兴未艾的大遗址公园建设热潮中，汉阳陵已建成了规模宏大、内容丰富的国家考古遗址公园，复原展示了罗经石遗址、南阙门遗址、陵园遗址等，并建造了汉阳陵博物馆。其精彩绝伦的展品和精致的展示技巧为游人逼真再现了阳陵全貌，为传承深远、文化厚重的古城西安增添了人文盛景。

（三）汉武帝茂陵

汉武帝刘彻（前156—前87）是西汉王朝第五位皇帝，其文治武功在中国历史上极负盛名，在历代帝王中也出类拔萃。他在政治、经济、军事、外交、文化等方面采取了一系列有力措施，加强了中央集权制度。刘彻16岁登基，为巩固皇权，在中央设置中朝，为加强对诸侯王和地方高官的监察，在地方设置十三刺史部，开创察举制以选拔人才。颁行推恩令，解决日益壮大的诸侯王国势力，并将盐铁经营权和铸币权收归中央。更审时度势，废止无为而治的黄老国策，果断采用了大儒董仲舒的建议，“罢黜百家，独尊儒术”，以儒家思想作为国家的统治思想即肇始于此。武帝时期攘夷拓土、国威远扬，东并朝鲜、南吞百越、西征大宛、北破匈奴，奠定了汉地的基本范围，开创了汉武盛世的局面。又遣张骞出使西域，开辟影响深远、惠及今日的丝绸之路。建立年号，颁布太初历，兴太学，影响极为深远。然后期却不恤民情，穷兵黩武，轻信谗言，枉兴巫蛊之祸，致卫后及太子据起兵并败亡自杀。征和四年（前89年），汉武帝恍然大悟，深感内疚，乃下罪己诏以示天下。后元二年（前87年），汉武帝崩于五柞宫，享年70岁，谥号孝武皇帝，庙号世宗，

葬茂陵。

汉武帝从即位后的第二年就开始为自己营建陵墓，前后长达53年，工程十分浩大。最终建成了一个在西汉帝陵中规模最大的陵墓，这就是举世闻名的茂陵（如图 2–17）。

图 2–17　汉武帝茂陵全景

茂陵位于陕西兴平市东北约10千米处，渭北平原上的茂陵村，东距西安市约40千米，是汉陵中最西边的一个。因该地在西汉属槐里县茂乡，故名茂陵。

西汉王朝曾建立了一系列封建制度，包括皇帝陵寝制度，对陵墓的形状、规格都有统一而严格的规定。其他皇帝墓冢都遵循制度，覆斗形墓冢高度均在30米左右，唯独茂陵兀然超出，这恰是汉武帝好大喜功性格的自然表现。茂陵底部东西长229米，南北长231米，高46.5米。坟丘四周有夯筑城垣，东西长430米，南北长414米，墙宽5.8米。陵园四面中央各开一门，门外置双阙，东、西、北夯筑土阙遗址尚存。在茂陵西北500米处是相传“倾国倾城”的李夫人墓，坟丘约为茂陵的一半大小。在坟丘外没有发现垣墙，坟丘中腰处向内平收形成二层台，这种形式的覆斗状坟丘称为“莫陵”，平添了几分女性的妩媚。

茂陵东南约1千米处，有大面积的汉代建筑遗址，出土很多有四神图案的空心砖、青玉铺首和带有谷纹的琉璃璧、有字瓦当等，可能是茂陵的陵寝所在。茂陵的陵邑在陵园东南，现在尚有遗迹可循。

茂陵的陪葬墓在茂陵之东，今尚存12座，有卫青、霍去病、霍光、金日磾、阳信长公主等的陪葬墓。卫青墓“起冢象卢山云”，冢上立石，置石人石兽，以表示其生前的武功。霍去病墓位于茂陵东北1千米处，其石刻有“人与熊斗”“马踏匈奴”等16件，风格浑厚朴素，雕刻手法极为简练传神，是中国现存最早而又保存完整的成组石刻，堪称中国古代雕刻艺术的珍品。现在霍去病墓址建有茂陵博物馆。

史载，茂陵殉葬品极为丰富，“金银财物，鸟兽鱼鳖，牛马虎豹生禽，凡百九十物，尽瘞臧之，又皆以后宫女置于园陵”（《汉书》），到武帝入葬时，墓中随葬品早已塞满，不复容物。茂陵地宫之谜及这一文物宝库只能随着今后的科学发掘而重见天日。

附：霍去病墓

霍去病墓是武帝茂陵最著名的陪葬墓。霍去病（前 140—前 117）是西汉武帝时期抗击匈奴的著名青年军事家，是另一抗匈名将卫青的姐姐卫少儿的儿子，18 岁时被汉武帝任命为侍中，后因抗击匈奴有功，官至大司马骠骑大将军。在他短暂的一生中，与舅舅卫青 6 次出兵塞北，大败匈奴，清除了汉朝多年的边患。霍去病少年显贵，不恤士卒，但作战勇猛，动作神速，亲率铁骑疾驰漠北，屡建奇功。尤其是在公元前 121 年与匈奴争夺河西的战斗中，霍去病率精兵万骑，狂飙千里，大败匈奴，战功显赫。公元前 119 年，霍去病更率大军追歼匈奴主力，直抵狼居胥山，基本上解除了匈奴对汉朝的军事威胁。

然天妒英才，霍去病 24 岁便英年早逝，好大喜功的汉武帝在惋惜之余，为了表彰霍去病的显赫战功，在自己的陵墓——茂陵东侧，为霍去病修筑了一座形如祁连山的巨大墓冢，寓意霍去病生前在祁连山一带战无不胜，威震匈奴。又在墓前布置了各种巨型石人、石兽作为墓地装饰，这在西汉时期的墓葬中，是一个仅有的特例。

霍去病墓底部长 105 米，东西宽 73 米，顶部南北长 15 米，东西宽 18 米，高约 25 米。霍去病墓是现存古墓中最早有石雕的墓葬。墓上广植林木，其间布设多种人兽石雕，再现了当时野兽出没、刀光剑影的祁连山的真实意境。墓前石刻原有总数已不可考。现共存 16 件，可辨认的石像生 14 件，其中 3 件各雕两形，总共有生物 17 件，不同物像 12 件。计有怪人、怪兽吃羊、卧牛、人抱兽、卧猪、跃马、马踏匈奴、卧马、卧虎、卧象、短口鱼、长口鱼、獭、蝠、左司空刻石和平原刻石等。霍去病墓前石雕的种类和布置方式，有别于后世帝陵前的石像生。石雕充分利用山石的自然形态，依石拟形，稍加雕凿求之神似。种类繁多，形象古拙，手法简练，风格浑厚。散置于封土之上，远望如山石，近看神态十足，是中国现存时代最早、保存最完整的一批石雕艺术精品。

石像中最著名的是“马踏匈奴”主像（如图 2–18），它艺术地概括了霍去病一生抗击匈奴的丰功伟绩。石马长 1.9 米，高 1.68 米，用灰白红砂石雕凿而成。石马昂首站立，长尾拖地。腹下雕有手持弓箭、匕首，长须仰面蹙眉挣扎的匈奴人像。高大的战马气宇轩昂，四蹄踏翻凶恶老朽，是最具代表性的纪念碑式的作品。这组石刻是用一块整石，运用线雕、圆雕和浮雕的手法雕刻而成的。

图 2–18　霍去病墓前石刻——马踏匈奴

石刻的材料选择和雕刻手法与形体配合，有的注重形态，有的突出神情，形神兼备。猛兽则表现凶猛，马则表现跃起注目前方，牛、羊则表现温驯，神态各异。这些雕刻手法多样，技艺纯熟，刀法流畅，构思精巧，寓意深刻，不拘一格，具有极高的艺术价值。同时，墓前列置石人、石马、石象、石虎等石刻，对以后中国历代陵墓有深远影响，一直为汉代以后陵墓石刻艺术所继承。但在异姓王侯墓中，可谓是空前绝后的杰作。

英年早逝的一代名将化作“马踏匈奴”的巨人，回荡着“犯强汉者，虽远必诛”的豪言壮语，表现了中华民族威武不能屈的凛然正气。

五 东汉帝陵

东汉自光武帝刘秀定都洛阳，下传 11 帝，历时 196 年。东汉王朝在政治、经济、文化、伦理制度等很多方面对西汉有所继承和发展，在丧葬制度上尤为明显。汉光武帝刘秀提倡并践行简葬，从明帝显节陵开始，不置陵邑，不建庙；陵园四周不筑垣墙，改用“行马”（一种临时性的竹木做的屏篱）；寝殿和管理陵园的官府吏舍都建在陵园的东侧。东汉帝陵和西汉帝陵一样，也有很多陪葬墓。陵园内坟丘前建石殿，这种布局对后世影响很大，是唐以后的享殿（献殿）和（明）祾恩殿、（清）隆恩殿之滥觞。光武帝的简葬及史料不详，讹传甚多，致使东汉皇陵在洛阳北邙累累墓冢中，随着历史的长河泯然众坟矣。

东汉皇陵的最早记载始见于东汉末年成书的《东观汉记》中，该书云：“光武帝葬原陵，明帝葬显节陵，章帝陵名无载，和帝葬顺陵，殇帝葬康陵，安帝葬恭陵，顺帝葬宪陵，冲帝葬怀陵质帝葬静陵。”此后各帝缺载。南北朝时，范晔以《东观汉记》为主要依据，参考各家著作，著《后汉书》，补记了章帝葬敬陵、和帝葬慎陵、桓帝葬宣陵、灵帝葬文陵，使东汉葬于洛阳的帝陵名号臻于完备。至于汉陵的大小和具体方位，在西晋皇甫谧撰的《帝王世纪》中才始有记载。其后，唐章怀太子李贤注的《后汉书》、宋徐天麟的《东汉会要》等文献中多有引用。

综合各种史料所述，可以看出，在方位上，东汉帝陵分为两个区域，分别位于当时都城洛阳的东南方洛河以南和西北方的邙山上，即“陵在洛阳东南者”“陵在西北者”。邙山之上有五座，即光

武帝原陵、安帝恭陵、顺帝宪陵、冲帝怀陵、灵帝文陵。洛河南应有六座，即明帝显节陵、章帝敬陵、和帝慎陵、殇帝康陵、质帝静陵和桓帝宣陵。

汉魏洛阳城北的邙山，墓冢林立。在众多冢墓中，东汉五陵可谓巍峨高耸，甚为壮观，放眼望去，真乃“壮汉氏之所营，望五陵之嵬峨”（张协《登北邙赋》）。据史料记载，原陵居北，恭、文二陵居南，三陵鼎足而立，且每陵都有陵寝建筑。张载曾登北邙，作《七哀诗》云：“北邙何垒垒？高陵有四五。借问谁家坟，皆云汉世主。恭文遥相望，原陵郁膴膴……”张氏兄弟皆当时名士，登邙山所亲见东汉帝陵之景象，应当可信。但张氏兄弟所见之五陵，也已是劫后复建的。东汉末年，董卓挟持汉献帝逃长安之前，令吕布挖掘诸帝陵及后妃公卿陵寝，抢劫墓中珍宝。北邙皇陵在劫难逃，遭到空前的破坏，直到孙坚将吕布打败，才“平塞诸陵”，但复建后的帝陵在规模与形制上已远逊于当初。其后，魏晋相继，纷争不断，汉帝陵渐渐荒芜。

至今，汉魏洛阳故城西北三十里铺南仍有三个相距不远的高大土冢巍然矗立。其中最大一冢，高 55 米，占地 10 余亩，俗称“大汉冢”。此冢为邙山冢墓的最大者，曾被修成多级梯田。站在冢顶，放眼四望，星罗棋布的各朝冢丘，异常壮观，远眺东南方，汉魏故城的残垣旧址依稀可见。清乾隆年间洛阳知县龚松林曾考定此冢为明帝显节陵并立碑于冢前。但据文献记载，明帝显节陵在洛水南，龚氏考定有误。

在“大汉冢”之南，为“二汉冢”，高 40 米，占地 8 亩。再南为“三汉冢”，高 35 米，占地 8 余亩。三冢南北列成一线，相距约 500 米，一看便知是家族埋葬序列。龚氏考定“二汉冢”为章帝敬陵，“三汉冢”为和帝慎陵，均与《帝王世纪》所载敬陵、慎陵的方位相违，故不可信。据专家考证，“大汉冢”应为光武帝原陵，“二汉冢”为安帝恭陵，“三汉冢”应是某位减制的少帝帝陵。并进而认定刘家井大冢为灵帝的文陵。在配合连霍高速改扩建时，对编号为 M722、M707 的两座大墓进行勘探、发掘后，认为其是顺帝的宪陵和冲帝的怀陵。

在三汉冢正南方的邙山脚下，有个象庄村，因村中有一大石象而得名。石象作站立状，头向东，系用整块青石雕刻而成，通长 3.4 米，宽 1.05 米，高 3.2 米。整个雕刻线条简洁，形象逼真，似正在稳步前进。据《明一统志》记载："象庄在河南府，东汉时西僧以象驮经来洛阳，后化为石，今有石象。"这一说法虽属神话，却可说明石象为东汉之物。值得注意的是，此石象与邙山东汉五陵正好南北相对，极有可能是东汉帝陵前神道两侧的石刻余物。

在汉魏洛阳故城西北孟津的邙山一带,过去也曾发现过许多"黄肠石"。"黄肠石"是汉代皇帝和王公贵族陵墓所特有的一种砌壁石材。春秋战国至秦汉之际，统治者实行厚葬，多用柏木做椁室，就是用剥去树皮的淡黄色的柏木椽（称"黄肠"），层层平铺、叠垒，一般不用榫卯，并且木头皆内向（称"题凑"），这种在椁室四周用柏木椽堆垒式的框形构筑，即所谓的"黄肠题凑"。这些石块大小不一，是根据建筑需要而预造的，石上多以隶书刻写年号、刻工名号、编号、尺寸等，其年号上起东汉安帝，下至灵帝，以此可以确定墓葬的时代。这些"黄肠石"的出土，证明这一区域应是东汉北郊兆域。

洛阳东汉帝陵的陵址，历来是学者们关注与研究的重点。但因史料记载简略，地上遗迹不明，谜团甚多，所以始终未有定论。尤其是位于"洛阳东南"的诸陵，仅凭只言片语，更是无法在众多冢丘中明确认定。而北邙山上的东汉皇陵区，至今尚未发掘，因而内涵也不明。

多年来，考古工作者经过实地调查研究，针对有关邙山东汉五陵的位置及刘秀坟非原陵等问题，尤其是原陵的地望，提出了一些新的见解。例如，有学者认为位于孟津铁谢村西南黄河边上的刘秀坟，所存最早石碑为北宋初年"新修后汉光武帝庙碑"。"新修"而非"重修"，故此冢并不是光武帝原陵。据史书记载，应是北魏

祭祀河神的“方泽坛”。另有人根据历史记载和地望地貌，加上以一些出土墓志为坐标，认为洛阳东北邙山顶刘家井大冢即为原陵，还有人考证今蟠龙冢村之大冢为原陵，还有专家认为位于送庄三十里铺的大汉冢为光武帝的原陵。尽管汉光武帝原陵之址存在争议，还有待商榷，但在考古确认之前，并不妨碍将成名多年的、现位于河南孟津的刘秀坟仍作为原陵并简介于后。

在洛阳北邙山的东汉五座帝陵中，其中四陵都在邙山之阳，唯有一座独自坐落在邙山之阴的黄河滩上，这就是东汉第一代皇帝——世祖光武帝刘秀的原陵，俗称刘秀坟。该陵位于今河南孟津铁谢村西南的黄河南岸。

原陵的陵址是光武帝刘秀亲自选定的。关于刘秀选择陵地还有个民间传说。刘秀有个王儿从不听话，命他向东他偏往西，叫他打狗他却撵鸡。刘秀想，这次得来个正话反说，故意命他把我葬于黄河之中，这样他才可把我的陵寝置于邙山之巅。于是传旨王儿来病榻前，嘱曰：“父命中缺水，归天后汝要把父葬于黄河之中，如此才免干渴之苦。”谁知王儿却一反常态，哭着发誓道：“不孝儿从未聆听过父王之训，如今痛改前非，葬事定遵父嘱！”刘秀一听，叫苦不迭，无奈君无戏言，于是长叹一声便驾崩了。后来王儿公布遗诏，并征集天下能工巧匠，打造龙舟灵柩。入殓后，便把灵柩抛入滚滚黄河之中。说来也怪，此时河水突然咆哮着向北滚去。灵柩落处瞬间成为一片平地，并有个陵丘拔地而起。据说原陵虽然置于黄河滩上，但历来黄河泛滥却从未受到侵害。此传说之牵强不值一驳，徒添一乐。黄河水不南侵，盖因这里的河床南高北低，河水只能倒向北岸，水流越急，向北冲得越厉害。与此传说相对应的是，近年来随着考古调查的深入，很多学者对陵址提出质疑，但在未经科学确证前，光武帝原陵地望只能仍持现说。

光武帝刘秀，字文叔，南阳蔡阳（今湖北省枣阳市西南）人，汉高祖刘邦九世孙，南顿（今项城市南顿镇）令刘钦之子。更始三年（25 年）六月即皇帝位，改元建武。中元二年（57 年）崩，葬原陵。

光武帝是中国历史上文治武功卓著的一代中兴英主，他亲执权柄，以柔道治国。在位期间，曾数下诏书，限制三公特权，释放官私奴婢，降低税率。同时崇尚俭朴，主张简葬。生前曾下诏说，现在建陵占地不要越过二三顷，不要起山陵，只要能让雨水排出就行了。但愿朝代更替以后，我能与丘陇同体。临终前又再次下旨强调：我在世时无益于天下平民百姓，丧葬时应像文帝那样陪葬以瓦器，不要用金、银、铜、锡等贵重物品，要以山为陵，不起坟堆，各地刺史及其他官吏要忠于职守，不要来京奔丧，也不要递送吊唁奏章。所以，他的陵园在营造之初，并无任何奢华的巍殿崇榭。园中的柏树，甚至是在隋唐时期以后才陆续栽植的。

汉光武帝陵为国内少有的陵墓园林，同其他皇帝陵寝相比，独具所谓四绝：一是陵址选择，历代皇帝选择陵墓葬地，皆是背山面河，以开阔通变之地形，象征其襟怀博达，驾驭万物之志。唯光武帝陵系“枕河蹬山”，一反常规，为两千年封建皇陵历史之殊例，寓意何属，至今仍是一个谜。二是一园千柏，陵内尚存隋唐植柏1458株，拔地通天，蓊然肃穆。三是柏体杏质，为乔木极品，陵园古柏为国内少有乔木树种，其木色金黄，质坚性柔，柏体杏香，剖面色美，俗称“杏柏”。四是汉陵晓烟，景观奇妙。

光武帝原陵南依邙山，北临黄河，近山傍水，蓊蔚峭拔，陵区呈长方形，由祠庙、方丈院、陵园三部分组成。墓冢位于陵园正中，呈圆形，土丘，冢高20米，周长487米。整个陵园郁郁苍苍，肃穆庄严。陵园西侧有光武帝祠一座，其左前方有宋代开宝六年（973年）“新修后汉光武帝庙碑”一通，碑文内容是歌颂光武帝由南阳起事，决昆阳之战、破邯郸之垒、定都洛阳等功业。陵冢上下松柏掩映，陵前有一通穹碑，碑身镌刻“东汉中兴世祖光武皇帝之陵”（如图2-19）。从陵冢到门阙修有神道，神道两侧原排列有石象、石马等石雕和整齐葱茏的柏树。

如今，除去墓冢，便是郁郁葱葱、气象蔚然的柏树林。殿前甬道两侧，有巨柏28株，巍然挺立，排列整齐，各有名讳，传说是

图 2-19　光武帝陵前墓碑

象征跟随刘秀南征北战立下赫赫战功的云台二十八将，俗称二十八宿柏。

原陵的柏树可称一奇，整座墓园松柏苍翠，千年古柏拔地通天，其中“鸟鸣柏”“苦恋柏”更是柏中之绝。整座陵内奇香弥漫，由满园翠柏发出，如雨过天晴，这种奇香味道更浓，风过之处，古柏清香可传十里之遥。汉陵古柏殊异，千百年来为人称奇。

原陵的另一奇被称为孟津八景之一，即“汉陵晓烟”。每年清明节前后，当天朗气清、霞蔚风息、晨曦出现之时，陵园内陡然紫气弥漫，状若轻烟，飘若浮云，自西向东，缓缓移动，逐渐使整个陵园为缥缈的云烟所笼罩。这时从古柏的枝间叶隙中，涌出团团气体，左右上下，滚腾翻坠。整个陵园变成了一个烟雾缭绕的世界，翠柏红墙，古碑木冢，野草芳花，都若隐若现，恍若仙境。一古游人曾题《汉陵晓烟》曰：“昆阳雷雨战犹酣，赤符魂归琐玉函，今日陵园回首处，看他烟树绿毵毵。”当地千百年流传着这样的趣谈：有此景呈现的年份，便预兆农作物丰收。因此，每到阳春三月，周围百姓近者朝朝注目汉陵，远者夕夕探听，祈祷晓烟奇景出现。“汉陵晓烟”更增添了人们对光武帝的怀念与仰慕之情。

新中国成立后，国家对这一历史胜迹极为重视，多次拨款进行修葺，使荒野孤冢、破庙残垣的光武帝原陵得到了根本改观。2001年6月，光武帝原陵被国务院列为第五批全国重点文物保护单位，现在更成为古都洛阳著名的游览胜地之一。

六 魏晋南北朝帝陵

（一）曹魏皇陵

东汉末年，天下大乱。曹操以汉献帝名义征讨四方，逐渐统一北方地区。建安二十一年（216年）曹操被封为魏王，权位在诸王之上。建安二十五年（220年），曹操逝世，安葬于高陵。其子曹丕称帝，建都洛阳，史称曹魏。

两汉尤其西汉时，社会相对安定富足，所以奢华厚葬之风盛行，尤其是帝王陵寝，规模宏大，殿阙雄伟，陪葬丰富，亦为各级贵族、官吏所效仿。但东汉末年的农民起义以及随后的军阀混战，使得人口锐减，都邑残破，社会经济遭到极大的破坏，已没有可能继续施行汉代的那种厚葬。同时，东汉末年军阀混战期间，发掘冢墓、盗取珍宝现象极为严重，上自帝陵，下及官吏豪富墓葬，几乎无一幸免。这也使得当时的统治者深以为戒，不愿厚葬以招盗掘。曹操、曹丕相继下令禁止厚葬并率以身为，更多即是这种现实情况的反映。

曹操是一位极具雄才大略的政治家、军事家、文学家，虽未称帝，却是曹魏政权的实际缔造者，其陵墓在邺城之西，是曹操亲自选址，定制建造的。此陵“因高为基，不封不树”，并将曾经与其共同征伐天下的功臣战将陪葬于侧，故陵区较大。墓前有“铜驼石犬，神道有像生之属”（任昉《述异记》），基本按汉帝陵规制建造。陵园初建时有寝殿，藏有生活用品和车马，只是在黄初三年（222年）曹丕作《终制》重定薄葬之制后，才又把寝殿拆毁。

曹魏自黄初元年至禅晋，历5帝46年。其中齐王曹芳被废黜，高贵乡公曹髦被弑，元帝曹奂逊位，曹魏皇陵实有二，即文帝首阳陵、明帝高平陵。文帝曹丕天资文藻，颇富才情，与其父一样，主张薄葬。他认为“夫葬也者，藏也，欲人之不得见也”，而后汉诸陵皆遭盗掘“祸由乎厚葬封树”，“故吾营此丘墟不食之地，欲使易代之后不知其处”。于是在黄初三年十月作《终制》规定，“寿陵因山为体，无封树，无立寝殿，造园邑，通神道”，并要求后世子孙遵从，“若违今诏，妄有所变改造施，吾为戮尸地下，戮而重戮，死而重死。臣子为蔑死君父，不忠不孝，使死者有知，将不福汝”。如此近乎诅咒的严厉训诫，果然起到作用。至此，汉代大起陵园殿宇、追求宏大壮伟的帝陵制度为之一变，不仅规模大大缩小，墓葬形制也趋于简约，至今地面上皆不存曹魏皇陵遗物遗迹。当然，国祚短暂也是原因之一。其具体情况和大致方位，也仅据有关史书记载叙述如下。

1. 文帝首阳陵

魏文帝曹丕，字子桓。中平四年（187 年）冬生于谯，建安十六年（211 年）为五官中郎将、副丞相，二十二年（217 年）立为魏太子。建安二十五年（220 年）曹丕代汉称帝。黄初三年（222 年）冬十月“表首阳山东为寿陵”。七年（226 年）夏五月丙辰，文帝病重，召中军大将军曹真、镇军大将军陈群、征东大将军曹休、抚军大将军司马懿，受遗诏辅佐嗣主，遣后宫淑媛、昭仪以下各归其家。丁巳，帝崩，时年 40 岁，六月戊寅葬首阳陵。

首阳山在今偃师区西北，东西 30 余里均泛称首阳山，而每个山头又有具体名称。伯夷、叔齐庙在鏊子山顶，系邙山之巅，山南为冲积台地，北高南低。从出土西晋左棻、荀岳墓志可知，今南蔡庄村北附近为西晋皇陵区。如曹魏首阳陵在此，晋陵当不应在魏陵区域内。又文帝自“表首阳山东为寿陵”，应理解为在首阳山之东段，今为首阳山火车站一带，这里的地理形势与史书记载较相符。即西晋皇陵以东，靠近邙山脚下，当是依山凿墓（俗称崖墓）且墓上无封土、无树木、无建筑的文帝首阳陵。

2. 明帝高平陵

魏明帝即魏文帝曹丕长子曹叡。226 年承袭帝位， 239 年卒于洛阳，在位 13 年，终年 36 岁，明帝死后葬于高平陵。《三国志·魏书》卷三载：“三年春正月丁亥……帝崩于嘉福殿，时年三十六，癸丑，葬高平陵。”《后汉书·马融传》注：“大石山，又名万安山，在河南郡境，洛阳县南。”《洛阳县志》载：“高平陵在城东南九十里大石山下。” “城”指洛阳，大石山即霸陵山（亦称娘娘山、王纵山）。《洛阳县志》明成化本，清乾隆、道光本均记载：“魏明帝高平陵在茹店东二里许霸陵山下。”即今汝阳大安工业园区茹店村东南一里处的霸陵山下。

土冢保存完好，自上而下为夯土层，底长 45 米，宽 37 米，上为平顶，长 14 米，宽 6 米，高 15 米，墓向为东南—西北向。墓冢周围发现了大量的瓦当、筒瓦、青砖、下水管、房基石等建筑遗物。

2015 年 7 月，在汉魏故城南，万安山北麓，村民迁坟过程中发现一座墓葬，经考古发掘为曹魏时期，经过一年多的勘探调查、考古发掘，共发现两座大型墓葬，编号为西朱村一号、二号曹魏大墓。一号墓规模宏大，虽然被盗严重，仍然出土了 600 多件文物，包括铁器、陶器、漆木器和少量的玉石器、骨器等。其中出土数量最多价值最为重要的是 300 余件石楬。墓主人的身份认识不一，但学术界基本认同二号墓的墓主为魏明帝曹叡。在此对魏明帝高平陵的位置要进行纠正，随着考古研究工作的深入，关于曹魏帝陵史书也要改写。

高平陵常与曹魏时期一个著名的政治事件联系在一起。正始十年（249 年）正月，老谋深算的辅国大臣司马懿借齐王曹芳祭拜高平陵之机，关闭洛阳城，发动政变。最后，诛杀权臣曹爽及其余党，完全掌控曹魏政权。如此果敢行动为其后世司马炎受禅于魏，建立西晋奠定了坚实的政治基础，这一经典的宫廷政变，史称高平陵之变。

3. 废帝高贵乡公曹髦墓

高贵乡公曹髦，字彦士，文帝孙，东海定王曹霖之子。正始五年（244 年），被封郯县高贵乡公。齐王废，公卿迎立曹髦，即皇帝位于太极前殿。曹髦为帝，实是司马昭之傀儡。血气方刚的曹髦无法忍受司马昭的擅权专横，在痛陈“司马昭之心——路人皆知”无果后，于甘露五年（260 年）五月，亲自仗剑升辇，率侍卫家丁等乌合之众三百余人竟欲诛杀司马昭。但因侍中王沈、散骑常侍王业等事先告密，反为司马昭所杀，卒时年仅 20 岁。皇太后因畏惧司马昭之权势，下令以民礼葬之。但太傅司马孚、大将军司马昭为掩人耳目，假惺惺地上表说：“伏见中令，故高贵乡公悖逆不道，自陷大祸，依汉昌邑王罪废故事，以民礼葬……诚当旧典。然臣等伏惟殿下仁慈过隆，虽存大义，犹垂哀矜……以为可加恩以王礼葬之。”（陈寿《三国志》）《汉晋春秋》云：“丁卯，葬高贵乡公于洛城西北三十里瀍涧之滨，下车数乘，不设旌旐。百姓相聚而观之，曰：‘是前日所杀天子也。’”

高贵乡公葬洛城（指汉魏洛阳城）西北三十里瀍涧之滨，而不言葬于邙山，当在邙山南麓台地上。又在“洛城西北三十里”，当泛指瀍河与涧水附近。但涧水似非指今之涧河而应是古金谷涧，即今洛阳市东北郊刘坡以东，西北东南流向，北源头在孟津凤凰台，东南经分金沟入洛河。据说西晋巨富石崇豪宅金谷园即依此涧得名。

4. 曹操墓

曹魏陵墓一直以来像曹操其人一样云里雾里，深藏不露，并未引起世人注意，但颇具传奇色彩的曹操高陵的发现却再掀波澜，无疑是曹魏陵墓中最值得大书特书的。

曹操（155—220），字孟德，小名阿瞒。沛国谯县（今安徽亳州）人，是我国汉魏之际的政治家、军事家、文学家。年轻的时候就既精明又有胆识。20 岁任洛阳北部尉，在镇压黄巾起义及之后的军阀混战中逐渐崭露头角。在讨伐董卓失败后击败并收编了青州黄巾军，组建了他自己的队伍“青州兵”，从此军力大增，跻身于

东汉末大军阀之列。建安元年（196 年），曹操独具慧眼，果断采用荀彧之谋，奉迎饥寒交迫、穷途末路的汉献帝定都于许昌，“挟天子以令诸侯”，外伐群雄、内诛异己，皆奉汉献帝号令，成为诸军阀中最有政治权力者。又军中屯田，广招贤士，十余年中先后消灭了南阳的张绣，寿春的袁术、吕布等，打败了占据青、幽、并、冀四州的袁绍，消灭了袁氏残余，基本统一了北方。建安十三年（208 年），曹操自任丞相，总揽朝政。同年，挥兵南下，占据荆州，收编了刘琮的军队。但在著名的赤壁之战中，曹操被孙刘联军击败，无功而返，遂打消了短期统一全国的计划，开始内部整顿，巩固他在北方的统治。

建安十八年（213 年），汉献帝以冀州十郡封曹操为魏公，建安二十一年（216 年），曹操被封为魏王，他在自己的领地内设立了一套如同皇帝一样的统治机构，享受着和皇帝一样的待遇。建安二十五年（220 年），曹操在洛阳病死，享年 66 岁。同年十月，他的儿子曹丕废汉献帝，自立为帝，定国号魏，追封曹操为太祖武皇帝。

曹操在多年的兼并统一战争中，在政治、军事、经济上都采取了有利于社会进步的措施。在经济上，曹操反对兼并，打击豪强。十分重视屯田和兴修水利，对恢复发展生产、巩固曹魏的统治起到了很大作用。在政治上，曹操重视改善吏治，巩固和加强统治机构。在用人上，曹操唯才是举，打破了汉末以来依照门第高低任用官吏的弊政，出现了“谋士如云，猛将如雨，人才济济，乐为所用”的局面。在军事上，曹操精通兵法，在三十几年的征战中，不但亲自参加、指挥了许多重要战役，并结合战争实际，著有《孙子略解》《兵书接要》等军事著作。曹操一生喜欢读书，在文学方面有着极深的造诣，还是建安文学新局面的开创者。他所创作的诗歌，继承了汉代乐府诗写实的优良传统，慷慨悲凉、质朴自然，《短歌行》等是其代表作。《蒿里行》《薤露行》描写了军阀混战后的惨景。《观沧海》《龟虽寿》等名篇，抒发了他“老骥伏枥，志在千里；

烈士暮年，壮心不已”的壮志豪情。

在汉魏政治瞬息万变、军阀混战的年代，曹操以自己独特的政治眼光，闪转腾挪，广揽人才，成就了一番伟业。但其生性多疑，“宁负天下人，不使天下人负我”，并犯了那个年代多数政治人物杀伐过滥、不择手段的通病，又有了一个挟帝而自专的天大把柄，被正统皇权所不容。在此后的正史中逐渐成为“奸雄”，经过文学演绎和舞台渲染，其白脸奸雄的形象深入人心。

220年，曹操卒于洛阳，灵柩运到邺城，葬于邺城的西门豹祠以西丘陵中，称高陵。曹操生前对自己的丧葬有明确“说法”，他死前一年多，在《终令》中称“西门豹祠西原上为寿陵，因高为基，不封不树”。临终前《遗令》中更是明确了要穿着平时衣服入葬，不要珠宝陪葬。因此当时的高陵没有封土建陵，没有随葬金玉器物，也没有建设高大坚固的祭殿。至迟到宋代以后，曹操被定性为奸雄，其墓址不详也成了他奸诈的一个证明，曹操故布七十二疑冢等说法在民间传说和文学作品中广为传布。事实上，曹操并没有秘葬，更未设疑冢，只不过是主张丧葬从简，没想到这“简办”了的丧事反而给历史平添了不少繁杂。也因为过于简单，使之在以厚葬为主的中国帝王丧葬史上显得十分另类。

汉代一个诸侯王刘胜死后都穿着2498块玉片、1100克金丝构成的金缕玉衣，号为武帝的曹操却只穿补过的衣服入殓。薄葬之风虽古已有之，曹操是开先河者。帝王厚葬历来是主流，这有深厚的社会文化基础。“以孝治天下”的统治者重视丧葬，也不全是为了满足自己的物质占有欲。在厚葬为主的伦理情怀和社会氛围中，薄葬者反不被理解和支持，曹操墓之所以成谜，多少与此有关。许多人不会或不愿相信，位高权重贵如曹操会简单地“打发”自己。他虽被视为奸雄之首，却未能料到自己简办的丧事会成为光怪陆离的千古之谜。曹操墓本不是谜，但随着曹操的“奸雄”定性和其简单薄葬的墓冢湮灭而被“谜”，葬后过了没几年，曹操墓上的祭殿就毁坏了。没有随葬金玉器物，也不为盗墓者所重视，再加上没

有封土建陵，没有植树，至迟从宋代起就无人知道曹操墓所在，并有了设七十二疑冢的传说。罗贯中写《三国志通俗演义》（《三国演义》），《三国志》是其所本，却平添了许多原书中没有的内容，显然是有意为之。曹操做了许多大事，在其当世就对之褒贬不一，宋以后曹操开始被视为奸雄，愈应符《漳河疑冢》诗写道："生前欺天绝汉统，死后欺人设疑冢。"罗贯中在《三国演义》中称，曹操遗命于彰德府讲武城外，设立疑冢七十二，渲染了曹操的奸诈。蒲松龄《聊斋志异》中有一篇《曹操冢》，更煞有介事地点出曹操墓可能在其设的七十二疑冢之外，更显示出其诡诈。随着这些著作的流传，曹操墓之谜就更加引人注目，也更加扑朔迷离，几乎成了妇孺皆知的千古之谜。

曹操以政治家独有的眼光"逆潮流"而定的简办的丧事，被视为耗资巨大的骗局；顺应时势移风易俗的改革，反成了奸诈的证明。曹操生前雄才大略，成就一代伟业，却不容于正统，曹操墓千百年来的遭际，显示出史实的无奈与顽固，见证了在人言可畏和道德绑架之重压下，历史真实之见逐于人言戏说的一面。

曹操墓即安阳高陵（如图 2-20），位于河南省安阳市安丰乡

图 2-20　安阳曹操高陵发掘现场

西高穴村，在曹操王都邺北城西 12 千米处。2009 年 12 月 27 日，国家文物局认定，经考古发掘证实，位于河南省安阳市安丰乡西高穴村南的高陵，其实就是曹操墓。2013 年 5 月，曹操高陵成为第七批全国重点文物保护单位。

曹操高陵是一座多墓室的大型砖室墓，平面为“甲”字形，坐西向东，是一座带斜坡墓道的双室砖墓，规模宏大，结构复杂，主要由墓道、前后室和四个侧室构成，占地面积 740 多平方米。墓道为斜坡状，上宽下窄，两壁分别有七个台阶，逐级内收。墓道两边有 9 对南北两两对称的磬形坑，每个磬形坑的内凹处各环抱一个不规则形坑，并各有一排东西向的柱洞。墓门为砖砌双券拱形门，内有墓门，外有三道封门墙封闭。外层封门墙为竖放立砖，中层封门墙为错缝横砌，内层封门墙为斜立砖。甬道为砖砌，券形顶，青石铺地。墓室为砖砌，分前、后两室。前室平面近方形，四角攒尖顶，青石铺地。整个墓室所铺青石大小不一，错缝平铺，地面平整。墓中发现三个棺椁残痕，其中后室一个，葬具疑为石棺床，后室南北侧室中各有一个，均为木棺。与墓葬中所出土的三具人骨相对应，说明在墓葬中除了曹操外，还有两个陪葬女性。

根据出土“魏武王常所用格虎大戟”的石牌、鲁潜墓志记文，以及与西门豹祠的相互位置，多位专家经过充分论证，最终确定安阳市西高穴村魏晋大墓就是曹操墓所在地，千百年来所有的猜测和所有的争论终于停止，千古谜团终破解。

曹操墓虽屡遭盗掘，但仍出土了随葬器物 200 多件。最重要的随葬物品有 8 件，分别刻有“魏武王常用格虎大戟”“魏武王常用格虎短矛”等铭文。这些出土的文字材料为研究确定墓主身份提供了重要的、直接的历史依据。

由于题材重大，影响深远，专家对这些考古发现进行了多次论证，根据墓葬形制、结构及随葬品时代特征，认为这座大墓年代为东汉晚期，结合文献记载，判定该墓的主人为我国历史上著名的政治家、军事家、文学家魏武王曹操，大墓即文献中记载的高陵。具

体依据有六：

第一，这座墓葬规模巨大，总长度近 60 米，砖券墓室的形制和结构与已知的汉魏王侯级墓葬类似，与曹操魏王的身份相称；该墓未发现封土，也与文献记载曹操寿陵“因高为基，不封不树”的情况相符合。第二，墓葬出土的器物、画像石等遗物具有汉魏特征，年代相符。第三，墓葬位置与文献记载、出土鲁潜墓志等材料记载完全一致。当时的西门豹祠在今天的漳河大桥南行 1 千米处，地属安阳市的安丰乡。这座大墓就在西门豹祠以西。1998 年，西高穴村西出土的后赵建武十一年（345 年）驸马都尉鲁潜墓志，也明确记载了魏武帝陵的具体位置就在这里。第四，曹操主张薄葬，他临终前留下《遗令》有“殓以时服”“无藏金玉珍宝”的说法，同时也在这座墓葬中得到了印证：墓葬虽规模不小，但墓内装饰简单，未见壁画，尽显朴实。兵器、石枕等有文字可证皆为曹操平时常用之器，看似精美的一些玉器等装饰品也应是曹操日常佩带之物。第五，最为确切的证据就是刻有“魏武王”铭文的石牌和石枕，证明墓主就是魏武王曹操。据文献记载，曹操生前先被封为“魏公”，后晋爵为“魏王”，死后谥号为“武王”， 其子曹丕称帝后，追尊其为“武皇帝”，史称“魏武帝”。出土石牌、石枕刻铭称“魏武王”，正是曹操下葬时的称谓。第六，墓室中发现的男性遗骨，专家鉴定年龄在 60 岁左右，与曹操终年 66 岁吻合，应为曹操遗骨（参见刘庆柱《曹操高陵的考古确认与释疑》，《学术研究》2010 年第 7 期）。

曹操高陵的发现，印证了文献中对曹操高陵的位置、曹操的谥号和他所倡导的薄葬制度等有关记载是确凿可靠的信史。千百年来，这些问题扑朔迷离，异说种种，疑雾重重，并由此产生了对曹操的许多怀疑和曲解。曹操高陵的确认，扫去阴霾，解决了诸多历史悬案，让人们新获许多历史信息，将为曹操及汉魏历史的研究开启新的篇章。发掘成果为汉魏考古树立了准确的年代标尺，相关领域的研究将获得新的突破。

与对曹操的争论一样，曹操墓的发现亦有许多争论，“倒曹派”列出了许多反证，包括核心证据石牌真伪、随葬器物中魏武王称号的历史合理性、鲁潜墓志的真伪、墓主人身份甚至曹操墓的地域，等等，许多历史学家、古文字学家、考古学家提出诸多疑问。但中国社科院考古研究所综合自身研究成果，逐一列出证据，对主要的疑问进行回应，最终指出，曹操墓不可能造假。

2009 年底，曹操高陵被发现并入围“2009 年度全国十大考古新发现”。2013 年 3 月 5 日，曹操高陵入选全国重点文物保护单位，曹操高陵正式更名为“安阳高陵”。占地 490 亩、总投资 10.2 亿元，集收藏、展示、宣教等为一体的曹操高陵遗址博物馆将于 2022 年上半年正式建成开放。历史之河长且久矣，其中忠奸难分、真假难辨的人物事件比比皆是，曹操的生与死便是一个最好的注脚和缩影。幸运的是，曹操高陵已是科学事实而不是戏说噱头，你只有身临此地，凝神驻足，方能体会其中万千奥妙。

（二）西晋帝陵

东出洛阳，在汉魏故城北面偃师区有一东西绵延 15 千米的土山，是邙山的最高点，日出先照，故名首阳山。这里南望伊洛，依山临水，为理想墓葬之地。西晋陵区就选在这一带，西与曹魏陵区、东汉陵区相毗连。

西晋受禅于曹魏，自 265 年司马炎重演曹丕代汉之故事登上皇位到 317 年被匈奴所灭，共历 4 帝 53 年。4 帝之中，除怀、愍二帝为刘聪杀死于平阳外，武帝和惠帝都崩于洛阳，葬于首阳山附近。加上武帝即位后，分别追尊司马懿、司马师、司马昭为宣帝、景帝和文帝，共有 5 座皇陵，分别为宣帝高原陵、景帝峻平陵、文帝崇阳陵、武帝峻阳陵、惠帝太阳陵。

西晋王朝政治黑暗，诸王纷争，贪腐成风，自皇帝到王公大臣，皆奢靡无度并以此为荣，以致速亡。但就丧葬而言，却多少受曹魏影响，盛行俭葬，上至帝王，下至百姓，多崇尚此风。因而西晋帝陵多不封不树，加之年代久远，沧桑巨变，只留有陵号，具体位置

渐已湮没，唯有史籍记载可以寻见一些历史踪迹，直到 1983 年才被考古工作者发现。

1. 高原陵

晋宣帝司马懿开晋之基业，曾助曹操建魏，是魏文帝时政坛上叱咤风云的人物，也深受曹操及文帝风范的影响。他像曹操一样，生前不晋帝位，但他亦预作终制，立《顾命》三篇，嘱在首阳山为其土葬，不起坟，不栽树，勿留任何标志。收殓时穿平时衣服，不设明器，妻妾死后不得合葬。后被武帝尊号曰宣皇帝，陵称高原陵，庙号高祖。高原陵在今偃师区南蔡庄以北的首阳山脚下。晋景帝司马师的峻平陵位于宣帝的高原陵西侧。

2. 崇阳陵

崇阳陵即《三国演义》中著名的“路人皆知其心”的晋文帝（死后追封）司马昭的陵墓。据考古发掘资料推测，该陵位于今偃师区前杜楼村北的枕头山前。该墓地在杜楼村北 1.5 千米处一座无名山丘的南坡，山丘后跨过一带洼地即拔地而起的平顶山峰枕头山，山丘前面地势逐渐下降，与低平、富庶的伊洛平原衔接，视野极其开阔。由枕头山俯瞰墓地，恰似在簸箕中心横身而卧的灵龟。墓地原为自北而南倾斜的缓坡，现已辟为梯田。共探出墓葬 5 座。其中，1 号墓是枕头山墓地中规模最大、规格最高的一座，墓道长 46 米，宽 11 米，墓室长 4.5 米，宽 3.7 米，高 2.5 米。它位于墓地的东部，居尊位，与其余四墓相距约 50 米，这 4 座墓分排两列。墓地周围残存着陵垣及建筑遗迹。东陵垣长约 384 米，北、西陵垣均长约 330 米，未见南陵垣。陵区内的建筑遗迹有二：一处位于东垣最北端，居墓地东北角，为一长方形夯土台；另一处位于西垣南侧，由三块夯土基址组成，都与陵区守卫有关（参见中国社会科学院考古研究所洛阳汉魏故城工作队《西晋帝陵勘察记》，《考古》1984 年第 2 期）。

3. 峻阳陵

峻阳陵是晋武帝司马炎的陵墓。司马炎是西晋开国后的第一代皇帝，依靠祖辈数十年的积累，重演曹魏代汉故事，受禅于曹魏，并短暂统一了中国。峻阳陵在偃师区南蔡庄以北 2.5 千米的山坡上，背靠鏊子山，面对低平、开阔的伊洛平原，巍峨的伏牛山瞻于前，邙山主脉障于后。鏊子山海拔 252 米，山顶平坦，东西长约 200 米，由南望去，兀立如屏。鏊子山两端各有一独立山头，分别向南伸出一条较为平缓的山梁，对墓地形成三面环抱之势，实为一风水宝地。此墓地共发现墓葬 23 座，均坐北朝南，其布局主次分明，排列有序，显示出死者生前的尊卑关系。其中 1 号墓位于墓地最东端，居于尊位，且在墓地中规模最大。墓道长 36 米，宽 10.5 米，墓室长 5.5 米，宽 3 米，高 2 米。墓主人生前在此墓地地位最高，其余 22 座大多分布在墓地西部，规模小于 1 号墓。

考古学家已从《荀岳墓志》和《左棻墓志》的记载中查考出文帝崇阳陵和武帝峻阳陵的地望线索（参见《从“荀岳”“左棻”两墓志中得到的晋陵缆索和其他》，《文物》1961 年第 10 期），推测上述两处墓地的 1 号墓分别是崇阳陵和峻阳陵，从而为进一步勘察高原陵、峻平陵、太阳陵奠定了基础，今后大规模的科学发掘将有望揭开西晋帝陵的谜团。

（三）北魏皇陵

北魏王朝为鲜卑族拓跋氏所建，初期定都盛乐，后迁平城（今山西大同），太和十七年（493 年）孝文帝从平城迁都洛阳。因此，北魏皇陵有两个区域。迁都洛阳以前的北魏六世皇帝及后妃都葬于盛乐西北，史称“金陵”，但目前仅见于史料记载，而尚未发现陵墓遗址。在平城的北魏陵只有北面方山上的冯太后陵和孝文帝虚冢。南迁洛阳至永熙三年（534 年）孝武帝西去长安，北魏共经历 8 帝 42 年。诸帝王中，孝文帝长陵、宣武帝景陵、孝明帝定陵、孝庄帝静陵，均在洛阳。

孝文帝拓跋宏（元宏）是北魏迁都洛阳以后的第一世皇帝，他将自己的陵墓选定在瀍水之西的高地上，后世几代帝王也循制葬此。因而，在瀍水两岸形成了一个东至孟津送庄镇西山头村，西至杨家

村，北至长华村，南至邙山南坡的巨大的墓葬区，面积极为广阔，时人称该陵区为“西陵”或“金陵”。

北魏皇族由于家庭血缘关系，不仅帝后陵集中，且帝后陵与王公贵族墓葬是既划分区域又彼此毗邻的。陵区内以孝文帝长陵为中心，宣武帝景陵在其右前方（也在瀍水之西），孝明帝定陵在其左前方（远在瀍水之东，北魏洛阳外郭城西北方）。在孝文帝长陵的东南方，瀍水以东的高地上是孝文帝以前七世魏帝子孙的墓葬区，每一世集中为一区，以始祖拓跋珪的子孙墓居中，其余各世按单双数分列在左右两侧，而每一世内部又按一定秩序排列。在此七世子孙墓区的外围又埋葬了“九姓帝族”和“勋旧八姓”，即以前同属一个大氏族的原同族人，和同属一个氏族联盟的兄弟部族。这些大大小小的帝王和王公贵族陵冢，依存相望，结成了一个象征性的社会团体，生前共荣，死后相伴。此外，有少数王公贵族墓陪葬于瀍河西诸帝陵中，还有一些重要的降臣也葬在此区的外围。

这种整个部族都集中在一个葬区的习俗，在战国以前中原地区也存在过，两汉以后随着封建社会的发展，逐渐为家族墓地所代替（南朝诸帝陵、王陵就都属家族墓葬）。它在北魏洛阳重新出现，是鲜卑原始习俗残余的表现。但以后约定俗成，又成为唐初各帝陵自成一区并安置大量陪葬墓之陵制的肇端。

考古工作者经过勘察和研究，确定了长陵和景陵的位置。长陵位于今洛阳市西北25千米的孟津官庄村南，文昭皇太后在其西北，称大、小冢。景陵位于今冢头村东500米许，定陵大致在今瀍河东岭头村南，静陵在今上寨村南。

1. 高祖孝文帝长陵

孝文帝拓跋宏（元宏），献文皇帝太子，在位29年，因行以汉化为主题的多项改革著称于世。孝文帝生前曾两次钦定自己的陵址。最初于太和十五年（491年）在平城北方山冯太后永固陵北预先建陵，南迁洛阳后，此陵遂未使用，为虚宫，号“万年堂”。太和二十三年（499年）三月车驾南伐，不久疾甚，北还，四月殂于谷塘原之宫，年三十三，五月葬长陵。按《北史·后妃传》记载，孝文帝迁洛“乃自表瀍西以为山园之所”。孝文昭皇后高氏先葬城西长陵东南，号称“终宁陵”，后迁灵柩于长陵西北约六十步。1946年，《文昭皇太后山陵志》在洛阳市北郊官庄东小冢内被盗掘，小冢之东南不远处有一大冢，高约35米，直径约60米。高氏墓志载“葬于高祖长陵之右”，小冢正处大冢之右。《北史》记文昭迁葬长陵西北六十步，今两冢相距与史载基本相符合，因此断定大冢即为孝文帝长陵，小冢当是文昭皇太后陵寝。2004年春，考古工作者对长陵进行实地勘探，发现了陵垣、城壕、陵园建筑、水渠等遗址。

2. 孝明帝定陵

孝明帝元诩，宣武皇帝第二子，延昌四年（515年）正月即位，在位14年。武泰元年（528年）二月为其母胡太后毒死于显阳殿，年仅19岁，三月葬于定陵。在今洛阳市东北郊西山头村南，曾出土两方北魏墓志，一方是张宁志，志载“葬于孝明皇帝陵西二里”。另一方是王悦墓志，志载：“兆入定陵……合葬芒岭定陵西岗。”由此推断，定陵应在西山头村南。

3. 孝庄帝静陵

孝庄帝元子攸，献文帝孙，彭城王元勰第三子。武泰元年（528年），孝明帝崩，在权臣尔朱荣、元天穆等的扶持下，元子攸即皇帝位。因不满尔朱荣、元天穆专权乱政，曾言“宁作高贵乡公死，不作汉献帝生”。于永安三年（530年）九月，诈称皇后（尔朱荣之女）产太子，将尔朱荣、元天穆诓入洛阳，手刃荣于明光殿，天穆亦为伏兵所杀。荣侄尔朱兆闻讯遂起兵逼宫，将孝庄帝囚于永宁寺内。元子攸后送晋阳，缢于城内三级佛寺内，时年24岁。中兴二年（532年）谥为武怀皇帝，葬于静陵。静陵位置文献无载，又无墓志佐证。红山乡上寨村村民在其村南大冢前平整土地时，曾挖出石翁仲一件，服饰形态属北魏遗物，当知此冢为北魏墓。冢高约15米，直径约40米，由冢之大、石人装束形态可知，此绝非一般

官吏之墓，而应为帝王陵。而此冢与景陵基本并列，应为同辈，而宣武帝与孝庄帝即为堂兄弟，所以推测此冢可能是孝庄帝之静陵。

21 世纪初，洛阳考古工作者曾在洛阳涧西衡山路发现一大型北魏时期墓葬，虽然盗掘严重，但据仅留遗物及墓形制结合北魏皇陵地望判断，应是葬以王礼的北魏节闵帝元恭陵墓。

北魏皇陵中需要重点叙述的是方山永固陵和景陵。

4. 方山永固陵

平城，是拓跋鲜卑所建北魏都城，在今山西省大同市。出大同沿御河向北 25 千米到西寺儿梁山（古名方山）南部，远远能看到一高大土冢，这就是历史上非常有名的北魏文明太后冯氏的“永固陵”，俗称“祁皇坟”。冯太后在北魏孝文帝即位后，实掌朝政，她发动并主持了历史上著名的孝文帝改革，一改祖宗“重武略，不重文教”的陋习，吸收汉族统治阶级的思想，在政治、经济、文化等方面进行一系列改革，奠定了孝文帝迁都洛阳的基础，一改鲜卑拓跋氏经济、文化落后的局面，加快了北魏封建化与汉化的步伐。

永固陵，始建于太和五年（481 年），至太和十四年（490 年）入葬。冯氏墓园工程浩大，现存墓冢朝南，底基呈方形，南北长 117 米，东西宽 124 米，高 22.87 米。其前有一平面呈长方形的建筑遗址——永固堂，分布有柱础和砖瓦等建筑材料，还有原树碑用的石龟趺。其前 200 米又有一座周绕回廊的方形塔基遗迹——思远灵图。冯氏生前虔信佛教，方山墓地系其自择，这种富有佛教色彩的墓地与佛寺相结合的布局，可能出自冯氏本意，同时也反映了北魏礼制的特殊性。

永固陵墓室为砖筑，建于墓冢的中心。1976 年考古工作者对其进行了清理发掘，墓葬由墓道、前室、甬道和主室构成，总长 235 米。主室平面近方形，南北长 6.4 米，东西宽 6.83 米，高 7.3 米，四壁微向外凸呈弧形，向上内收成四角攒尖顶，顶心嵌一上雕莲花图案的白砂石。甬道连接前室和主室，甬道的前后两端各设一道大型石券门，相当壮观。石券门制作工整精细，由尖拱门楣、门柱、门槛、虎头门墩、石门五部分组成，门框上饰有下具龛柱的莲瓣形券面浮雕，两侧龛柱雕饰精美，雕有一手捧莲蕾面带笑容的赤足童子，体态丰腴，衣带飘飞，高 37 厘米。童子下端又各雕一口衔宝珠的长尾孔雀，孔雀立于圆顶束腰状物上，束腰部饰有连珠纹。石门墩雕作虎头状，造型浑厚有力，雕刻技术熟练，线条流畅，是北魏石刻的精品，具有较高的艺术价值，中国历史博物馆现已将其复原展出。前室平面近长方形，券顶，其前接墓道。此墓过去屡遭盗掘破坏，至今墓内还留有金正隆和大定年间盗掘时留下的题记，随葬物被洗劫一空，只发现一些残石俑、铁矛、铁镞、铜簪、玻璃小环等物和一些陶器残片（参见《大同方山北魏永固陵》，《文物》1978 年第 7 期）。

文明皇太后冯氏永固陵是北魏迁都平城后，处于北魏王朝全盛时期修建的，墓葬的建筑结构、建筑材料和精美的石雕艺术品，均反映了北魏在建都平城时期高超的工艺水平。现永固陵连同其北 1 千米的孝文帝拓跋宏的虚宫（即“万年堂”），已经成为人们探索鲜卑民族风俗习惯、文化风貌的重要观光游览胜地。

5. 北魏宣武帝景陵

出古都洛阳城区，沿邙岭路向北行至邙山，远远就能看见一高大土冢，这就是北魏宣武帝元恪的景陵（如图 2–21），也是经科

图 2–21 洛阳北魏宣武帝景陵

学发掘的第一座北魏皇陵。

景陵北距孝文帝长陵约 5 千米，经考古发掘后已向公众正式开放，成为洛阳古墓博物馆北魏帝王陵墓展区。景陵墓冢平面呈圆形，直径 105 ~ 110 米，现存高度 24 米，平顶，黄土夯筑而成，尚未发现陵垣及其他建筑遗迹。陵墓平面呈“甲”字形，由墓道、前甬道、后甬道、墓室等四部分组成，全长 54.8 米。

墓道系由原地面直接下挖而成，为墓冢所覆盖，南起墓冢南缘，北接前甬道，水平长度 40.6 米。墓道的北段为长 4.5 米的砖壁墓道，在砖壁墓道和前甬道之间有一道封门砖，其北分别为前、后甬道，其南另有一道封门砖。后甬道北端有一石门，由门楣、门额、立颊、门下坝、门扇等青石构成。墓室位于后甬道之北，为青条砖砌，平面近方形，四壁中部略向外弧，东西长 6.92 米，南北宽 6.73 米，高 9.36 米，顶作四角攒尖顶。墓室西部有一石棺床。

该墓曾遭多次盗掘，破坏严重，随葬器物基本被洗劫一空。经对出土的器物残片进行粘对，共得完整和可复原者 45 件，其中的龙柄盘口壶、龙柄鸡首壶等具有南方青瓷风格的青瓷器为皇室用品，对研究南北朝时期的南北关系有较重要的意义。

洛阳古代艺术博物馆即建于洛阳北邙山下，由历代典型墓葬、北魏帝王陵、壁画馆三大展区组成。历代典型墓葬展区搬迁复原上自西汉，下迄宋金时期的代表性墓葬 25 座，陈列文物总计约 600 件。壁画馆展示河南省（主要是洛阳地区）出土的 53 组 90 余幅墓葬壁画和彩绘雕砖。北魏帝王陵墓展区位于馆西部，是以北魏世宗宣武帝景陵为主体，并搬迁复原清河文献王元怿和江阳王元乂墓组成的，有兴趣者可免费游览。

（四）南朝帝陵

东晋以后与北方隔江对峙的宋、齐、梁、陈四朝，史称南朝，均以建康（今南京）为都。这四朝虽然偏安一隅，朝不保夕，但封建君王生前依然花天酒地，醉生梦死，整日沉醉于歌舞升平的享乐生活，死后也自大讲排场，依然不肯放弃皇家的奢侈，在建康附近

（今南京、丹阳、江宁一带）建造了许多庞大的帝王陵墓和王公贵族墓园。如今，封建帝王为自己精心营建的华丽陵墓，如帝业的烟消云散一样，随着历史的沧桑已被夷为平地，变成良田了，但那些凝聚着人民智慧、血汗，代表中国古代艺术水平的巨大而生动的陵墓石刻珍品，却经受了时间和风雨的考验留存下来。

南朝帝陵有其共同的特点，一是陵墓均选择背依山冈、面临平原的地形作为葬地，依山开凿大型墓坑，加铺多层地砖后上砌墓室，墓室砌好后再填土封实。墓室均为带拱券顶甬道的单室，多为穹隆顶，甬道内多设两重石门，墓室平面呈长方形，时代越晚，壁面外凸弧度越大，至南朝末年平面已呈椭圆形。同时，壁面上逐渐使用花纹华美的花纹砖和嵌砌大幅砖画。这是在东汉一块单砖构成一幅图像的画像砖基础上发展而成的。有的画面达 2 平方米，如南齐萧道生修安陵中的羽人戏虎图、竹林七贤图等，线条劲健，人物生动，个性鲜明，惟妙惟肖。由于南朝绘画真迹未能流传下来，这些大幅砖画就成了现在能看到的其时真正的绘画作品，据推测为当时名画家顾恺之或戴逵的手笔，是一批值得珍视的美术史料。

此外，由于江南地表潮湿，地下水位极浅，为了防止墓内积水，墓内均设有排水系统，排水沟通常伸出墓室 100 米以外，这是南朝陵墓结构上的特点。同时，封建统治者为了保护墓室，费尽心机，除采用双重石门外，再用砖封砌墓门，然后在封门砖外，再加砌两道牢固的封门高墙。不过这种种防范措施都是徒劳的，从考古发掘情况看，各墓都是入葬后不久即被有目的地盗掘和破坏，甚至墓室建筑都不能幸免，反映了南朝政权朝秦暮楚、更迭频繁、内斗剧烈的历史事实。

墓前摆放大型石刻是南朝帝陵的又一特点。地面上现存石刻 31 处，帝王 12 处，王侯 19 处。石刻虽经千年风雨剥蚀和兵连祸结的人为破坏，仍不失其昔日璀璨瑰丽的风采，为中国艺术之瑰宝。帝王陵前左右列石兽，左为天禄双角，右为辟邪独角，皆有翼，腾空欲飞。石兽之后为墓阙（或称华表）。墓阙之后为墓碑和赑屃，

左右相向。王侯将相墓前的石刻与帝王陵大同小异，墓前列辟邪，左右相向，无角有翼。其后为墓阙，多为二十四棱，唯有萧宏墓阙二十八棱，雕刻亦佳。神道碑皆南向。

南朝由于政权朝不保夕，战乱频仍，帝侯众多，又址水乡泽国，沧桑巨变，陵墓实难完全考辨。目前，基本能确认且经过发掘的主要有齐景帝萧道生修安陵（丹阳胡桥鹤仙坳）、齐宣帝萧承之永安陵（丹阳东北狮子湾胡桥）、齐东昏侯萧宝卷墓或齐和帝萧宝融恭安陵（丹阳东北经山金家村）、梁桂阳王萧融墓、梁安成康王萧秀墓（南京栖霞山甘家巷）、梁建安郡王萧伟墓（南京尧化门）等（参见《江苏丹阳胡桥南朝大墓及砖刻壁画》，《文物》1974 年第 2 期；《江苏丹阳县胡桥、建山两座南朝墓葬》，《文物》1980 年第 2 期；《南京栖霞山甘家巷六朝墓群》，《考古》1976 年第 5 期；《南京尧化门南朝梁墓发掘简报》，《文物》1981 年第 12 期）。其中以齐景帝修安陵和梁安成康王萧秀墓最具代表性。

齐景帝萧道生为明帝之父，系死后被尊为帝，但其陵寝修安陵却独具豪华。陵墓虽曾被盗，破坏严重，仍可见地宫设计严谨，布局合理。全墓用 330 种不同形制的 10 万余块砖砌成。地宫由封门墙、甬道、墓室和附属建筑四部分组成。封门墙有 2 道，每道宽 7.6 米，高 2.6 米，厚 0.6 米，为防潮湿，二墙之间还由厚 0.25 米的石灰隔开。甬道为券顶，内有两道由内向外开启的石门，门额呈半圆形，砌在甬道券顶上，墓室为长方形，长 9 米，宽 5 米，高 4.35 米，墓室四壁嵌有拼砌的大幅模制砖画多幅，周围壁面用饰有莲花纹等的各种花纹砖精巧排列砌成，纹饰华丽，仿佛宫中的织锦壁衣。虽然被盗掘、破坏，墓室内砖画有的保存完整，仍清晰可见。东西两壁有“羽人戏虎”“骑马武士”“执戟侍卫”“持扇侍从”“竹林七贤”等 5 幅。其中以“羽人戏虎”画幅最大，保存最完好，画面全长为 230 厘米，高 90 厘米。画中一虎位于画面中央，昂首翘尾，四足奔腾，威风抖擞，虎前有一羽人回身与虎戏。此画系想象仙境中仙人戏虎的情景而绘制。陵前为天禄、辟邪石刻神兽 1 对。

南朝王侯墓前神道进口处，均有一对大型石兽峙立，重达1.5万千克，双翼无角，躯体肥壮，颈短而粗，张口吐舌，昂首挺胸，飞跃灵动，似正阔步前行。其造型似麒麟，更似雄狮，是被神化了的狮子，称为“辟邪”。南京栖霞区甘家巷小学内，梁安成康王萧秀墓前石辟邪（如图2-22），东西相对，躯体巨大但端庄匀称，张口吐舌，浮雕翼为鸟翅，势若欲飞，顶及脊有凹沟，遍体刻毛饰纹，装饰华丽，雕刻技法娴熟、精湛，造型神态潇洒，矫健灵活。

图2-22 南朝帝陵石刻——萧秀墓前石辟邪

第二列石刻是称为华表（石阙）的神道石柱，属装饰、标志之用。南京地区南朝神道石柱多已被毁坏，萧秀墓和萧宏墓前石柱保存较好，位于南京市甘家巷北董家道的萧景墓前石柱保存最为完好，使后人得窥豹一斑。萧景墓前石柱现只存一，高约6.5米，分为上、中、下三部分，从上到下布满雕刻。上为圆盘柱盖，镌莲花纹，顶端有一玲珑的小辟邪屹立其上。中为柱身，镌有24道隐凹直刳棱纹，上部饰有水平绳索纹及交龙纹，其上端附有一块长方形柱额，侧面为披衣袒肩、赤脚持花草的人像，中间刻有“梁故侍中中抚将军开府仪同三司吴平忠侯萧公之神道”，笔画秀健。额下雕刻3个力士浮雕，以手承托石额。下部为柱础，上圆下方，一对螭龙头部相向，口衔宝珠环绕于上。整个石柱造型匀称协调，雕刻精巧，装饰古朴脱俗，端庄凝重，是我国华表石刻中的精品。南朝陵墓石刻中，石碑列于第三。南朝墓碑一般为两碑，南京地区陵墓所存甚少，清晰完整者更是罕见。梁始兴忠武王萧憺墓石碑为我国迄今保存最为完整的南朝碑刻。该碑由碑首、碑身、碑座组成，碑身镌刻着著名书法家贝义渊所书2800多字长篇碑文，为墓主人歌功颂德。碑文书法精绝，意象雄强，结体紧峻，是我国书法史上的珍贵资料。南京周围分布的约16座王侯大墓多已损毁，但留存的这些石兽、石柱、石碑，雕琢刻画无不精美绝伦，成为我国艺术史上的瑰宝。

绝代繁华的建康在隋朝的千军万马中灰飞烟灭，昔日指点江山、伤春悲秋、耽于粉脂的南朝君臣终亡于温柔乡中，只存于古丘荒坟，徒留凄凉佳句。但凝聚着我国古代劳动人民伟大创造力的南朝帝王陵墓，尤其是陵前巨石雕刻作品群，仍足令中外游人叹为观止。

七 隋炀帝陵

虽然隋朝是中国历史上较短命的大一统朝代，但隋炀帝却是中国历史上具有传奇色彩，亦是争议较多的皇帝。隋炀帝杨广（569—618），隋朝第二位皇帝。开皇元年（581 年）被立为晋王，统率大军南下灭陈，统一中国。开皇二十年（600 年）被立为太子，仁寿四年（604 年）继皇帝位。在位期间开创绵延千年的人才选拔方案——科举制度；修建以洛阳为中心，贯通大江南北的大运河，至今人们仍赖其通航，桅帆如梭；营建东都，迁都洛阳；改州为郡；依古式改革度量衡等，对后世颇有影响。而频繁地发动战争，如亲征吐谷浑，三征高句丽，又狂造龙舟，数十次出巡，加之滥用民力，致使民不聊生，暴动频起，于是天下大乱，国灭身亡。大业十四年（618 年），宇文化及等率骁果军在江都（今扬州）发动兵变，缢杀杨广。事实上，就历史功绩而言，炀帝并不比历史上其他帝王甚至被描写为雄才大略的帝王逊色，其他方面也有被人称道之处，例如他与萧皇后的感情，例如他所作的许多工整真切的诗句。他真正的悲剧在于，为了实现其远大的政治理想，无视国力民情，大兴土木，大肆兴兵，狂飙突进式建设和改革，加之好大喜功，任性妄为，急欲做出政绩，完全忽视了当代与千秋的辩证关系，成了功在千秋、罪在当代的典型，更成为其后史家艺人及百姓们口诛笔伐的淫乱暴君的代名词。

与炀帝的传奇和争议相对应的，是炀帝陵历史的悲情和发现过程的跌宕曲折。

据记载，隋炀帝陵墓曾多次迁移。杨广死后，萧皇后与宫人用

漆制床板做成棺材，将他葬于江都宫流珠堂。宇文化及率部离开江都后，镇守江都的大将陈棱感念炀帝旧恩，集众缟素，衰杖送丧，恸感行路，为炀帝发丧并改葬于吴公台下。唐武德五年（622 年），唐高祖李渊以帝礼将隋炀帝陵迁到雷塘。648 年，萧皇后病死，唐太宗李世民命将其尸骨送至江都与隋炀帝合葬。

此前早已公布的省级文保单位隋炀帝陵（如图 2-23），位于扬州邗江区槐泗镇槐二村，现在已证实为误判。之所以如此，是因为唐代以后本就无甚规模的隋炀帝陵渐渐荒芜，不为人知。直到清嘉庆十二年（1807 年），才被住在雷塘附近的扬州学者阮元发现，他颇为草率地认定今槐二村的一处大土墩为隋炀帝陵并对其加以整修。雷塘，又称为雷坡，传春秋时吴王曾经在这里建造钓鱼台。南朝时，这里山水园林，楼榭亭台，为江南胜迹。宋代以后湮灭无存，只剩孤冢一座，百姓称之为“皇墓墩”。隋炀帝陵前，有阮元修陵时立的石碑。碑文题“隋炀帝陵”四字，是当时的书法家、扬州知府伊秉绶书写。陵南有块石护坡，游人可拾级而上。四周则植以松柏。20 世纪 80 年代以后，该处经过多次整修，修复了神道和陵台，

图 2-23 扬州隋炀帝陵

遂成为扬州著名的旅游景点。

进入陵区，高大的石碑楼横梁上书写着“隋炀帝陵”。陵门气势恢宏，宽敞的正门配以两个偏堂，左偏堂为隋炀帝生平图片展览，陈列了数十幅图画，图文并茂地简略介绍了隋炀帝功过并存的一生。帝陵占地3万平方米，由石牌楼、陵门、城垣、石阙、侧殿、陵冢等组成。整个帝陵形制独特，气势雄伟，城垣、石阙、陵冢是世界上罕见的帝王的葬式，是典型的隋唐建筑风格。墓前立有巨型墓碑，底座为阶梯式，上部为片状云，中部右上方刻有“大清嘉庆十二年在籍前浙江巡抚阮元建石”；正中刻“隋炀帝陵”；左下方刻有“扬州府知府汀州伊秉绶题”（如图2–24）。

图2–24 隋炀帝陵石碑

另外，陕西咸阳城西50千米处武功县武功镇西塬上，亦有隋炀帝陵，据传陵前曾树有清乾隆时陕西巡抚毕沅书“隋炀帝之陵”石碑，现已不存。据该县志记载，唐高祖李渊于武德五年（622年）八月，令其子李世民迁葬炀帝于此，与隋文帝泰陵构成一脉之穴，遥遥相望。又河南省洛宁县东宋镇郭村东南之柏山（又名荞麦仁山），亦有隋炀帝陵，当地人直呼其“杨广墓”。明嘉靖三十四年（1555年）《河南通志》载：“炀帝陵在永宁县东北，炀帝崩于江都，唐太宗迁葬于此。”另多有志书亦记载隋炀帝陵在永宁。但随着扬州隋炀帝陵的发现与证实，这些均已成传说。

如果不是一个无意中的发现，隋炀帝仍会静静地沉睡在这些墓家里，任世人凭吊游览，指点评说。但名人注定不会寂寞，2013年4月，在扬州市邗江区西湖镇的一处房地产项目工地发现了两座古墓（如图2-25）。经抢救性清理，发现两墓为隋末唐初砖室墓，西侧墓中出土一方墓志，铭文中有“随故炀帝墓志”等字样，显示墓主为隋炀帝杨广。至于隋炀帝墓志是什么时候由什么人放入墓中的，各方意见不一。根据墓志上出现的“贞观元年”四字，可以肯定，该墓志不是在隋炀帝初葬时放入的，可能是在唐太宗李世民即位以后放入的，也有学者认为是在萧后与隋炀帝合葬时放入的。

图2-25 扬州隋炀帝陵（曹庄）发掘现场

2013年11月16日，国家文物局和中国考古学会在扬州组织召开扬州曹庄隋唐墓葬考古发掘成果论证会，十余位中国考古界权威专家参加了论证会，一致认定扬州曹庄隋唐墓葬为隋炀帝墓，是隋炀帝杨广与萧后最后的埋葬之地。

在此墓中还出土了鎏金铜铺首、金镶玉腰带等文物。这两座墓的占地面积都只有二三十平方米，远远达不到帝陵所应有的规模和气势，更不符合杨广好大喜功的个性，这恰好印证了炀帝暴死于兵变的史实。其中一号墓为方形砖室墓，由主墓室、东西耳室、甬道、墓道五部分组成。墓葬通长24.48米，东西连耳室宽8.22米，残高

2.76米。墓室用砖与隋代江都宫城用砖一致。二号墓为腰鼓形砖室墓，由主墓室、东西耳室、甬道、墓道五部分组成。

一号墓出土的墓志铭文记载墓主去世时间为大业十四年，即618年，与史实相符。专家对墓内发现的两颗牙齿进行了鉴定，认为墓主人为50岁左右的男性，结合文献记载，隋炀帝杨广生于569年，卒于618年，年龄和“牙齿年龄”吻合，确为隋炀帝墓。二号墓内保存有部分人骨遗骸，经南京大学体质人类学专家鉴定为大于56岁、身高约1.5米的女性遗骸。二号墓虽无文字信息，但根据墓葬形制、墓内出土高等级随葬品和对人骨遗骸的鉴定，结合文献记载，判明墓主人正是萧后。

扬州曹庄炀帝及萧后的两座墓葬中除了墓志、男性牙齿和女性人骨外，还出土了大量随葬品，炀帝墓中出土了玉器、铜器、陶器、漆器等珍贵文物100余件（套）。其中一套蹀躞金玉带（如图2–26），不仅是目前国内出土的唯一一套最完整的十三环蹀躞带，也是古代带具系统最高等级的实物。4件铜铺首通体鎏金，兽面直径26厘米，与唐大明宫遗址出土的铜铺首大小相近。萧后墓出土玉器、铜器、铁器、陶瓷器、木漆器等200余件（套）。其中包括成套的编钟16件、编磬20件，是迄今为止国内唯一出土的隋唐时期的编钟编磬实物，填补了中国音乐考古史上的一项空白。

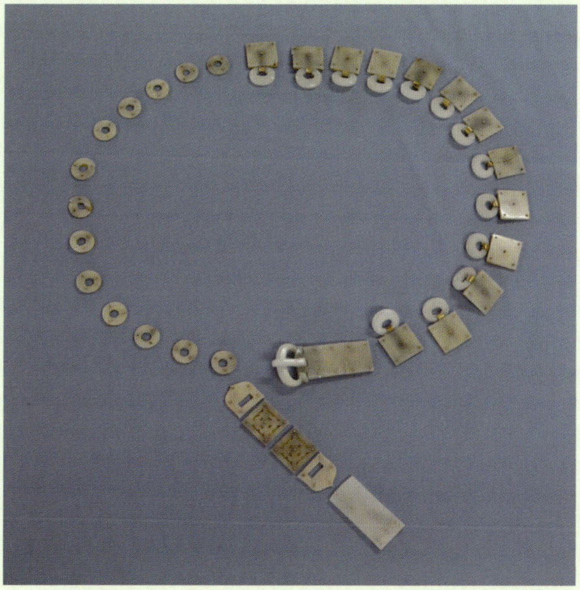

图2–26 隋炀帝陵出土文物——蹀躞金玉带

隋炀帝墓从被发现至今一直饱受争议，但面对质疑，文物工作

者并没有一味争辩，而是继续专注考古，用考古证据说话；同时，又兼顾公众的期待，及时与媒体和公众对话，合法、及时、科学地公布成果。2014 年 4 月 10 日，饱受争议的扬州曹庄隋炀帝墓高票入选 2013 年度十大考古新发现。

盖棺定论时多有偏颇，黄土白骨后再续评说。历史上，隋炀帝一直以荒淫无道、凶残暴虐的形象出现，千百年来，他已经成为人们心目中昏君与暴君的典型。他曾经的巨大贡献被有意无意地忽视和磨灭了。但历史终究不是任人打扮的小姑娘，是非功过终有评说。隋炀帝陵的发现再次提醒人们，以史为鉴则明。作为封建帝王，与隋炀帝有着极为相似境遇的是统一中国的秦始皇，他以极大的热情和魄力大刀阔斧搞改革、大兴土木搞建设，为其后的一代盛世奠定了坚实的基础。没有秦隋，何来汉唐，他们可能是暴君，但绝不是昏君。他们共同的致命问题，就是过于急功近利，不顾百姓死活，滥用民力，把本想造福于民的伟大工程，干成了天怒人怨的“政绩工程”，而他们的“政绩工程”和百姓幸福安康成了对立面。看来，如何处理好当下的民生需求和“政绩工程”的关系，对于当代经济和社会发展也有着重要的启示。

八 唐代帝陵

唐代自618年高祖李渊灭隋称帝，至907年被后梁朱温所灭，共历290年，20帝。唐代帝陵除昭宗李晔和陵在今河南洛阳、哀帝李柷温陵在今山东菏泽外，其余18座陵集中分布在陕西省乾县、礼泉、泾阳、三原、富平、蒲城6县，东西绵延100余千米，几乎与渭水汉九陵成平行一线。

唐代帝陵从唐太宗李世民葬九嵕山开始，除唐武宗端陵和唐僖宗靖陵外，都构筑在山上。“依山为陵”一方面是为了显示气势雄伟，另一方面也是为了防止盗掘。但由于随葬物品极多而贵重，随着唐朝式微、覆亡及随之而来的百余年的混乱局面，陵墓不久即被破坏盗掘。据《旧五代史·温韬传》载，军阀温韬为耀州节度使时，“唐诸陵在内者，悉发之，取所藏金宝”。新中国成立后，考古工作者多次进行调查，重点勘察了献陵、昭陵、乾陵、桥陵和建陵，并采取措施进行多重保护。在大遗址保护大力推进及丝绸之路申遗成功的背景下，位于古都西安的唐代诸皇陵更成为热门旅游景点。

唐代陵园的平面布局自乾陵开始形成定制，墓室在山南半腰，位居陵园北部，为全陵的主体建筑。四周筑围墙，分内外两道，内城墙四面设门，南门内修筑献殿。昭陵在陵北玄武门内修祭坛1座，是举行大典的场所，为唐十八陵中所仅有。外城墙南面设三道门，第二、三道门之间由南向北置有石狮、蕃像、石碑、石人、石马、鸵鸟、华表等石刻群。第一道门内外分布着皇族和文武大臣的陪葬墓。在各陵的西南均发现有建筑遗迹，文献称“陵下宫”（俗称“皇城”），是守陵官员和宫人居住的地方。以宗室、功臣陪葬是唐代

皇室埋葬制度的重要组成部分，这是封建帝王给予皇室成员和文武大臣的殊荣，亦是笼络人心、巩固政权的手段。贞观二十年（646年）又进一步规定了父祖陪葬、子孙从葬的制度。

唐十八陵石刻是中国古代雕刻艺术的宝库之一，其题材和雕刻手法均大大超过了以前的陵墓石刻，既有圆雕，也有浮雕和浅雕。石刻群的组合从乾陵开始基本固定，其主要题材有石狮、石人、石马、翼兽、华表、碑石等，尤以太宗昭陵北山后司马门内东西两面放置的6匹战马浮雕——“昭陵六骏”最为著名，达到唐代石刻艺术的高峰。各陵所存碑石约51通，是研究唐代历史和书法艺术的珍贵资料。

巍峨的山陵，整肃的石像生，精美绝伦的昭陵六骏，争论千年的无字巨碑，这一切都昭示着大唐帝国曾经的盛世繁华。太宗李世民的贞观之治，盛唐女皇武则天的空前绝后，玄宗与贵妃的千古绝唱，在这些巨大的山陵中一览无遗，古城西安以博大精深的历史文明，陶醉着五湖四海的游人。

（一）唐太宗昭陵

昭陵是唐代第二位皇帝唐太宗李世民与长孙皇后的陵墓，位于陕西省礼泉县东北2.5千米的九嵕山主峰内，距西安市区约80千米。

唐太宗李世民在中国历史上被公认为垂范千秋的皇帝楷模。他南征北战，任人唯贤，广开言路，虚心纳谏，在政治、经济、军事、思想、文化以及民族关系等方面实行了一系列顺应历史与民意发展的政策，开创了社会安定、吏治清明、经济发展、国力强盛、思想文化日益繁荣、民族关系友好和睦的一代盛世，史称“贞观之治”。

昭陵的陵址是唐太宗亲自选定的。他经常在这一带作战和狩猎，对这里的地形十分熟悉，九嵕山孤耸回绝，俯瞰关中大地，向为形胜之地，风水极佳。636年，以贤惠著称的长孙皇后去世，遗嘱薄葬，“因山为坟”。于是太宗决定在这里营建昭陵。13年后，太宗去世，便在这里与皇后合葬。太宗昭陵（如图2–27）开创了唐陵“依山为陵”的陵寝制度，坐北朝南的地宫则建在南面山腰的峭壁间。

以九嵕山顶峰为中心的昭陵，历经1300多年的山洪冲刷和风雨剥蚀，地面建筑早已荡然无存。但根据考古勘察和文献记载还可以复原其基本布局。昭陵有内外两城，外城遗址已难考证，方形的内

图2-27　唐太宗昭陵

城依山蜿蜒，四面各有城墙和城门。陵山正南的山梁上有内城朱雀门遗址，朱雀门内当年建有献殿，存放李世民生前服用器物，是一个供瞻仰遗存的地方。1964年在献殿遗址曾发现一件残缺鸱吻，高1.5米，宽0.65米，底长1米，重约150千克，可见原建筑规模之宏伟壮观。陵山北坡有祭坛，北坡地势平坦，交通便利，是祭奠和献俘的地方。祭坛略呈梯形，周有围墙，南北长86.5米，东西宽53.5

米，北门玄武门，又称司马门。原有14个蕃酋的石雕像和驰名中外的昭陵六骏等浮雕。六骏浮雕（即飒露紫、拳毛騧、白蹄乌、特勒骠、青骓、什伐赤）原置于司马门内东西两庑，是唐太宗为纪念随他征战疆场的6匹战马所立（如图2–28）。1914年，6石马被毁，其中飒露紫、拳毛騧2石马更被盗运出国，现存美国费城宾夕法尼亚大学博物馆。六骏以浮雕的方法，刻画了马的不同姿态、性格，有的是在战场奔腾驱驰的形象，有的是驯服地等待骑者拔箭的神情，是历代战马雕刻的巅峰之作。西南有下宫遗址，为守陵官员、宫人所住。据文献载，昭陵因山凿石为玄宫，从御道至墓室深75丈（约230米），前后安置石门五道，墓室内部“闲丽不异人间”，并设有东西两厢，列置许多石匣，内装随葬品。傍山缘崖修有栈道，至达玄武门。当时开凿栈道“悬绝百仞”，后为了“恩同山岳”，又将栈道拆除，与外界隔绝。诗人杜甫《重经昭陵》中就写道：“陵寝盘空曲，熊罴守翠微。再窥松柏路，还见五云飞。”

图 2-28 唐昭陵六骏图

可见当时昭陵不但险峻，而且已是松柏成荫。

以九嵕山顶峰为扇轴，昭陵陵园周围 60 千米，面积 30 万亩，呈扇面状向南面东西两翼展开，167 座妃嫔、皇亲、功臣、贵戚的陪葬墓东西绵延 13 千米，南北绵延 10 千米，这是中国历史上面积最大的皇帝陵园。苍松翠柏一望无际，有柏城之称。李世民的陵寝居高临下，陪葬墓列侍两旁，衬托出昭陵的至高无上。陪葬墓的位置根据墓主生前与皇帝关系的亲疏远近及文治武功大小排列。皇妃和受皇帝宠爱的王子、公主埋葬在离地宫最近的山麓或山间，山下陵区左边为文官，右边为武将，依照他们生前官衔职位顺序向外辐射，冢堆形状和大小也分若干等级，魏徵、李靖、李勣三位唐初文武名臣的陪葬墓得到了特殊礼遇。

现依李勣（即徐懋功）墓建有昭陵博物馆，除李勣墓外，包括两个碑石陈列室和出土文物、雕刻绘画展厅。除展出近年来发掘出土的 10 多座陪葬墓中的文物外，主要陈列昭陵范围出土的各式唐

代碑石与墓志铭。尤其是初唐大书法家欧阳询、褚遂良等书写的碑文，堪称中国古代文化艺术的珍品。因此，昭陵博物馆又被人们称为“昭陵碑林”。

（二）唐高宗与武则天乾陵

乾陵是唐高宗李治与皇后武则天合葬的陵园。在中国历代的帝陵中，这是唯一的两个皇帝合葬墓。二者既是夫妻，又先后称帝，武则天曾一度更换国号，改唐为周，这种情况，在世界历史上也绝无仅有。唐光宅元年（684年）高宗李治葬于乾陵，神龙二年（706年）武则天以皇后身份与高宗合葬于乾陵。

因这一段特殊的历史际遇及则天皇帝的光环，乾陵的选址有动人的传说，凸显了武则天人中龙凤的本色。据传，唐高宗病逝后，武则天决定在关中渭北高原选择吉地建造帝陵。于是朝廷在全国范围内遴选了两位名扬天下的方士负责选址，一位是唐初星相神人袁天纲，另

一位是当朝风水大师李淳风。袁天纲到关中某地，半夜子时出来观看天象，只见一处山峦上紫气冲天，恰好与北斗相交。袁天纲认定此处是块宝地，于是急忙奔上山峦，找准方位并摸出一枚铜钱放在地上，再盖上浮土作为记号，回朝复命。风水大师李淳风沿渭水东行寻找宝地。在某日正午艳阳高照之时，忽见秦川大地上突兀出一座奇怪的石山，从南向北看，这山好像一位少妇裸睡在蓝天白云之下，这“少妇”五官齐全，山间还有一淙清泉终日流淌不息。李淳风大为吃惊，于是抓紧上山，以身影取子午，以碎石摆八卦，拔出发针在二鱼相交处扎入土中后，回朝复命。武则天听二人说在同一方位选中吉地，派人再去复查。大臣来到梁山后，发现原来李淳风的那根发针正扎在袁天纲那枚铜钱的钱眼里！于是武则天下令立即开工，很快就将乾陵修好，安葬唐高宗，后随夫也葬于乾陵。乾陵的地形地貌完全应合了阴阳二仪，是天地配合得最绝妙的完美结合。乾为天为阳，坤为地为阴，阴阳交合，乃生万物。

乾陵（如图 2–29）位于今陕西乾县城北6千米的梁山上，梁山海拔1048米，东距西安市85千米。乾陵坐北朝南，利用梁山主峰（北峰）和南面两个山峰作为布局的骨架。北峰呈圆锥形，即墓室所在地。南面两峰，如女子乳房分列左右，称奶头山，

图 2–29　唐乾陵全景

构成陵园的天然门户。乾陵是唐陵中唯一仿京城长安的格局设计营建的。从地面上的遗址来看，当年的地面建筑宏伟而壮丽，陵园由内城和外城组成，内城又名皇城，在梁山的四周。四面各开一门，北为玄武门，门外石狮 1 对，土阙 1 对，石马 1 对（原 3 对）；西为白虎门，门外石狮 1 对，土阙 1 对；东为青龙门，门外石狮 1 对，土阙 1 对；南为朱雀门，门前石狮 1 对，石人座 1 对，南门内有献殿遗址。

由内城南门向南为御道，两侧分布着大型石刻群。从乾县北门外约 1.5 千米的张家堡起，有高达 8 米的土阙 1 对，这是乾陵的第一道门址，也是御道的起点。北行 3 千米为南二峰，两峰之山顶各有 15 米高的土阙，为二道门址。沿新修的石台阶，由南向北拾级而上，穿过俗称“奶头山”的乾陵天然门户，其北即石刻群。首先看到的是坡形大道两侧竖立的高大八棱柱石华表，它是神道（司马道）的起端。其后是两座造型优美、强悍雄健的翼马。紧接着是 1 对高浮雕鸵鸟。鸵鸟系汉代从西域传入，被视为吉祥神物，称为朱雀或鸾鸟。乾陵开创了以鸵鸟石刻奉陵的先例。再向北行，神道两侧排列着 5 对石马和 3 对牵马人，最后为象征葬礼的百官仪仗——戴冠持剑的将军石像 10 对。

越过石刻群，在司马道两旁各有石碑一通，西侧的是述圣纪碑，是武则天为唐高宗树立的歌功颂德碑，高 7.5 米，宽 1.86 米，重达 90 吨。碑顶雕成庑殿式，下为线刻兽纹基座，中间为 5 段，共 7 节，也称“七节碑”。东侧的一座便是驰名古今的“无字碑”，通高 7.53 米，宽 2.1 米，厚 1.49 米，重达 98.9 吨。碑额为 8 条螭首相交，两侧各有 1 条腾空而升的巨龙，但立碑时没有刻字，故名“无字碑”（如图 2–30）。该碑

图 2–30　唐乾陵无字碑

图 2-31　唐乾陵六十一蕃臣像

为何一字不留，历来说法不一。或云武则天认为自己功绩盖世，用文字已无法描述；或言武则天认为自己的功过应由后人来评说；还有人说中宗难定武则天的称谓，不知该称她皇帝还是母后。这些至今尚无定论，成为千古之谜。武则天的无字丰碑独树一帜，虽无一字，然寓意万千，彰显了女皇武则天卓然的政治智慧，它远远超过许多连篇累牍歌功颂德的碑石，成为中国帝王陵墓中少有的亮点。

在碑的北边，保存着 61 尊蕃酋的石立像（东 29 尊，西 32 尊，如图 2-31），均穿紧袖衣，腰束宽带。这些石像的头部虽已在多年前被毁掉，但仍能看出是西北边陲各国首领的模样。他们是埋葬高宗时参加葬礼的各少数民族首领及各国来宾——这是大唐国力繁盛、四海称臣的象征，武则天因此刻石铭记。关于这些石像为何缺少头部，有一民间传闻。据说，明初有外国使节到乾陵，发现自己的祖先竟然被立在这里给唐朝的皇帝守陵，顿觉有损国格，有辱人格，自尊心受到了极大的伤害，于是心生一计。他决定每天晚上都到乾陵附近的庄稼地里践踏粮食，然后在第二天又煽风点火说这都是那些已成精的石像出来做的，要想保护好庄稼和粮食就必须把这些石像消灭掉，至少砍掉它们的脑袋，让它们不能再出来祸害庄稼。当地百姓以为有理，一气之下便把这些石像的脑袋给砍碎了。

陵园布局是仿照京城长安设计的。南面城门三道与长安城一样，内城也与长安宫城一样，位于陵园北部正中。御道则象征长安城朱雀大街。

乾陵的范围很广，总面积接近 240 万平方米。除山陵地域外，山下御道的西面还有面积达 29 万平方米的下宫，是当年皇帝谒陵时的行宫。在乾陵的东面，分布着 17 座陪葬墓，陪葬者有章怀太子李贤、懿德太子李重润，有义阳、新都、安兴、永泰等公主墓。其中永泰公主、懿德太子、章怀太子等 5 座墓已陆续发掘，出土了 4000 多件珍贵文物。乾陵博物馆即依永泰公主墓地而建，收藏展出了乾陵附近，主要是永泰公主、章怀太子、懿德太子墓内出土的众多文物。

五代时温韬盗诸陵时，“惟乾陵，风雨不可发”。考古调查也未发现乾陵有盗掘痕迹。除无法想象的陪葬物品外，相传高宗李治和女皇武则天都喜欢收藏王羲之的书法，这些珍品如能幸存，乾陵这个文物宝库打开之时，世人定可一饱眼福。

（三）武则天母杨氏顺陵

顺陵是女皇武则天之母杨氏陵墓，在陕西省咸阳市东北 18 千米的韩家村东。杨氏死于唐高宗咸亨元年（670 年）九月，享年 92 岁，以太原王妃葬。武则天称帝后，改国号为周，追封其母为孝明高皇后，其墓改称顺陵。顺陵曾于唐睿宗景云元年（710 年）、唐玄宗先天二年（713 年）两次被废去陵号，但后人仍习称顺陵。

顺陵陵园平面略呈长方形，占地 110 万平方米，有内、外两城，内城名皇城，为方形，在外城偏北部，四角夯土墙尚存，南门二土阙，间距 22 米。外城平面呈长方形，四面辟门，南面正门并列两个土阙，间距 50 米。墓冢位于内城北部略偏西，坟丘底部呈方形，边长 48.5 米，高 12.6 米。墓道斜坡形，长 28.5 米，宽 2 米。墓道两壁用石灰粉刷，绘有壁画。

陵园内现存石刻 34 件，多数列置陵前，有华表、独角兽、石狮、石人、石羊。陵后有石狮、石马。顺陵东、西、北门置有石蹲狮各 1 对，南门置有石走狮 1 对。其中南门外的走狮体态高大，头披卷毛，突目隆鼻，丰颐利齿，阔口咆哮，作疾驰奔走状（如图 2–32）。石狮造型雄壮威武，极富质感，为唐代石刻艺术的代表作品。

图 2–32 唐顺陵石刻走狮

皇城南门外有一遗址，周围有残碎砖瓦，应是碑塔寺遗址。原立有一通长安二年（702 年）刻碑，是武则天为其母杨氏所立。由武三思撰写，相王李旦（即唐睿宗）书，字体有力，篆隶相兼，并多处可见武则天所创造的新字，因此被称为唐代名碑之一。明嘉靖三十四年（1555 年）因地震被毁断为 7 块，后修复，现藏于咸阳市博物馆内。

1961 年，经中华人民共和国国务院批准，顺陵被列为全国重点文物保护单位，现已成为重要的旅游胜地。

（四）唐孝敬皇帝李弘恭陵

规模宏大的唐代帝陵均位于西安，但唐朝却开创了中国历史上唯一一个太子死后追谥为皇帝并以帝陵规格建陵入葬的先例，这就是位于洛阳市偃师区缑氏镇东北 2.5 千米的滹沱岭上的唐恭陵，即孝敬皇帝陵。它的主人是唐高宗李治第五子、武则天长子——太子李弘。

李弘生于永徽三年（652 年），永徽六年（655 年）武则天从宸妃晋升为皇后，次年李弘被立为太子，原太子李忠被改封为梁王。李弘于上元二年（675 年）四月薨，同年八月葬于恭陵。唐高宗追谥其为“孝敬皇帝”，以皇帝的规格安葬，并亲撰孝敬皇帝睿德纪立于陵侧。

李弘自小仁孝谦谨，聪敏好学，处事果断。武则天对他寄望甚厚，在李弘少小时即让他参与朝政。由于李弘为人忠厚，处事谦虚忍让，而且颇具政治才干，高宗和大臣对他都很满意。但天妒英才，李弘年轻暴亡，其死因向有争论。《旧唐书》载，高宗李治为太子之死撰写了悼念文字，其中说太子李弘“自琰圭在手，沉瘵婴身”，意思是李弘身体一直很差。据《新唐书》载：“萧妃女义阳、宣城公主幽掖廷，几四十不嫁，太子弘言于帝，后（武则天）怒，酖杀弘。”又载：“四月辛巳，天后杀周王显妃赵氏……己亥，天后杀皇太子。五月戊申，追号皇太子为孝敬皇帝……八月庚寅，葬孝敬皇帝于恭陵。”根据武则天之严酷及章怀太子被杖杀等例，此说极有可能为真。李弘虽死于非命，丧事却极其隆重，“制度尽用天子礼”，唯有厚葬才能减轻高宗的悲痛和武则天的愧疚。

俗称太子冢的唐恭陵（如图 2–33）所在的滹沱岭，南依嵩山，北临洛河，东南群山环抱，西北岗峦叠起。恭陵陵园坐北朝南，平面呈正方形，陵园内有大、小二冢，呈长方覆斗形，太子冢底部东西长 150 米，南北宽 130 米，高 22 米。灵台东北 50 米处，有一锥形土冢，俗称“娘娘冢”，是太子妃陵，底边长宽各 40 ~ 50 米，残高 13 米。四周原有神墙护围，其四角有角楼建筑，四面神墙中有神门。陵墓周围有 12 个小土丘系当年的门阙和角楼，遗址原有神墙围护，四面神墙的中部各置神门，以喻青龙、白虎、朱雀、玄武。

唐恭陵石刻做工细腻，雕造精美，形象生动，时代应早于乾陵，是河南洛阳乃至中原地区仅存的一组盛唐陵墓石刻。规模宏大、气势雄伟、雕刻精美、形象生动的恭陵石刻神像，达到了以形写神、形神兼备的境界，堪称中原唐代陵墓石雕之冠。

恭陵陵园现存石像生 18 件和石碑 1 通。除陵园东、西、北三门外各有石狮 1 对外，其余 12 件均列置在南神门外的神道两侧，东西两列相距 50 米。自南而北依次为：石望柱 1 对，通高约 6.5 米，由基座、柱身和莲花顶三部分构成。基座方形，分上下两层，其上雕置覆盆莲花础，莲花础上竖八棱形石柱，柱顶压八边形顶盖，上置仰莲托摩尼珠。天马 1 对，高 2.4 米，置于双层石座上。天马四肢及垂尾与底板相连，腹下镂空。天马昂首站立，肌丰骨健，头顶鬃毛竖立，颈侧鬃毛斜披，前肢两侧刻卷云纹羽翼，神秘、祥瑞之感跃然天地间。唐代陵墓前设置天马当以恭陵为首。石人 3 对，高 2.73 ~ 3.3 米，衣冠服饰与武则天母亲杨氏顺陵的石人大体相同。石人头戴平巾帻冠，身穿宽袖袍，腰束宽带，足蹬云头靴，双手握剑举于胸前，挺胸侍立于仰覆莲花座上，其下为方形基座。从装束来看，似为中郎将之职。石立狮 1 对，左右分置。两狮皆面南而立，略呈奔跃之态。东边雄狮高 2.64 米，狮头较大，昂首前视，小耳，犬齿外露，下颚三绺须毛，颈后鬃毛卷曲成螺状，胸肌丰健，前肢略直立，后肢略屈作前驱状，两腿间有明显的性别标志，长尾向右甩出至腹部，四肢与石板相连，腹下镂空。西边雌狮高 2.4 米，形体与雄狮基本相同，唯长尾向左甩出，腿间无性别标志。帝陵四门置石狮亦始于恭陵。

石刻东排第一、二石人之间，即唐高宗李治亲书之孝敬皇帝睿德纪碑。碑文楷书，自右至左竖排 33 行，每行 82 ~ 89 字不等，全文 2000 余字。由于年代久远，碑文大部分已漫漶不清。碑文内容在《全唐文》《金石萃编》等文献中录有大约 1700 字。孝敬皇帝睿德纪碑有重要的历史价值和较高的书法艺术价值。

唐恭陵于 1963 年被河南省政府公布为第一批重点文物保护单位，2001 年被国务院列入第五批全国重点文物保护单位。唐恭陵是我国唐代陵墓群中保存最好的一座，也是中原地区规模最大的一座唐代帝陵。

◀ 图 2-33　唐孝敬皇帝（太子）李弘恭陵

九 北宋皇陵

960年，赵匡胤在陈桥驿黄袍加身，建立宋朝，都东京（今河南开封），史称北宋。北宋政治相对开明，商业活跃，国富民丰。但由于帝王耽于享乐，导致富而积弱，军力不振，在与西夏、辽、金等国的争斗中屡屡败北，反要向其纳贡。最终于靖康二年（1127年）发生靖康之耻，徽宗、钦宗被掳至北域金地。康王赵构渡江而南，于临安（今浙江杭州）复国，为宋高宗，史称南宋，于1279年灭亡。

北宋帝陵位于河南巩义市嵩山、洛河间丘陵上，陵区以芝田镇（宋永安县治）为中心，南北约15千米，东西约10千米。北宋9位皇帝，除徽、钦二宗被金人掳走死于异乡之外，其余7帝均葬于此，加上赵匡胤之父赵弘殷的墓由开封迁于此，所以人们称陵墓群为“七帝八陵”。依次为西村陵区的宣祖赵弘殷永安陵、太祖赵匡胤永昌陵、太宗赵炅永熙陵，蔡庄陵区的真宗赵恒永定陵，孝义陵区的仁宗赵祯永昭陵、英宗赵曙永厚陵，八陵陵区的神宗赵顼永裕陵、哲宗赵煦永泰陵。由于宋代靖康、建炎年间遭金兵破坏，元代时陵区地面建筑全部被毁。附葬皇后墓20多座，并有宗室及王公大臣陪葬墓100多座。陪葬墓中最著名者，当属真宗赵恒永定陵北域内陪葬着的寇准、包拯等大臣墓。

宋陵开创了集中设置皇家陵区的先河，一个王朝的所有皇帝都葬在一处，反映了人间礼仪，体现了尊卑有序、等级森严的皇家秩序，形成了理论严谨、独具特征的皇家丧葬文化。北宋皇陵的诸帝陵园建制统一，平面布局相同，皆坐北朝南，分别由上宫、宫城、地宫、下宫4部分组成，围绕陵园建筑有寺院、庙宇和行宫等，苍松翠柏，肃穆幽静。这些都为此后明清皇陵建设布局所继承并发扬。

北宋帝陵最大的特色是一反历代帝陵或居高临下或居山面河的传统，它面嵩山而背洛水。陵区内的帝后陵中轴线皆北偏西6度左右，皇陵中心芝田位于洛河北岸，南面正对嵩山主峰少室山，东为青龙山，皆高峻挺拔，群峰绵亘。受到堪舆学说的影响，当时人认为赵姓在五音学中属角，利于丙壬方向，“吉方则要山高水来”。因此，诸陵地面皆为南高北低，由鹊台到置陵台逐渐斜降，从而一反此前帝陵常态，把作为陵园中心建筑的陵台置于最低处，这是宋陵建筑的一大特点。

宋陵平面布局基本一致，由南向北依次为鹊台、乳门、华表、石像生、陵台、后陵和下宫。每陵皆有兆域、上宫和下宫。兆域，或称茔域，四周植荆棘等为标记。兆域内除皇陵之外，还有附葬的皇后陵以及宗室子孙和当朝重臣的陪葬墓。上宫，即陵台四面所筑陵垣以内部分。陵台居上宫中心，夯土筑成覆斗形，周以宫墙，四面各留一神门，四隅有角阙，东、北、西3门之外，各置石雕蹲狮1对。南门系正门，门道内置石雕宫人1对，门外置石雕武士、奔狮各1对。南为神道石刻，夹神道建鹊台、乳台各1对。乳台以北为列石，自南而北依次为望柱、象及驯象人、瑞禽、甪端、仗马及控马官、虎、羊、客使、武臣、文臣等，共计60件（如图2-34）。特别值得一提的

图2-34 宋陵神道石刻

是，宋陵的尺寸和石刻数目是整齐划一的，这是宋代帝陵的又一特点。后陵在帝陵之西北，规模仅及帝陵的一半，下宫在帝陵西北，位于后陵前或后，为日常奉飨之所。

宋陵石刻摆脱了传统的神秘色彩，着重反映了当时的世俗生活风貌，具有形神兼备的高超艺术造诣。宋陵石刻数量众多且保存完好，仅帝后陵现存的就有550多件。加上陪葬的亲王、大臣墓中的石刻，总数达千件以上。宋陵石刻造型浑厚，表现手法细腻，生活气息浓厚，例如华表纹饰和人物的冠履服饰等均精心刻画，别有一番韵味。但较之以唐陵神态生动、气势雄伟的石刻，宋陵石刻力感稍差，气魄不大，这与唐宋两代的政治气度和社会风气完全吻合。在突出写实且刻画细腻的石刻作品中，宫人双肩瘦削，束发簪珥，把女性的特征刻画得惟妙惟肖；内侍体态微胖，神情拘谨，手执体现其身份的球仗和拂尘；武士身躯高大，形象勇猛，或拄剑肃立，或手执斧钺；文臣执笏在前，武臣拄剑在后，反映了北宋抑武扬文的官制序班；石虎尊严而高贵，石羊柔顺而淑美；华表（望柱）为方基莲花座，六棱或八棱柱身，柱顶为合瓣莲花。帝陵柱身为缠枝牡丹云龙纹，后陵柱身为翔凤纹，线条流畅，结构谨严，均是难得的雕刻艺术珍品。

永熙、永定、永裕三陵的奔狮（如图2–35）是宋陵石刻中最成功的作品。它们披鬃卷尾，昂首举步，神态豪迈而庄严。人物造像中的精品，当属驯象人和客使，以面貌和服饰特征表现人物不同的民族和身份。永定、永裕、永泰三陵的驯象人长发卷曲及肩，以带束发，额饰宝珠，臂有钏，腕有镯，戴大耳环，面目服装各异，他们手捧宝瓶、珊瑚、莲花盘、犀角、玉函等方物，说明来自不同的国家和地区。人物形象初期（永安、永昌、永熙、永定四陵）较粗壮，中晚期瑞兽图案腹部增饰云朵及水波纹，着意渲染其神秘色彩。

永熙陵三座祔葬后陵中最南的一陵，疑为元德皇后李氏陵，早年被盗，1984年被发掘。玄室为近圆形的多边形，砖砌仿木结构，

图 2-35 奔狮石刻

穹隆顶，顶涂青灰色苍穹，其上以白粉绘出银河及星辰。周壁绘建筑、云朵等彩画，可辨认的具体建筑形式有版门、直棂窗、挟屋、四注屋顶和鸱尾等。

宋陵在 1982 年已被国务院列为全国重点文物保护单位，地面现存有陵台和阙台等基址，神道石刻保存较好，具有很强的观赏性。经过不断地修葺和大遗址的保护建设，中州大地又一处旅游胜地已经展示在人们的面前。

附：南宋皇陵

南宋的建立以靖康之耻、二帝北掳为标志，由康王赵构渡江而南立国，都临安（今杭州）。此事不堪回首，因此，偏安江南的南宋似乎除了秦桧之流构陷岳飞的千古奇案外，其余 150 余年的历史都好像被人们有意无意地淡忘了。与此类似，南宋皇陵几经沧桑，已不被人们提起。南宋皇陵位于绍兴市富盛镇的宝山南麓，陵区包括宋高宗赵构及皇后永思陵、宋孝宗赵昚及皇后永阜陵、宋光宗赵惇永崇陵、宋宁宗赵扩永茂陵、宋理宗赵昀永穆陵、宋度宗赵禥永绍陵六帝后陵寝，故又称宋六陵。实际上陵区还有北宋徽宗赵佶永佑陵、宋钦宗赵桓永献陵、宋哲宗后陵等。诸陵次序早已不清，清末至今虽多有研究，但尚无定论。皇陵区东傍青龙山，南接紫云山，西依五虎岭，北靠雾连山，构成左青龙、右白虎、前朱雀、后玄武

的风水景观，地势东南略低，西北稍高，有溪水环绕。整个陵区山水交融，风景如画。每座陵寝均设上宫、下宫，功能齐备，结构完善。以高宗永思陵为例，据宋人周必大著《思陵录》记载，永思陵分为上、下宫。下宫由外篱门、棂星门、围墙、殿门、大窑子、献殿等构成。南宋皇陵建于绍兴，最初只是权宜之计，孟太后暂厝宝山有“愤激三军之心，不绝中原之望”的功用，而且孟太后、宋高宗等有遗诏要求葬事不要奢华。江南繁华地，苏杭温柔乡，南宋王朝几乎没有一个皇帝是真心想收复中原、重返汴京的。因此，所谓攒宫也只是政治上的“烟幕弹”，掩人耳目。又所谓薄葬也是政治套路而已，历史盗掘者收获颇丰即是明证。

富盛镇董家堰通攒宫之河，为去宋六陵的主要水道，南宋时称御河。彼时从绍兴府经御河到宋六陵，有三十里水路。沿御河架五座陵桥，依次为拱陵桥、延陵桥、护陵桥、金陵桥、五陵桥，是南宋至清朝赵氏亲族每年祭祀的主要御道。

宋六陵历经劫难，元世祖至元二十二年（1285 年），江南释教都总统杨琏真加即率人公开盗掘宋六陵，破椁裂棺，窃取随葬珍宝无数。据说，时山阴义士唐珏等人事先获悉，潜入陵墓以他骨偷换陵中遗骸，做标记于石函，迁葬在绍兴兰渚山天章寺前，唯理宗颅骨巨大，不敢调换。明太祖朱元璋下诏将流失在北方的理宗颅骨和其余诸陵归葬旧陵，重新立碑植树，绕以墙垣。至清后期，陵已荒芜。20 世纪 50 年代，六陵中只有孝宗陵、理宗陵尚存享殿三间，缭以周垣，其余仅存墓冢、墓碑、祭桌。20 世纪 60 年代，墓冢更被铲平，墓碑、祭桌被移作他用。1970 年以后，此地被垦为茶园，地面建筑尽毁，现陵区尚有部分墓冢石及作为六陵标志的 200 余棵古松，陵区环境依然保持当年风貌。

通过近些年的遥感测绘及考古调查，发现宋六陵地下建筑保存较为丰富。宋六陵作为江南最大的皇陵陵寝遗址群，有其丰富的文化内涵和独特的文物、旅游价值。

十 成吉思汗陵

元太祖成吉思汗，名铁木真，是古代蒙古族首领。12 世纪末 13 世纪初，他南征北战，统一了蒙古各部。又率蒙古铁骑东征西讨，建立了横跨欧亚的庞大帝国。

成吉思汗陵，简称成陵，是蒙古帝国第一代大汗成吉思汗的衣冠冢，位于今内蒙古自治区鄂尔多斯市伊金霍洛旗的广袤草原上，距鄂尔多斯市区约 40 千米。相传，700 多年前，赫赫威武的成吉思汗率兵西征，途经鄂尔多斯草原，为这里迷人的景色所陶醉，正当他高兴得手舞足蹈的时候，马鞭忽然莫名坠地，他心生不祥预感，沉思许久，止马不前，充满赞美之情而无奈地说："我看这里很美，死后就把我葬在这里吧。"1227 年，成吉思汗率兵攻西夏，遭遇顽强抵抗，不幸中箭后病逝于军中。遗体由其属下千里迢迢运到鄂尔多斯草原安葬。从此，人们便称此地为"伊金霍洛"，汉语的意思为"主人的陵园"。由于蒙古族盛行"密葬"，所以真正的成吉思汗陵的具体位置究竟在何处一直是个谜。现今的成吉思汗陵亦经过多次迁移，直到 1954 年才由青海的塔尔寺迁回故地伊金霍洛旗。1982 年，成吉思汗陵被国务院列为全国重点文物保护单位，紧邻的成吉思汗陵旅游区为 AAAAA 级景区。

从蒙古族人的心理来说，成吉思汗陵是圣地，是全体蒙古族人的"总神祇"。它已经根植于每一个蒙古族人的内心深处，成为蒙古民族文化中不可或缺的组成部分。成吉思汗和他的子孙前仆后继，统一蒙古高原，进而统一全中国，结束了中国自唐末以来四百多年长期分裂战乱的局面，建立了疆域空前辽阔的元朝，基本奠定了今

天中国的版图。正因如此，成吉思汗陵作为纪念成吉思汗的标志，不但象征着蒙古民族的统一，而且标志着中国的长久统一。

对于“陵”的概念，蒙古族与汉族的理解不同。“陵”在古汉语里的意思是“大土山”，由于古代帝王的陵墓在外观上是类似“大土山”的凸起物，故名。而蒙古族所谓的“陵”，则“平如平地”，是一种更高境界的追求。蒙古皇族下葬后，先用几百匹战马将墓上的地表踏平，再在上面种草植树，而后派人长期守陵，一直到地表不露任何痕迹方可离开，知情者则会遭到杀戮。传说成吉思汗下葬时，为保密起见，曾经以上万匹战马在下葬处踏实土地，并以一棵独立的树作为墓碑。这也说明了蒙古族丧葬习俗的一个特点是他们并不追求外在意义上的高大雄伟，更渴望与自然的和谐统一。巴音昌霍格草原占地约 30 平方千米，是基本没有遭到人为破坏的原始寸草滩。这里过去是成吉思汗陵寝的禁地，常年流淌着传说中的成吉思汗灵车陷住而喷出的陶高布拉克圣泉。

成吉思汗陵原为全体蒙古民众供奉的“总神祇”——八白宫（室），即八座白色的毡帐，是供奉祭祀的地方，而不是埋葬金身之地。1227 年成吉思汗去世后，始建于鄂尔多斯的祭灵白室起初一直处于隐蔽状态。清顺治六年（1649 年），成吉思汗后裔将八白宫从黄河南岸的伊克昭迁移至郡王旗，安奉在巴音昌霍格河畔的草地上。从此以后，外界便称呼八白宫为“成吉思汗陵寝”。成陵在抗战期间曾数次迁移，至 1949 年将成吉思汗灵柩移往青海省塔尔寺，是成陵西迁的最后一站。1953 年，成陵从青海塔尔寺迁回伊金霍洛旗，并兴建成吉思汗陵园，1956 年陵园落成，并将成吉思汗及几位夫人灵柩安放在陵宫内，遂形成了今天的成吉思汗陵。

成陵陵园占地面积约 55000 平方米，主体建筑由三座蒙古包式的大殿和与之相连的廊房组成，建筑雄伟，寓意辽阔，具有浓厚的蒙古民族风格。

成吉思汗铜像广场象征苍天大地恩赐于世间的博大的福禄。高大的成吉思汗出征铜像，再现了这个崛起于马背上的伟人震撼山河

图 2-36　成吉思汗陵气壮山河门

的气度。铜像高 6.6 米，广场直径 66 米，寓意成吉思汗寿年。成吉思汗陵园门牌楼——气壮山河门（如图 2-36），是进入成吉思汗陵园的标志，绿草中立起的乳白色毡帐，状若铭记历史伟人业绩的气势雄浑的丰碑。牌坊式大门上端悬挂着国家原副主席乌兰夫题写的“成吉思汗陵”石雕牌匾，显得格外庄重。门景造型呈“山”字形，犹如巨大巅峰至顶劈开，高耸的成吉思汗跃马雕像腾空而出，顶天立地，矗立中央，东西山峰凿刻出门景造型，凝实厚重，寓意深刻，气壮山河，故名气壮山河门景区。

陵宫（如图 2-37）是成陵的主体，由三个蒙古包式的宫殿一字排开构成。三殿之间有走廊连接，在三个蒙古包式宫殿的圆顶上，金黄色的琉璃瓦在灿烂的阳光照射下，熠熠闪光。圆顶上部有用蓝色琉璃瓦砌成的云头花，即是蒙古民族所崇尚的颜色和图案。中间正殿高达 26 米，平面呈八角形，重檐蒙古包式穹庐顶，上覆黄色琉璃瓦，房檐则为蓝色琉璃瓦。东西两殿为不等边八角形单檐蒙古包式穹庐顶，亦覆以黄色琉璃瓦，高 23 米。整个陵园的造型，犹如展翅欲飞的雄鹰，极显蒙古民族独特的艺术风范。

成陵陵宫是祭祀成吉思汗的圣地，其建筑保留了成吉思汗八白宫的形状特点，成为蒙古民族的代表性建筑。在正殿的东西廊中有

图 2-37 成吉思汗陵陵宫

大型壁画，主要描绘了成吉思汗出生、统一蒙古各部、西征、东征、遇难等重大历史事件。壁画还表现了成吉思汗的孙子忽必烈统一中国，定都北京，于 1271 年正式定国号为元，并追封成吉思汗为元太祖的盛况。

正殿正中摆放的成吉思汗雕像，高 5 米，成吉思汗身着盔甲战袍，腰佩宝剑，相貌英武，端坐在大殿中央。塑像背后的弧形背景是“四大汗国”疆图，标示着 700 多年前成吉思汗统率大军南进中原，西进中亚和欧洲的显赫战绩。后殿为寝宫，安放四个黄缎罩着的灵包，包内分别供奉成吉思汗和他的三位夫人的灵柩，灵包的前面摆着一个大供台，台上放置着香炉和酥油灯。这里还摆放成吉思汗生前用过的马鞍等珍贵文物。东殿安放着成吉思汗的第四子拖雷（元世祖忽必烈之父）及其夫人的灵柩——自窝阔台及其长子之后，蒙古族皇帝都是拖雷的子孙，所以其地位极为显赫。西殿供奉着象征九员大将的九面旗帜和“苏鲁锭”。苏鲁锭即为大旗上的

铁矛头，成吉思汗南征北战中，用它指挥过千军万马，传说成吉思汗死后，其灵魂便附于其上，因此在蒙古族人民的心目中，苏鲁锭是十分神圣的。

雕刻蒙古民族图案的汉白玉苏勒德祭坛（如图 2–38）是供奉成吉思汗战神的地方。以一柄主苏勒德和四柄陪苏勒德组成的“哈日苏勒德”是成吉思汗所向无敌的战神，平安吉祥的保护神，是成吉思汗勇往直前精神和压倒一切邪恶力量的象征。

成吉思汗陵宫大院东南、西南两角，有两座碑亭，亭里立着高大的石碑。碑亭为八柱、双层檐、琉璃瓦顶，是典型的中华民族亭阁建筑。亭里竖立着高大的石碑，碑座为巨大的石龟。其中一座为“成吉思汗”碑，另一座为“成吉思汗陵”碑。用蒙汉两种文字雕刻的碑文，概括地介绍了成吉思汗的戎马生涯和成吉思汗陵几个世纪变迁的历史。

成吉思汗陵园建立后，每年农历三月二十一的查干苏鲁克大祭（祭天仪式）都在这里举行。蒙古族崇拜苍天，认为主宰人间一切的天是由九十九个天组成的。据传，成吉思汗当年曾以九十九匹白骒马之乳洒祭苍天。九十九级台阶，是吉祥福禄的象征，从远望去，

图 2–38　成吉思汗陵祭坛

又似永不停息的河水，寓意着成吉思汗缔造的“蒙古”这一“永恒的河”源远流长，永世长存。

在成吉思汗陵园以南1千米的宝日陶劳盖北坡、成吉思汗圣道中央有一块保护遗址，这就是成吉思汗陵旧址。成吉思汗八白宫和苏勒德分别供奉于鄂尔多斯几个旗后，供奉成吉思汗宫帐的伊金霍洛被称为“大伊金霍洛”。1954年重建了成吉思汗陵，将祭祀成吉思汗的宫帐与八白宫迁至金碧辉煌、富丽堂皇的陵宫。为了纪念供奉成吉思汗宫帐长达307年的遗址，便立了“大伊金霍洛遗址”碑，进行保护。

成陵有专门的守陵部落即蒙古族中的达尔扈特人，其称呼源于忽必烈时期。达尔扈特是蒙古语，意思是“担负神圣使命的人”。迄今为止，达尔扈特人已经忠诚地为成吉思汗守陵八百年以上。

祭成吉思汗陵是蒙古族最隆重、最庄严的祭祀活动，简称祭成陵。蒙古族祭奠成吉思汗的习俗，最早始于窝阔台时代，到忽必烈时代正式规定祭奠成吉思汗先祖的各种祭礼，祭祀礼仪日臻完善。现今鄂尔多斯伊金霍洛的成陵祭典，即沿袭古代传说的祭礼。成吉思汗祭祀一般分平日祭、月祭和季祭，都有固定的日期。专项祭奠一年举行六十多次。祭品齐全，皆供整羊、圣酒和各种奶食品，并举行隆重的祭奠仪式。

征战一生的成吉思汗在这庄严肃穆的陵园内永远地安息着。在面临日益严重的干旱沙化威胁的鄂尔多斯高原，成吉思汗陵所在的伊金霍洛旗还较多地保存着水草肥美的草原风貌。拜谒成吉思汗陵，你可以看到湛蓝的天、洁白的云、碧绿的草。美丽的蒙古族少女会以动人的微笑、优美的舞蹈、悦耳的歌声欢迎你。在这里，你可以穿上古代蒙古勇士的战袍，提刀跃马，在成吉思汗当年征战过的草原上飞驰；你也可以和伙伴们点起一堆篝火，以奶茶、美酒和歌舞陶醉自己，度过一个不眠之夜。当你离开这里时，你定会觉得自己平添了几分豁达、爽朗的豪情和几分坚毅、果敢的勇气，这是成吉思汗在天之灵赐予你的宝贵财富。

十一　明代帝陵

从明太祖朱元璋推翻元朝统治，建元洪武（1368 年），到崇祯十七年（1644 年）李自成入京、崇祯吊死煤山止，明朝的统治时间长达 277 年之久，其间经历了 16 位皇帝，太祖朱元璋建都南京，成祖朱棣迁都北京。其中，除惠帝朱允炆因“靖难之役”下落不明，没有营建陵园外，其余 15 帝都依帝制建造了陵园。

太祖朱元璋建都南京，其陵即位于南京钟山脚下，称孝陵；景泰皇帝朱祁钰，因英宗复辟遇害，初以王礼葬于金山，成化年间恢复帝号，始将王坟稍扩其制，改为帝陵，称景泰帝陵；其余 13 位皇帝均葬于北京昌平的天寿山一带，统称明十三陵。此外，明代还有生前没有当过皇帝，死后被追尊为帝的，也营建了陵园。朱元璋的父亲朱五四（朱世珍），被朱元璋追尊为仁祖淳皇帝，就安徽凤阳原墓建为皇陵；朱元璋的祖父朱初一，被追尊为熙祖裕皇帝，曾祖朱四九，被追尊为懿祖恒皇帝，高祖父朱百六，被追尊为德祖玄皇帝，因德、懿二祖葬址不详，遂就江苏盱眙熙祖原葬处建陵葬三祖帝后衣冠，陵名祖陵；因武宗无子嗣而以宗侄继位的嘉靖皇帝朱厚熜的父亲朱祐杬原为兴献王，朱厚熜入继大统后，追尊其父为睿宗献皇帝，旧有湖北钟祥市王坟改称显陵，并按天寿山陵进行了改建。

明孝陵在建制和布局上有新的发展和创新。所创的明楼，改方坟为圆坟，外建圆形宝城，把唐宋时帝王陵寝设上下二宫的制度合二为一，自陵门以内到神厨、神库、殿门、享殿和东西庑，平面作长方形。这对以后明代诸陵和清陵有重要影响。

十三陵是多陵共处一区，位于京郊，形成了集中的、具有完整体系的帝王陵寝区，历史悠久，谱系清晰，气势宏伟，保存完好，具有较高的历史和文物价值，更是京冀旅游不可或缺的招牌景点。

（一）明祖陵

明祖陵（如图 2–39）是明朝开国皇帝明太祖朱元璋之高祖、曾祖、祖父的衣冠冢及祖父的实际葬地，位于今江苏盱眙县明祖陵镇，距盱眙县城 20 千米左右。朱元璋登基后，为光宗耀祖，追尊其高祖朱百六为玄皇帝，曾祖朱四九为恒皇帝，祖父朱初一为裕皇帝，并于洪武十九年（1386 年）修建祖陵，追封并重葬三代帝后，次年在陵前建享殿，直到成祖朱棣永乐十一年（1413 年）才全部

图 2–39 江苏盱眙明祖陵

建成。

明祖陵的修建，前后历时近 30 年，营建时间之长、体制之宏伟，在诸代明陵中名列前茅。其陵枕岗临淮，基本仿唐宋帝陵的规制，但已废止了唐宋诸陵的上下宫制，显得更加紧凑。祖陵原有殿庶、金门、玉桥等全套明代帝陵建筑，栽植柏树万株。陵前神道两侧，共有 21 对石像生，自北向南排列在 850 米长的中轴线上。石刻体形硕大、雕琢精细，其中最大者重达 20 多吨。计有麒麟 2 对、石狮 6 对、神道石柱 2 对、马倌 2 对、石马 1 对、控马侍卫 1 对、文臣 3 对、武将 2 对、内侍 2 对。这些石刻规模宏伟，技艺高超，

线条流畅，整体风格既不同于凤阳明皇陵，也不同于南京明孝陵和北京十三陵，倒与宋陵石刻的风貌相近。明祖陵石像生的精美与规模不亚于任何一座明代帝陵。为首的是2对低首侧身的内侍臣，接着是2对手按宝剑、气宇轩昂的武将和3对手持牙笏的文臣，文官头戴乌纱，身着蟒袍，腰扎玉带，脚蹬朝靴，胡须垂胸，相貌堂堂；武官穿甲戴盔，手按宝剑，双目圆瞪，威风凛凛。走近细看，不仅狮子嘴上、马嘴上的细毛根根可数，甚至连马镫上的一扣一环也都清清楚楚。

明祖陵不在高山大阜之侧，而是在有“九岗十八洼”之称的丘岗之地，洪泽湖西畔的淮河入湖处（明代属安徽凤阳府管辖）。清康熙十九年（1680年），黄河夺淮，明祖陵被淹没于洪泽湖底。直到1963年，洪泽湖水位下降，明祖陵遗址才逐渐露出水面，其中即有倒在泥水中的20对石像生。大水塘下隐约露出的几个拱形门，即为墓穴，这是衣冠冢。朱元璋祖父母葬在离此不远的高埂上，当年修建陵墓时，朱元璋不敢移动其祖尸骨，怕挑断龙脉，坏了风水，因此只是在旁边造了衣冠冢。

自20世纪70年代开始，明祖陵几经修复，现周围已筑起2700米的防洪大堤，把陵墓从湖水中隔出，四周栽上了松柏、水杉、梧桐等6万余株树木。21对高达丈余的大型石像生，已全部复位并修整一新，整齐地屹立在神道两旁，恢复了当年的风姿。沉没在洪泽湖中300余载的文物瑰宝重见天日，明祖陵成为一处游览胜地。

（二）明皇陵

明皇陵是明太祖朱元璋父母的陵墓，位于安徽凤阳县城南7千米处。初建于元至正二十六年（1366年），明洪武二年（1369年）后又进行了两次大规模修建，明洪武十二年（1379年）竣工。陵园占地两万亩，有城垣三重，周长14千米。皇陵的三道城中轴线两旁，建有不少用于祭祀、护卫、居住的建筑，形成规模宏大、森严壮观的皇陵建筑群。陵墓是椭圆形覆斗式大平顶，高出周围地面5米。陵前北部的金水桥向北，有长257米的神道，两旁对称排列着雕琢精美的32对石像生。自北而南依次排列的石刻有：独角兽卧像2对，石狮蹲像8对，石华表2对，马倌、石马与控马者立像6对，石虎立像4对（现缺1对），石羊卧像4对，文臣立像2对，武将立像2对，内侍立像2对。这些石像生是目前所知明代最早、数量最多、刻工最精细的皇家陵园石刻，具有很高的石刻艺术价值。神道南端紧连金水桥，桥南侧东西两边各竖立一块大碑，东为无字碑，西为皇陵碑。两碑尺寸相同，规格一致，均高6.87米，分别由螭龙碑首、碑身、龟趺三部分组成。皇陵碑碑首四周浮雕六条大螭，中下部篆书“大明皇陵之碑”，下为云朵图案。碑文系朱元璋亲撰，记述了他自己艰辛的身世、戎马生涯和建立大明江山的全过程，阐明昌运兴盛的道理，全文1105字，文字通俗易懂，感情丰富，脍炙人口。

明皇陵（如图2-40）最为珍贵者即为超越皇陵约定规制数额的32对精美石像生，和朱元璋亲撰直述生平的碑文的皇陵碑。由于这两项重要文物的历史价值和美学价值，明皇陵遗址成为一处颇具游览价值的人文景观。游览明皇陵先到内城墙，中间一座城楼，左中右三个城门。进了内城即是神道，两旁是或卧或立的石像生，由北向南依次排开。各石像生俱有寓意，如麒麟，取避邪除秽之意；狮子，取威震四方之意；望柱（华表），用意在取民心、得民意，天下太

图2-40 安徽凤阳明皇陵

平；石虎，兽中之王，取威严之意；石羊，羔羊跪乳，表孝顺意；宦官，按事死如事生的礼制，在另一个世界里继续侍奉皇帝；等等。石像生总共 32 对，超越盛唐皇陵前石像生为 18 对的约定规制，成为中国皇家陵园中数量最多的神道石像生。之所以取此数，可能是朱元璋以其父寿“六十有四”（六十四乃三十二对）为据建造。朱元璋甫一登基，即下令修造皇陵，数年以后重修时更亲自写了碑文，认为原有碑文“皆儒臣粉饰之言，恐不足为后世子孙戒”。碑刻虽遭过破坏，局部漫漶，但绝大部分尚可辨认。碑文记述了朱元璋幼时“天灾流行”，父母兄长相继而亡，无法安葬，幸亏“田主伊兄”慷慨，资助掩埋。之后好心的邻居汪母“为我筹量，遣子相送”，遂当了和尚“出入僧房”。然不久“寺主封仓，众各为计”，朱元璋只好过起流浪乞讨生活，境遇十分凄凉，“西风鹤唳，俄淅沥以飞霜，身如蓬逐风而不止，心滚滚乎沸汤，一浮云乎三载”。后来加入红巾军，因才能出众，渐自成军，于是自立山头，东渡长江，占领建业（南京）。据此亲率兵马，征战楚湘，最后攻占元都北京，一统天下，于是“倚金陵而定鼎”，毕其功于一役，于南京建立了大明王朝。乃立碑作文“泪笔以述难，谕嗣以抚昌”，教育后代知道创业来之不易，以固其朱明江山。碑文为典型的朱氏文风，似文非文，似白非白，四六排句，声韵尚佳，一气呵成，乃由衷而发，情致而语，远胜腐儒歌功颂德之堆砌辞藻的无病呻吟之作。历代皇帝书碑、立碑者也不乏其人，但一个开国皇帝在碑文中不加掩饰，真情直陈，如此坦诚地披露自己的卑微身世，痛述从乞丐到皇帝的跌宕人生，实空前绝后之作（参见孙祥宽《凤阳明皇陵及其石刻研究》，《东南文化》1991 年第 2 期）。

1982 年明中都皇故城及皇陵石刻被国务院列为第二批全国重点文物保护单位，并以明清皇陵扩展项目录入世界文化遗产，现更成为安徽省第二条访古国际旅游线上的重要游览点。

（三）明孝陵

“帝业消沉，留得孝陵空葱郁。石像巍峨，胜地重游溯前史。”

这是后人游览明孝陵时留下的一副对联。明孝陵是明太祖朱元璋和皇后马氏的合葬墓，是朱元璋在南京城留下的一组宏大建筑。

明孝陵，位于紫金山南麓独龙阜玩珠峰下。独龙阜北依钟山主峰，阜高 150 米，泉壑幽深，紫气蒸腾，云霭山色，朝夕多变，自古就有“此地多奇岭，千云非一状”的美誉。孝陵建于洪武十四年（1381 年），洪武十五年（1382 年）第一期工程完工，其附属工程一直延续到永乐三年（1405 年）。孝陵之名，取意于谥法中的“孝”字，有“以孝治天下”之意。一说马皇后谥“孝慈”，故名。孝陵面积宏大，占地长达 22.5 千米，围墙内享殿巍峨，楼阁壮丽。陵内植松 10 万株，养鹿千头，每鹿颈间挂有“盗宰者抵死”的银牌。为保卫孝陵，内设神宫监，外设孝陵卫。清康熙、乾隆帝南巡时，都曾亲往谒陵，还特设守陵监 2 员，40 陵户，拨给司香田若干。清咸丰三年（1853 年），孝陵地区成了太平军和清军对峙的重要战场，地面木结构建筑几乎全毁。现存神烈山碑、禁约碑、下马坊、大金门、四方城及神功圣德碑、石翁仲、大石桥、宝城、墓及清末所建碑亭、享殿等。

明孝陵的建筑可分为引导建筑的神道和陵寝两大部分。下马坊即孝陵入口处，是陵城的起点，上刻“诸司官员下马”六字。谒陵的文武官员由此出轿下马步行，它是陵寝威严的标志。下马坊旁有明崇祯十四年（1641 年）立的禁约碑，重申严格保护孝陵的条例，违者立即处死。

禁约碑向东北行约 500 米，过明孝陵第一道大红门，即正门大金门，到四方城，四周围墙，形如壁垒。城内有一高大碑亭峙立，这就是孝陵碑亭。亭内有永乐三年（1405 年）明成祖朱棣为其父明太祖朱元璋立的“大明孝陵神功圣德碑”一通，螭首龟趺，通高 8.87 米，石碑高耸，碑文正楷，洋洋 2700 余字，字大如拳，历述明太祖一生功德，是南京地区地面现存石碑中最大的一通。明成祖为立此碑，曾命人在南京麒麟门外阳山开辟巨材，如今此碑虽已堪称碑林之中巍巍巨制，但它的体积却仍只是阳山碑材的五十分之一。

越碑亭，过御河桥，就是通向陵墓的平坦宽阔的孝陵神道（如图 2–41），今称石像路。神道两侧，自东向西依次排列着狮、獬豸、骆驼、象、麒麟、马6种石兽，各2对，每种石兽2立2蹲，共12对24座，逶迤500米余。石兽造型生动，体态壮观，栩栩如生，给皇陵增添了几分庄严、肃穆的气氛。神道又折北，有高大的汉白玉雕云纹望柱（又称华表）1对。继之为巨大的石翁仲4对，2文2武，石翁仲背靠松林，体态高大，恭敬肃立，威武雄壮，神态肃穆。石兽和石翁仲全部用整块石料雕成，威严列队，长达1.5千米，线条粗犷，简约生动，代表明初雕刻艺术的风格，是不可多得的石刻艺术珍品。神路尽处，为棂星门，现存石雕柱础6个。

过棂星门遗址，向东过御河桥就是明孝陵正门，称紫金城大门。有墙垣，由门的左右伸出向北围拢，直将独龙阜围住，孝陵殿、明楼、宝城等主要建筑都在里面。过御碑殿向北就是孝陵的主要地面建筑享殿，即孝陵殿。孝陵殿原为重檐九楹，规模宏伟，石饰精美。现存3层。须弥座台基之上的殿基长67.5米，宽28.5米，有大型柱础56个，从台基的面积和柱础的位置可看出大殿当年的巨大规模。3层殿基上有龙凤纹云柱，绕以石柱，嵌以栏板，雕刻精巧，气象不凡，酷似北京故宫太和殿外之露台石栏。殿前后各出踏跺3道，中央踏跺居中置陛，饰有浮

图 2-41　南京明孝陵神道

雕图案，上陛为“二龙戏珠”，中陛为“日照山河”，下陛为“天马行空”。现存享殿为光绪二十八年（1902 年）在原址上重建的，规模较原殿已大为缩小。殿内挂有明太祖及马皇后像。

出孝陵殿，过御河上之大石桥，就来到明太祖地下宫殿前的最

后一重宏大建筑——全部用巨型条石垒砌而成的方城。城上明楼楼顶已毁，仅存四壁，其后独龙阜下为明太祖地下宫殿“宝城”（如图 2–42），又称宝顶，为一直径约 400 米的圆形土丘，上植松柏，古木葱茏，浓荫蔽日，形胜天然。周围筑围墙，条石基础，依山而就，据传地宫全系按照南京明故宫大内之规模建成，果真如此的话，其规模将是今世又一奇观。

明孝陵神道绵长起伏，石雕序列森严，红墙肃穆回环，隐现于万翠丛中，规模宏伟，堪称陵墓之杰作。孝陵的建筑和布局较前代有所创新，它新创了明楼，改丘为圆坟，外建圆形宝城，神道依山势回转，这些均为孝陵特有设计。此外还将唐、宋诸陵寝上、下

图 2-42 明孝陵宝城

二宫制合二为一，自陵门以内到神厨、神库、殿门、享殿，与东西庑纳入平面长方形的方城之中，对后世的明清陵墓有明显的影响。孝陵还殉葬宫人 10 余名，从葬嫔妃 46 人，消失千年的血腥的葬俗人殉沉渣泛起。孝陵至今已历 600 多年，虽经清初和咸丰年间多次兵火破坏，地面建筑横遭洗劫，但其劫后的遗存仍气势恢宏，蔚为壮观。1961 年，明孝陵被国务院列为全国重点文物保护单位，1982 年，被列为国家重点风景名胜区。作为世界文化遗产明清皇家陵寝的重要组成部分，孝陵与位于其北的中山陵一起早已成为南京最著名旅游风景区。

（四）明显陵

明显陵是明世宗嘉靖皇帝的父亲恭睿献皇帝朱祐杬、母亲慈孝献皇后的合葬墓，位于湖北省钟祥市城东北 5 千米的纯德山上，始建于明正德十四年（1519 年），迄于明嘉靖四十五年（1566 年），历时 47 年建成。明显陵由王墓改造而来，是中南地区唯一的明代帝陵，占地面积达 183 公顷，是明代帝陵中单体面积最大的皇陵。其规划布局和建筑手法独特，在明代帝陵规制中具有承上启下的作用，尤其是“一陵两冢”的陵寝结构，在历代帝王陵墓中绝无仅有。

朱祐杬为明宪宗朱见深第四子，死于明武宗正德十四年（1519 年），当时皇帝明武宗朱厚照赐谥为“献”，在松林山选定吉地，按亲王规制于翌年安葬。但武宗朱厚照死后无嗣，群臣商议后迎武宗堂弟朱厚熜入继大统，是为明世宗，即嘉靖皇帝。朱厚熜在位后期，只求长生不老，朝政尽委权臣严嵩。又不顾朝臣反对，自立统嗣体系，追尊生父朱祐杬为献皇帝，追尊庙号为“睿宗”。朱祐杬原有的兴献王坟也相应按帝陵规制升级改建。嘉靖三年（1524 年），王坟正式更名为显陵。按朱厚熜钦定图式兴建新的玄宫，并用一座称为“瑶台”的高大砖石平台，将新旧宝城串联起来，形成了明代帝陵中前所未有的特殊格局，且两个宝城都建有一套月牙

图 2-43　湖北钟祥明显陵

城和琉璃影壁，并有独立的排水系统，这是显陵最为独特之处。嘉靖六年（1527 年），朱厚熜“命修显陵如天寿山七陵之制”，修葺宝城、宝顶并重建享殿，增建方城明楼、睿功圣德碑楼、大红门，并在龙凤门前的神路两侧建置瞭望柱和 12 对石像生等，开始进行大规模的改建。又将松林山敕封为“纯德山”，立碑建亭。嘉靖十七年（1538 年），朱厚熜的生母章圣皇太后病逝，朱厚熜本欲将显陵北迁至北京昌平天寿山长陵西南大峪山下，后又觉风水不妥，于是派人护送母后灵柩南祔，将其同朱祐杬合葬在显陵新玄宫内。直至嘉靖四十五年（1566 年）重修祾恩殿，显陵的建造才最终告竣（如图 2-43）。

明显陵的陵寝部分占地 52 公顷，在这广阔的区域内，所有的山体、水系、林木植被都作为陵寝的构成要素来统一布局和安排。陵区后部的自然山丘为祖山，作为陵寝的依托；两侧的山体作为环护，中间台地安排建筑，九曲河蜿蜒其间；前面山丘为屏山。四面环山构成前朱雀、后玄武、左青龙、右白虎的风水格局，体现了陵制与山水相称的原则。

陵园外罗城依山势而建，蜿蜒起伏，周长 3438 米，有陵门两座，门前左右各立下马碑 1 通，碑上刻字为当朝权臣严嵩手书，门内石板铺成的神道直抵内城，经旧红门越御桥，神道正中鼎建

着高大的睿功圣德碑亭，碑亭设御桥，过桥便是陵区主要的墓饰建筑，当面为汉白玉望柱。内城正门为祾恩门，其后为祾恩殿，祾恩门两侧精美的琉璃影壁，为明代各帝陵所仅见。

茔城分前后两圈城墙，中以瑶台相接，平面形状如哑铃，城墙周设堞垛和以汉白玉雕成的蟠首散水。茔城前砌方形城台，下设券顶甬道，上建明楼。明楼平面呈正方形，楼内置“恭睿献皇帝之陵”碑，两侧列立正德年间为兴献王制作的圹志。城台之前，设石雕五供台和望柱 1 对，柱顶各立獬豸 1 只。九曲御河是明显陵陵区的主要排水设施，始修筑于明嘉靖二年（1523 年），为砖石结构，全长 1687 米，由东北向西南蜿蜒而过，贯通整个陵园。显陵神道长 290 米，一反左右对称和通直的通例，作弯曲状，是为龙形神道。神道两旁，排列着石像生群，有狮子 2 对，獬豸、卧骆驼、卧象、麒麟、立马、卧马各 1 对，文臣、武将各 2 对。

明显陵建成之后，嘉靖帝曾经在农历三月初三率领全朝文武大臣前往祭拜，此后，每年农历的三月初三，守陵人都会组织祭拜活动，这一活动延续至今，成为当地人祭祀先祖、祈求幸福安康的一种纪念活动。1988 年，明显陵被国务院列为全国重点文物保护单位，并进行了全面的修缮维护。2000 年 11 月 30 日，明显陵作为“明清皇家陵寝”的一部分被联合国教科文组织列入世界遗产名录。

（五）景泰陵

景泰陵是明英宗朱祁镇之弟代宗朱祁钰之陵，位于北京市海淀区玉泉山北麓。景泰陵的际遇默默诉说着明中叶一场巨大的政治军事危机和随之而来的残酷宫变。

明第七位皇帝代宗朱祁钰，年号景泰（1450—1457），死后因其兄明英宗朱祁镇之故被废帝号，仅以王礼葬于海淀玉泉山对面金山口，直至明宪宗朱见深即位后始恢复其帝号，又以帝王礼葬之，其陵即景泰陵。

明正统十四年（1449 年），逃亡漠北的元朝残余势力大举进攻明朝，明英宗朱祁镇、司礼监太监王振等，率领文武大臣和几十万京军，亲征入侵的 3 万瓦剌骑兵。然甫一交战，明军几十万人马却不堪一击，在河北省怀来县土木堡全军覆没。王振罪有应得，在乱军中被射杀而亡，英宗朱祁镇也被俘，瓦剌军乘势攻到了北京城下，整个明王朝处于惶惶不可终日之中，此即明史中著名的“土木堡之变”。此时奉命留守北京的郕王朱祁钰在兵部尚书于谦等人的支持和皇太后的授命下，匆匆即位，即明代宗，年号景泰。朱祁钰即位后，迅速调集各地兵马保卫北京，兵部尚书于谦沉着应战，调兵勤王，在德胜门外与瓦剌的统帅也先展开了激战，大破瓦剌的精锐，毙也先弟于炮火之中，也先胜利无望，匆匆退兵。朱祁钰掌权后重用了以兵部尚书于谦为首的贤臣良将，使明王朝出现了短暂的中兴局面。

也先又生离间之计，把已无利用价值的英宗朱祁镇送回了北京。代宗心软，将其软禁于南宫而未杀，只废了太子朱见深，埋下祸根。代宗朱祁钰性格软弱且多病，英宗时刻准备复辟。景泰八年（1457 年），朱祁镇勾结王振旧党曹吉祥、石亨等人，废囚代宗，改元天顺，重新登基，此即所谓“夺门之变”。重登皇位的英宗对病中的景泰帝毫不手软，将其勒死在宫中，同时立即将于谦处死。英宗不复其景泰帝号，只以王礼葬之于金山口。英宗死后，其子朱见深继位，年号成化，朱见深恢复了其叔朱祁钰的帝号，改王陵为帝陵，修筑了明楼、享殿、朝房、碑楼等，上顶覆盖绿琉璃瓦，使其成为一座地道的帝王陵。清朝乾隆皇帝曾到景泰陵进行察看，他以此地风水绝佳，有明王朝复辟可能为由，用砖石围绕景泰陵区筑起了八个墩子，把陵区严严实实地围了起来，破坏了此地的风水，使景泰陵永远处于禁锢之中。

景泰陵基本具备了同时期明皇陵的主体建筑和布局特点。陵前有黄瓦歇山顶碑亭，陵区原有宫殿、神厨、神库、宰牲亭、内官房，以及皇陵最重要的祾恩殿。宝城位于皇陵区的最后面。陵区内保存有御碑亭、祾恩殿和宝顶原有的中路部分建筑。明嘉靖时，又改建了陵体，并将绿琉璃瓦换成黄色，使之符合帝陵的规制，只是整个陵寝的规模要小得多了。

（六）明十三陵

明十三陵（如图 2-44）位于北京北昌平天寿山南麓，距北京市区约 50 千米，陵域面积达 120 余平方千米，环葬着明代的 13 位皇帝，统称十三陵，是我国帝王陵墓中保存得比较完整的一处。巍巍燕山山脉自西北逶迤而来，在陵域周围形成天然屏障，这里群山环抱，水流交错，风景优美。绿树浓荫之中，一座座红墙黄瓦的陵园建筑，檐牙高啄，金碧辉煌，坐落在东、西、北三面的山麓上，形成一幅绝妙的风景图画。

明代第三位皇帝明成祖朱棣迁都北京，死后葬于昌平天寿山下（即长陵），此后，除景泰帝因兄弟争夺帝位死后不葬陵区而葬于金山外，其他皇帝都埋葬在十三陵。依营建时间先后依次为：长陵

图 2-44　明十三陵

图 2-45 北京昌平明十三陵神道

（成祖朱棣）、献陵（仁宗朱高炽）、景陵（宣宗朱瞻基）、裕陵（英宗朱祁镇）、茂陵（宪宗朱见深）、泰陵（孝宗朱祐樘）、康陵（武宗朱厚照）、永陵（世宗朱厚熜）、昭陵（穆宗朱载垕）、定陵（神宗朱翊钧）、庆陵（光宗朱常洛）、德陵（熹宗朱由校）、思陵（思宗朱由检）。此外还葬有皇后 23 人，皇贵妃 1 人，以及数十名殉葬宫人。

朱棣长陵位居正中，余陵分列左右，整体布局庄严和谐，宾主分明。各陵共设一个神道、牌坊、石像生等。十三陵整体布局由神道（如图 2–45）和陵园两部分组成。

石牌坊是神道的起点，建于嘉靖十九年（1540 年），为汉白玉砌成。面阔五间，6 柱 11 楼，宽 28.86 米，高约 12 米。额枋上覆庑殿顶，夹柱石上雕刻神兽、狮、龙等，神态逼真，云腾浪涌

其间。明十三陵石牌坊北依次是大红门、神功圣德碑亭。大红门是十三陵的门户，建在陵区南面的龙山、虎山之间，碑亭四隅各立一根高大的石华表。碑亭的北面是排列长达800米的石望柱和石人石兽。一对石望柱后依次为狮、獬豸、骆驼、象、麒麟、马各2卧2立，再后为石人12尊，分别为盔甲将军像4尊，朝衣冠文臣像4尊，朝衣冠勋臣像4尊。石像生的尽端是一座玲珑别致的棂星门，又称乌头门、龙凤门。

长陵神道从起点石牌坊至长陵宫门长约14.6千米。因其余各陵神道均从此道分出，故此道又有“总神道”之称，神道走向的总趋势正当陵域的中轴部位。这显示了帝王神道“居中而尊”的无上尊严。

长陵陵宫建筑平面是前方后圆形状，与孝陵相比较稍有变通。前面的方形院落共有三进，进入陵门为第一进院落，院内原建有神厨、神库各5间。神厨前有碑亭1座，重檐歇山顶，木结构，内施天花。碑亭建于嘉靖二十一年（1542年）五月，直到顺治十六年（1659年）以后，碑上才镌刻文字，它是目前十三陵中唯一一座仍是明代原构的碑亭。院门居中是祾恩门，门庑面阔五间，进深两间，单檐歇山顶，门内有大匾额，书有“祾恩门”三字。下承白石栏杆围绕的石雕须弥座台基，装饰十分华丽，门两侧各有掖门1座，均作随墙式琉璃花门。进入祾恩门，便进入了第二进院落。院内北面建有高大巍峨的祾恩殿（如图2-46），祾恩殿落成于永乐十四年（1416年）

图2-46　明十三陵长陵祾恩殿

三月，是供奉帝后神牌和举行祭祀活动的地方。它是明代帝陵中唯一保存至今的陵殿，是我国古代木构建筑中的珍贵遗物。陵恩殿是仿照明代皇宫金銮殿修建的，规模大，等级高。面阔九间，进深五间，黄瓦红墙，重檐庑殿顶。大殿坐落在汉白玉护栏环绕的 3 层石台上。石台高约 3 米，面积达 1956 平方米。殿内有 32 根金丝楠木明柱，最大直径 1.17 米，高 14.3 米，梁、柱、檩、椽、斗拱等物件也都由楠木制作。殿后为内红门，门内是陵园的第三进院落。院内沿中轴线方向建有两柱棂星门及石供案。案上摆放着象征性的石雕祭器，中间是香炉，三足圆鼎形式，炉盖雕云龙，两侧是烛台和花瓶。方院的后面，是圆形的宝城。宝城高 7.3 米，直径 340 米，周长 1000 多米，外侧雉堞（垛口）林立，内侧置宇墙，中为马道，像一座封闭的城堡。宝城之内为高大的封土，是埋葬帝后的玄宫建筑。宝城的前部，沿轴线方向建有方城和明楼。方城高 12.95 米，下设 T 形券洞，从洞内随墙式黄琉璃屏前东西分驶，出方城而达于宝城内。方城之上，建有一座重檐歇山顶的碑亭，名为“明楼”，楼上有匾额，书写陵名，楼内树“圣号牌”。

各陵园除面积大小、建筑繁简有异外，布局、规制基本相同。陵园平面呈长方形，中轴线上依次为陵门、碑亭、祾恩门、明楼、宝城等。

十三陵中以地面建筑宏伟的长陵和已发掘地下宫殿出土众多国宝珍品的定陵最为著名。

定陵是明代第十三位皇帝神宗朱翊钧及其二后的陵墓，朱翊钧即万历皇帝，曾有数十年不上朝的异人之举。1956 年经国务院批准，对定陵进行了考古发掘，揭开了地宫之谜。地宫（如图 2–47）总面积 1195 平方米，全部拱券式石结构，由前、中、后、左、右五大殿堂组成。室前建有精致的汉白玉石门和门楼，纹饰瑰丽。其中，前、中、后三室特别高大而且尊居中路。三室之中，只有前室无任何陈设。中室陈设有万历皇帝和孝端、孝靖二皇后的汉白玉石神座，形状与帝后生前所用御座相同。神座之前各有一套黄色琉璃

图 2-47 定陵地宫

五供，五供之前又各有一口嘉靖年款的青云龙大瓷缸，内存有香油，油面有铜漂子一个，内置灯芯，此灯在安妥棺椁后点燃，名“万年灯”或“长明灯”。后殿最大，长 30 米，宽 9 米，高 9.5 米，地面用磨光花斑石铺砌，设有白石镶边的棺床。棺床中央放置皇帝和二皇后的棺椁，棺椁之上放有木制仪仗、铭旌等，周围散放玉料。26 只装满随葬品的朱漆木箱和孝靖后的圹志分别放在棺床两端。左、右两配室对称建于中室两侧，并有甬道与之相通，在建筑的体量、精致程度上略逊于中路三室。

定陵试掘成功，出土了近 3000 件珍贵文物。于 1958 年 8 月正式建设定陵博物馆。次年 10 月，定陵博物馆建成开放。

现在，中外游人到定陵博物馆可重点关注三部分内容。一是地面建筑：明楼、宝城均保存得较为完好，明楼的石雕斗拱、檐椽、额枋、望板、匾额和圣号牌，雕刻精致，是明代遗物，祾恩门、祾恩殿既保留着明代台基的外形，又有清代改建的遗痕，御路石雕十分精美。二是地下玄宫建筑：为了旅游的方便，玄宫前、中、后三室内原铺木板均已清除。中室的帝后神座原按“品”字形摆放，现改为“一”字形纵向摆放。帝后棺椁、随葬器物箱按原状复制陈列于后室。三是出土文物陈列，定陵的出土文物包括帝后服饰、册宝、明器、木桶、甲胄、刀、箭、金器、银器、玉器、瓷器，以及大量的丝织品。其中，有一部分在长陵祾恩殿展出，一部分在定陵明楼前的第一、第二两陈列室内展出。第一陈列室以介绍定陵概况和发掘过程为主。第二陈列室展品以器物为主，有玉圭、玉琮、玉璧、玉石、香木、金钱、首饰、纽扣、宝带、翼善冠、念珠，以及金、银器皿等物。其中的乌纱翼善冠系修整后首次展出，后面隆起的“山”部饰以金制的二龙戏珠，龙身之上各嵌猫眼石 2 块，黄宝石 2 块，红、蓝宝石各 2 块。后有金折角 2 片，故又有“乌纱折角向上巾”之称，系明代帝王的常服冠带。

明十三陵是历代帝王陵寝建筑中保存得比较完好的一处，而且建筑雄伟，体系完整，历史悠久，具有较高的历史和文物价值，受到了国家的高度重视。1957 年北京市政府公布十三陵为北京市第一批重点古建文物保护单位。1958 年，在陵区东南部修建了十三陵水库，使陵区水光山色风景更加秀丽。1961 年，十三陵被列为全国重点文物保护单位。1982 年，十三陵和八达岭作为一个完整的风景区，又被列为全国重点风景名胜保护区之一。2003 年 8 月，明十三陵入选世界文化遗产名录。长陵、定陵、昭陵、神道 4 处旅游景点对外开放，德陵、献陵、思陵、庆陵、康陵等重要陵寝及附属建筑均已修缮。每年都有数以百万计的中外游人慕名参观。明十三陵作为中华民族古老文化的一部分，就像一颗璀璨的明珠镶嵌在神州大地上。昔日神圣不可侵犯的皇陵禁区，今已成为驰名中外的旅游胜地。

十二　清代帝陵

清王朝是中国历史上最后一个封建王朝。自清太祖努尔哈赤开基至辛亥革命后宣统皇帝退位，其间 296 年，历经 12 帝。明万历四十四年（1616 年）努尔哈赤在明朝东北的赫图阿拉（满语，意即“横岗”，在今辽宁省新宾满族自治县）建立后金，称金国汗；明崇祯九年（1636 年）皇太极登皇帝位，改国号为清，统治我国东北大部分地区；顺治元年（1644 年）清世祖顺治入关，定都北京，逐步统一全国，直至 1912 年清王朝灭亡。

清代帝王陵寝，从建陵年代和地理位置上看，可分为清初关外三陵、清东陵和清西陵三个陵区。清朝入关后，统治中国达 268 年之久，其间的 10 个皇帝除末代皇帝爱新觉罗·溥仪没建成陵寝外，其余 9 帝均仿照明代帝陵，在今河北省的遵化市和易县建造了两处规模宏大的陵墓群，即清东陵和清西陵。此外，清王朝入关前的都城盛京（今辽宁沈阳）建有清太祖努尔哈赤的福陵、清太宗皇太极的昭陵；在清朝统治者龙兴之地赫图阿拉，还建有清朝远祖肇、

图 2-48 辽宁新宾清祖陵——永陵

兴、景、显四祖的永陵。这四处皇陵的古建筑群，特色尽显，各有千秋，都营造得十分宏伟壮丽，既是中华民族著称于世的文物瑰宝，更是驰名中外的旅游胜地。

（一）关外三陵

1. 清祖陵永陵

永陵（如图 2–48），始称兴京陵，顺治十六年（1659 年）改称永陵。它坐落在今辽宁省新宾满族自治县城西 25 千米处，距今

永陵镇西北 1 千米。始建于明万历二十六年（1598 年），康熙、乾隆以后屡加修葺。

永陵是清初“关外三陵”中建造时间最早的一座皇陵，是努尔哈赤的祖陵。它面南背北而建，前临苏子河，背依启远山，与烟囱山隔河而望，静卧于一片深山碧岭之中，颇得山川天然之形胜。

这里埋葬着清太祖努尔哈赤的六世祖孟特穆（肇祖原皇帝）、曾祖福满（兴祖直皇帝）、祖父觉昌安（景祖翼皇帝）、父塔克世（显祖宣皇帝）和伯父礼敦（右穆武功郡王）、叔父塔察篇古（恪恭贝勒）等人。

永陵的规模在关外三陵中最小，但其形制布局与福陵、昭陵大体相同。陵寝坐北朝南，陵区由前院、方城、宝城三部分组成。整个建筑群既体现了鲜明的满族民族风格，又受到我国传统建筑艺术的影响。

在永陵宫门正前方约 1 千米远的地方，矗立着一对高大的石碑，分别置立于陵寝大道的东西两侧。碑上用满、汉、蒙古 3 种文字镌刻着“诸王以下官员等至此下马”的字样，这便是通称的“下马碑”。它是进入陵区的标志，当年诸王以下官员到此地，均须下马落轿，以示尊崇之意。

经过下马碑再往前行，便是陵寝的神道。这是一条约 13 米宽的黄沙大道，笔直地伸向陵园正门——正红门。正红门是一座面阔三间的硬山式黄琉璃瓦顶建筑，正脊有吻，垂脊有兽，彩画梁枋，内装 6 扇朱漆木栅栏对开门，具有满族建筑的独特风格。正红门两边是红墙碧瓦的缭墙，东西缭墙之上分列东西红门。

进正红门，院内由东向西并排横列着 4 组功德碑楼。碑楼为单檐歇山式建筑，琉璃瓦顶，额枋与檐椽之间铺作三翘七踩斗拱，通体油饰彩绘，图案严整，色调庄肃。碑楼均呈正方形，南北相对各辟 1 个券门，券门之上嵌有二龙戏珠的石雕。4 座碑楼内分别置立着肇祖原皇帝、兴祖直皇帝、景祖翼皇帝、显祖宣皇帝及四人的皇后的神功圣德碑，上刻“承家开国”之类的颂词和清帝御笔亲撰的镌刻。在碑楼和正红门之间，东西两侧各有硬山式瓦房 5 间，东侧为齐班房、祝版房，西侧为茶膳房、涤器房。碑楼后面东西两侧是果房，均为外廊式二层阁楼三间建筑，这是供祭祀时使用的房屋。经过西红门来到西院便是省牲所，祭祀时就在这里宰杀牛羊。

方城在碑楼之北，正南中央的启运门为一座单檐歇山式琉璃瓦建筑，面阔三间，进深四间，周以外廊相绕，装有 6 扇巨大的朱漆木板门。中门的神路，仅供皇帝出入，东门供其他官员出入，西门供职掌司事人员出入。启运门左右二翼缭墙正中各筑有一青瓦悬山式袖壁，上嵌五彩琉璃蟠龙，腾于云水之间，张牙舞爪，摆尾振须，意态生动，呼之欲出。

方城北部正中即陵寝的正殿——启运殿，是供奉四祖神位和皇帝拜谒行祭的场所，也是陵园的主体建筑。启运殿建在长方形月台上，面阔三间，前面两侧有廊，单檐歇山式，黄琉璃瓦顶，饰金绘彩。下额枋上悬汉、满、蒙古三体“启运殿”立额，内设暖阁、宝床、宝座、神牌及五供等，东西各有配殿 3 间，均为歇山式、黄琉璃瓦顶，三面环廊，西配殿前有焚帛亭 1 座。

启运殿后即是宝城，平面呈八角马蹄形，陵墓环列，因地势建成二层平台，前砌石墙，台前面正中有 3 段踏跺，左右各 20 级，当中有御路，第一层台面上，左葬礼敦，右葬塔察篇古；第二层台面上，正中葬福满，两侧葬觉昌安、塔克世，孟特穆葬在福满墓东北侧，皆拣骨葬，相传孟特穆墓为衣冠冢，谓之“招魂葬”。这里有老榆树一株，乾隆三年（1738 年）乾隆东巡时为之作《神树赋》并御笔亲书，在西殿刻碑立石，碑侧还有围绕神树的琉璃壁，雕刻生动精美。

从总体上看，虽然永陵规模不算太大，相对而言略显简陋，但陵寝群山环抱，四周自然景色秀丽旖旎。加之景深开阔，琉璃屋顶和红色宫墙被绿树掩映，远远望去，万绿丛中透出一点嫣红，令人心旷神怡，赏心悦目。

2. 努尔哈赤福陵

福陵位于辽宁省沈阳市东郊，通常也被称为“东陵”，是清朝第一代皇帝清太祖努尔哈赤和他的后妃叶赫那拉氏、富察氏的陵寝。陵园始建于后金天聪三年（1629 年），于顺治八年（1651 年）竣工。后经康熙、乾隆时期多次增修和改建，才最后形成今天这样一组规模宏大，总体面积约 20 万平方米的具有独特风格的完整的陵寝建筑体系。

福陵（如图 2-49）建于一块丘陵地上，景色宜人。这里地势雄伟，环境清幽，苍松翠柏参天葱郁，东陵前的滔滔浑河水宛如银练起舞。陵后莽莽天柱山恰似巨龙卧伏，川水萦绕，高山似拱，万松耸翠，大殿凌云，在四周雄美的景色衬映下，气氛幽静肃穆。

陵园南向，四周绕以矩形红色缭墙，南面辟正红门，东、西两面辟侧红门。正红门外有东、西相对的石狮、华表、石牌楼，再南有下马碑，刻汉、满、蒙古、回、藏 5 种文字，是乾隆时期替换了原木制下马碑而建立的。牌楼以赭色石材仿木构造，四柱三楼，四根石柱头上立有“望天吼”石兽。这是清初石坊与望柱相结合的特殊形制。纵观陵门前的总体布局，为满族早期风俗在陵园建筑上的具体反映。

图 2-49 沈阳清努尔哈赤福陵（沈阳东陵）

正红门为一座三楹仿木构造的单檐歇山式建筑，东西两侧的袖壁中心嵌有五彩琉璃蟠龙。步入正红门，只见门内苍松林立，古松夹道，正中有一条青砖铺成的甬道直通祭殿和坟前。甬道也叫“参道”或“神道”“御路”，专供皇帝行走。在幽深的神道两侧的苍松之间，对称排列着石雕华表和驼、马、虎、獬豸石兽，这些石兽或卧或坐或立，高低错落有致，给人以深邃、肃穆、静谧之感。

福陵整个陵园坐北朝南，地势由南向北渐次升高。走过石拱桥，平地的尽头便是利用陡坡修建的108级砖踏跺，这就是有名的东陵一百单八磴。拾级而上，人们就可以看到在平坦的台地之上矗立着一座巍峨的碑楼，四面辟有券门，下有须弥座式台基，内立“大清福陵神功圣德碑”，碑文为清圣祖玄烨于康熙二十七年（1688年）撰写，以满汉两种文字刻写，下有龟趺。它详细地记述了努尔哈赤的生平功绩和创业的艰难情况。在碑楼的两侧还有为祭祀用的茶膳房、果房、涤器房，均为回廊小式歇山造，灰瓦顶建筑。

碑楼之北是一座具有独特风格的城堡式建筑，它就是陵园的主体建筑——方城。方城为砖筑长方形，周长约370米，墙高约5米，墙上有马道、垛口和女墙。城的四隅建有重檐歇山十字脊角楼，南墙正中辟券门，门上建有三滴水歇山式黄琉璃瓦顶的门楼，券楣上有红边青地嵌铜鎏金的汉、满、蒙古三种文字的“隆恩门”字样。两侧有踏跺马道直通城上。

方城之内建有正殿——隆恩殿，是供奉神牌和祭祀的地方。此殿坐落在 5 尺高的须弥座大型台基上。隆恩殿为歇山式建筑，共三楹、四门、八窗、九檩，周回廊，黄色琉璃瓦顶。殿前有上殿台阶三路，中路以浮雕游龙为饰，极其华美肃然。殿的基座四周透雕花纹栏板，技艺高超，雕工精细，康熙、乾隆、嘉庆等皇帝东巡时曾多次到此祭祀。正殿东西各建有配殿五楹，均为周围廊、歇山式建筑，彩绘梁枋。西配殿前有供焚烧祝版及祭帛用的焚帛石楼 1 座。

隆恩殿后面为石柱门，或称棂星门。门北在长方形仰覆莲须弥座上置石五供。再北为石洞门，石洞门是由方城进入月牙城的通道，其门上方为明楼，呈重檐歇山式，明楼内有龟趺石碑 1 座，上面刻写着“太祖高皇帝之陵”的字样。

在方城之北，建有宝城，呈半圆形，墙体的建筑形式与方城相同，长约 190 米，墙高 5.5 米，在方城东北至西北角建有一条弧形的城壁，即为宝城的南墙，封护宝城，俗称“月牙城”，月牙城南壁正中建有琉璃假门，上嵌五彩琉璃折枝花卉。方城的东北、西北角楼马道连通宝城马道。在宝城的中央建有宝顶，高 2 丈，四周长 33 丈，用白灰、沙土、黄土掺杂的“三合土”建造而成。宝城之下便是埋置死者灵柩的地宫，又称“玄宫”“幽宫”，即地下宫殿。

福陵建筑结构严谨，雕刻精细，体现了我国古代建筑艺术和清初城堡式山陵特色巧妙完美的结合，反映了中华民族的高超智慧和创造才能，对研究清初的建筑艺术和历史有重要的价值。福陵现为全国重点文物保护单位，又作为明清皇家陵寝的重要组成部分被列入世界遗产名录。当地政府将其辟为东陵公园，在园内还增设了努尔哈赤史迹陈列馆和一些其他旅游服务设施。昔日的皇家禁地已成为人们访古探幽、游览休憩的胜地。

3. 皇太极昭陵

在沈阳北郊的林荫碧海之中，有一座金碧辉煌、雕梁画栋、规模宏大、气势雄伟的古建筑群，这就是堪称关外三陵之首的昭陵（如图 2–50），它不但是清初关外帝王陵寝中具有代表性的一座帝陵，同时也是我国现存最完整的古代帝王陵墓建筑之一。

昭陵地处沈阳市北郊，又称北陵，是清入关前第二代皇帝清太宗皇太极和孝端文皇后博尔济吉特氏的陵墓。皇太极是满族的一位杰出的政治家、军事家。他在青少年时期即随父南征北战，屡立战功。1626 年，他在 35 岁时继承了汗位，改国号为清。执政后，他积极推进女真人的封建化进程，吸收汉族文化，为本民族的发展和进步做出了贡献。崇德八年（1643 年）八月初九，皇太极病殁于清宁宫，同时在盛京（今沈阳）城北兴建陵园，即昭陵。九月二十日，山陵、宝城宫殿告成，移梓宫至陵寝殡宫安厝。顺治六年（1649 年）四月孝端文皇后病逝，次年与皇太极合葬。整个陵宫工程至顺治八年（1651 年）方完工。后来康熙年间又建碑楼及明楼，嘉庆年间增设了二柱门、石五供。清历代都有修葺。

昭陵占地 18 万平方米，平地起陵，坐北朝南。从神桥南下马碑到正红门是昭陵陵园平面布局的第一部分，昭陵下马碑共有 6 座，玉带河北 2 座，神桥南 2 座，东西红门前各 1 座。向北在陵道左右两侧伫立着两根雕着飞龙和卷云的洁白晶莹的华表，又叫擎天柱或万云柱。再北为对称的 1 对石雕狮像。过石狮顺陵道向北有一座造型拙朴的三孔石桥，即昭陵神桥。走过美丽的石桥，迎面便是著名的昭陵石牌坊。牌楼为四柱三楼，单檐歇山式，檐下有仿木结构斗拱，飞脊及横材浮雕花卉、飞龙，上下横材之间镶嵌有透雕八宝、行龙等图案的栏板，四根柱脚上雕有坐狮 4 对，獬豸 1 对，均为圆雕。整个牌坊雕工精细，奇花异草争奇斗艳，飞禽走兽栩栩如生，具有极高的艺术价值。

图 2–50　沈阳清皇太极昭陵（沈阳北陵）

穿过石牌坊就是昭陵的正门——正红门。正红门与方城之间是昭陵平面第二部分，正红门即该部分的起点。正红门由三个半圆形的红色大拱门组成，高达数米，一抹朱红，气势恢宏。红色大拱门上为一座单檐歇山式门楼。两侧有造型生动的五彩琉璃蟠龙袖壁。袖壁两侧有红色缭墙相接，缭墙向左右方向延伸形成方形围墙，将整个陵寝围绕起来。在门前的东西两侧还各有一座小院落，是祭祀时更衣和宰牲处。

进入正红门，展现在人们眼前的便是坦荡的神道，神道两侧自南向北依次排列着石雕华表 1 对、石兽 6 对、大望柱 1 对。石兽依次为坐狮、坐獬豸、坐麒麟、立马、卧骆驼、立象各 1 对，共 12 个。这些石雕兽群就是清康熙时道士苗君稷在《秋日望昭陵》这首诗中描绘的“十二御林”。其中最为引人注目的是石马，名曰“大白”和“小白”，据说是仿照皇太极生前所骑的两匹心爱的坐骑雕琢的。在石像的后面有硬山式建筑，分别是茶膳房和涤器房。走过石像，迎面而立的是重檐歇山式的碑楼，碑楼中竖立“昭陵神功圣德碑”

一通，康熙皇帝亲笔题书。碑楼飞檐翘角，嵯峨壮观，尤其是在旁边的一对石柱的映衬下，就更显得壮丽非凡。

在昭陵的神功圣德碑楼的北面，东西两侧各有两座三间青砖瓦房，分别是仪仗房、奶茶房、膳房、果房，都是当年的祭祀用房。

祭祀用房北面就是方城了，它是昭陵的主要陵寝建筑，与后面的月牙城及宝城紧密连接，形成了陵园建筑的主体部分，即陵园平面布局的第三部分。

方城的正门是隆恩门，门楼体态高大，面阔三间，三檐歇山式琉璃瓦覆顶。门楣上方正中有汉、满、蒙古 3 种文字刻成的“隆恩门”三字立额。方城是一座由大块青砖砌成的长方形城堡，四角分别建有重檐十字脊的角楼，进入方城，迎面是昭陵的正殿——隆恩殿，它位于方城的正中靠北，是方城内中心建筑，是陵墓的享殿。隆恩殿坐落在宽敞巍峨的仰莲须弥式台基上，单檐歇山式，殿顶覆以黄色琉璃瓦，正中镶有 3 颗琉璃宝珠。隆恩殿两侧为东西配殿，东西配殿南侧各有一座两间二层的配楼，俗称晾果楼。昭陵方城内的所有建筑都以黄色琉璃瓦覆顶，黄瓦红墙，相互辉映，飞檐斗拱，雕梁画栋，将我国古代建筑艺术的优秀传统与清初城堡式山陵建筑的完美结合表现得淋漓尽致。

在昭陵隆恩殿后边，有一个由两扇门面组成的彩绘木门，这就是石柱门，也叫照牌。其上有一悬山式琉璃瓦顶，两边各有一方形石柱，前后有抱鼓石。柱子顶部有铁链锁着的石兽，石柱门的后面有石五供，石五供是用来镇压地宫门的，地宫门就在它的下面，有隧道直通地下宫殿。

石五供北面是券洞门，穿过券洞门一进入月牙城，就会看到正面墙上的琉璃照壁，壁体呈红色，壁檐为绿色，上面雕有荷花和净瓶，在照壁的四角也雕有荷花。券洞门之上设有明楼，此为太宗文皇帝的碑楼，重檐歇山式，四面各开一拱门，门以木结构为主。楼内立有一块用汉白玉制成的墓碑，碑高约 6 米，下以须弥座承之，碑额浮雕二龙戏珠，碑身以汉、满、蒙古 3 种文字镌刻着“太宗文皇帝之陵”的字样。昭陵明楼是全陵的最高建筑，气势雄伟，站在明楼之上，可俯视昭陵全景。

在明楼的北面，有宝城与月牙城相连，宝城也叫“团城”，在宝城的中间是涂着白色石灰的突起圆形坟堆——宝顶，在宝顶的下面就是幽深的地宫，即皇太极与博尔济吉特氏的葬身之所。宝城的后面是一座人工堆起的土山，顺治八年（1651 年）封此山为隆业山，以寓帝业兴隆之意。

雄才大略的皇太极创造的兴隆帝业早已成为历史陈迹，但被辟为北陵公园的昭陵，却松柏参天，古木森森，殿宇亭台与楼榭湖光相映成趣，迎来了络绎不绝的四海游人。

（二）清东陵

清东陵坐落在河北省遵化市马兰峪西的昌瑞山下，西距北京 125 千米，东南距遵化市区 30 千米，是清王朝入关统一全国后在北京附近所修建的两个帝后陵墓区之一。清东陵陵墓区，东起马兰峪，西至黄花山，北接雾灵山，南面有天台、烟墩两山相对峙，中间自然形成的出入口称龙门口，又叫兴隆口。陵区南北长约 125 千米，东西宽约 20 千米，总面积 2500 平方千米，是现存的规模宏大、建筑体系完整的清代帝王陵寝建筑群（如图 2–51）。

图 2–51　河北遵化清东陵导游图

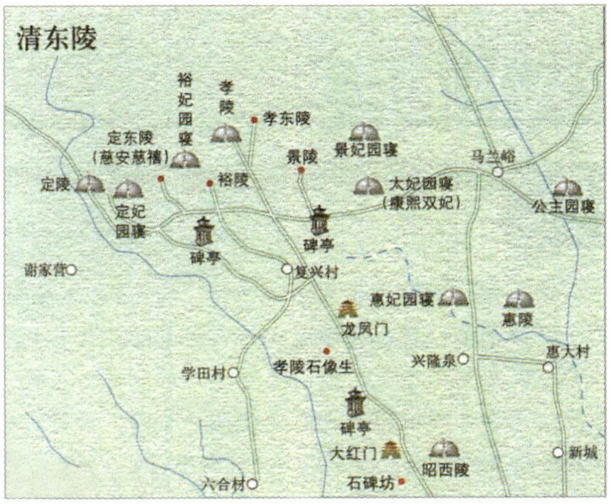

清东陵（如图 2–52）始建于顺治十八年（1661 年），共埋葬着 5 位皇帝、15 位皇后及妃、嫔、福晋、格格等共 157 人。其中 5 座帝陵为顺治帝孝陵、康熙帝景陵、乾隆帝裕陵、咸丰帝定陵、同

治帝惠陵；还有孝庆、孝惠、孝贞（慈安）、孝钦（慈禧）4座皇后陵；妃嫔陵园5座，为景陵妃园、景陵皇贵妃园寝、裕陵妃园寝、定陵妃园寝、惠陵妃园寝；另外在马兰峪东部有公主园寝1座。

孝陵位于清东陵的中心，是清世祖福临与他的两位皇后的陵寝，它是清朝入关后东陵最早的建筑，也是东陵的主体建筑，规模最大，体系最为完整。从正南面的龙门口进入陵区，直到陵墓的室顶为止，宽12米，长5千米的神路全部用砖石铺砌。入口处有六柱五间十一楼的石牌坊，纹饰雕刻精细，造型生动美观。往北过东陵的总门户——大红门是高30米左右的重檐九脊的神功圣德碑楼，楼外广场四角各有华表1座，过影壁便是18对石像生，由狮子、狻猊、骆驼、大象、麒麟、马、武将、文臣等组成。人物雕刻造型严谨，神态逼真；动物雕刻造型美观，体态生动，堪称不朽的艺术佳作。再向北过龙凤门，有神路碑亭、石孔桥、朝房、值房、神厨

库。进隆恩门，隆恩殿及东西配殿、三座门、二柱门、石五供、明楼、宝城和宝顶、地宫一应俱全。

陵区内各陵的建筑规制和布局均依顺治帝的孝陵而建，与孝陵大体相同。乾隆皇帝的裕陵在孝陵以西的胜水峪。乾隆帝生前酷爱文艺，他广收名画古帖及珍异古玩，隆恩殿内聚金敛玉，琳琅满目，堪称奇异珍宝大陈列。其地宫以坚实的条石构成，顶为拱券式，分为明堂、穿堂、金堂，平面呈长方形，整座地宫构成“王”字形。各堂券四壁及券顶都雕有佛像、图案和经文。经文用梵、蕃两种文字阴刻，多达三万余字。裕陵地宫装饰富丽豪华，雕凿精细巧致，犹如地下宫殿，不仅是一座不可多得的石雕艺术宝库，也是一座庄严肃穆的佛堂。金堂是地宫的主体建筑，放置乾隆帝棺柩，两侧葬

图 2-52　雪后清东陵

有2位皇后，3位贵妃。

乾隆皇帝裕陵西1.5千米的平安峪，有文宗咸丰的定陵，定陵之东埋葬着咸丰帝的两位皇后，即东太后慈安、西太后慈禧，称定东陵。定东陵的地面建筑穷奢极侈，以慈禧的陵墓——慈禧陵三殿最为考究，修建它们前后用了6年时间，耗费白银227万两。但慈禧并不满意，后又将隆恩殿及东西配殿全部拆除，重新修建，一直修到她死时为止。重修时，仅贴金一项就耗费黄金4590两。慈禧陵的地面建筑内部装饰和雕刻工艺之豪华精致，在全部清陵中堪称独一无二。慈禧陵隆恩殿四周的汉白玉石栏杆、栏板、望柱，均刻着精美的龙凤呈祥、水浪浮云等图案；殿前的龙凤彩石，不仅用透雕的高超工艺，而且“凤引龙”的图案更为别致，将慈禧的权欲思想表现得淋漓尽致。殿内处处布满雕刻的贴金砖，四角盘环，中间是五蝠捧寿、万字不到头的雕砖花纹，全是透雕，有强烈的空间感。明柱上有半立体金龙盘绕。斗拱、梁枋和天花板全部贴金彩绘，使大殿金碧辉煌，光彩夺目。

慈禧太后生前穷奢极侈，死后棺中聚集了她穷其一生巧取豪夺的奇珍异宝，不算皇亲国戚、王公大臣私人的贡献，仅皇家随葬品入账者，即值5000万两白银。至于这些珍宝的艺术价值，那就更是无法估量，可谓价值连城。慈禧太后的棺椁中，其珍宝之多，价值之巨，堪称世界之最。

1928年，军阀孙殿英以镇压土匪、保护东陵为名进驻东陵，声称部队要搞军事演习，拨了一个师的人马把陵寝区四周围堵得严严实实，于是，震惊中外、骇人听闻的孙殿英东陵盗宝案发生了。七月的一个夜里，孙殿英动用工兵，施放炸药，炸开了慈禧陵和乾隆裕陵的地宫，劈棺扬尸，盗走了地宫金棺中的全部珍宝。东陵盗宝案轰动中外，京津一带满城风雨，报刊通载谴责文章，孙殿英见势不妙，施展脱身之计，通过戴笠，将盗陵所获的翡翠西瓜、翡翠白菜、夜明珠等国宝送给蒋介石、宋美龄、孔祥熙、宋子文、何应钦等人。这样，由于孙殿英通融行贿，官官相护，竟使盗匪逍遥法外，轰动全国、举世瞩目的东陵盗宝案不了了之。

清东陵在旧中国屡遭军阀、土匪及帝国主义的洗劫、破坏，使得珍贵的历史文物遭受了重大损失。新中国成立后，清东陵受到了人民政府的高度重视，1952 年成立了清东陵文物保管所。1961 年，清东陵被国务院列为全国第一批重点文物保护单位，是世界文化遗产明清皇家陵寝的主体组成部分，国家不断拨专款陆续将荆棘丛生、残破不堪的陵园修葺一新。清东陵这颗镶嵌在北国山峦上的璀璨明珠，已成为中外游人衷心喜爱的旅游观览胜地和学习历史的大好课堂。

（三）清西陵

在河北省易县永宁山下，群峰环抱的平川上，分布着我国最后一个封建王朝的皇室陵墓群之一——清西陵。陵区西依紫荆关，南临易水河，与狼牙山隔水相望。四周层峦叠嶂，松柏葱茏，景色清幽。

清西陵（如图 2–53）建筑保存完整，共有房舍千余间，石质建筑和石质雕刻百余座，建筑面积 503 万平方米，占地 100 平方千米，围墙长达 21 千米。雍正帝及皇后的泰陵和泰东陵居陵区中部，西侧为嘉庆帝后的昌陵和昌西陵，再西为道光帝后的慕陵和慕东陵；泰陵东侧为光绪帝的崇陵。在帝后陵旁还各自陪葬有妃园寝、王公和公主园寝共 7 座。整个清西陵共埋葬帝后、嫔妃、王公、公主等计 80 人。

西陵的建筑形式和布局与东陵相同，均按照清代严格的官式标准规制建造，等级森严，后陵小于帝陵，园寝又小于后陵。帝陵、后陵有红墙环绕，均以黄琉璃瓦盖顶；行宫、衙署则是灰色砖墙，均以布瓦盖顶。各陵的主要建筑有碑楼、神厨房、朝房、隆恩门、配殿、隆恩殿、明楼、宝顶等。

从即位到死亡都极具争议和传奇色彩的雍正皇帝的泰陵是西陵中建筑最早、规模最大、体系最完整的陵墓。泰陵始建于雍正八年（1730 年），乾隆二年（1737 年）竣工。3 座巨大的石牌坊是泰陵入口处的标志，由此通向一条宽 10 米、长 2.5 千米的神道，神道将中轴线西侧的建筑贯通起来。

进大红门后，北侧是具服殿，殿北为 26 米高的圣德神功碑亭，重檐歇山顶，亭内碑石上记载了雍正帝一生的功绩。碑亭四隅各立 1 座汉白玉石华表，满刻云龙纹浮雕，气势庄严。由此过七孔石桥，神道两侧排列的石兽、石人等皆垂首肃立，神态恭谦。再北蜘蛛山后即龙凤门，四壁三门，上有用琉璃制作的云龙花卉装饰。门两侧是碑亭、神厨亭、井亭等。再北就是主殿——隆恩殿，殿内明柱沥

粉贴金包裹，顶部饰旋子彩画，梁枋装饰金线大点金，殿宇金碧辉煌。殿后依次为三座门、二柱门、石五供、方城、明楼等建筑，宝城以下即地宫，雍正帝和后妃合葬于此。

西陵诸陵的规制与泰陵基本相同，唯有道光帝慕陵形制特殊，别具一格。道光帝原建陵于东陵宝光峪，历时 7 年竣工，后因地宫浸水，又改建于西陵龙泉峪。陵园规模较小，设有大碑楼、石像生、明楼等建筑，殿宇也不施彩绘。但隆恩殿全部以楠木建造，精美异常，殿内藻井、檩枋等构件雕刻有数以千计的游龙，龙首高昂，形体矫健，犹如飞腾于波涛云海之中，极富变幻。因楠木

图 2-53 清西陵

香气浓郁，龙首吞云吐雾，具有“万龙聚首，龙口喷香”的艺术效果。起码从皇陵的气势上，全然看不出当时大清帝国已千疮百孔、行将崩塌的没落局面。

光绪帝崇陵是清陵中建造年代最晚的一座，建于清宣统元年（1909 年），1915 年光绪帝后葬于此。崇陵规模较小，动工修建时，清政府已临近崩溃，因此，无大碑楼、石像生等。建筑用料以名贵的桠楠木为主，其质地坚硬，如铜似铁，俗有“铜梁铁柱”之称。崇陵地宫曾被盗掘，20 世纪 80 年代经考古发掘清理，现已供游人参观。地宫为拱券式石结构建筑，由闪当券、罩门券、明堂券、穿堂券、门洞券和金券组成，四道石门以巨大的青白石雕成，上雕有菩萨立像，高 2 米，神态威武。金券高大宽敞，是地宫的主体建筑，东西长 12 米，南北宽 7.2 米，高近 9 米，全部以青白玉石构筑。金床上放置有光绪皇帝和孝定景皇后（隆裕太后）的棺椁。

崇陵东侧是崇陵妃园寝，珍妃墓在东，瑾妃墓在西。珍、瑾二妃为同胞姐妹，珍妃因支持光绪皇帝变法维新而不容于慈禧太后，慈禧先是将其打入冷宫，1900 年八国联军攻陷北京，慈禧太后挟光绪帝出逃，行前将珍妃溺死于故宫井内。翌年珍妃尸体被捞出，葬于北京西郊西直门田村，1915 年迁葬于崇陵妃园寝。

美丽的西陵被众多名胜古迹环绕拱卫，这一布局严谨、体系完整、规模宏大、保存较好的帝王陵墓群，现已成为京南著名的游览胜地，是研究清代多种建筑和礼仪制度的大好课堂。它是我国古代劳动人民聪明才智的结晶，是中华民族的瑰宝，犹如一颗璀璨的明珠，镶嵌在神州版图之上，熠熠生辉。

十三　其他帝陵

中国自古以来就是一个统一的多民族国家，但在历史上也不止一次地出现过民族冲突、国土分裂的现象，因而也曾经存在过一些边远地区少数民族政权和偏安一隅的封建割据政权。这些政权所统治的版图都不大，国力也不强盛，寿命也不长久，但其统治者却也大多热衷于倾国之力，大兴土木，修建陵寝。这些陵寝的规模比大一统王朝皇帝陵墓小得多，但内容大同小异的各个帝陵，反映了那个时代、那个地区的社会和文化特征，成为中国古代陵墓文化不可或缺的组成部分，更是人们不可不驻足观看的人文景观。

（一）南唐二陵

南唐后主李煜的诗词，虽极尽缠绵，词句感人，却总给人一种“无可奈何花落去”的惆怅和凄婉哀怨的感觉。偏安江南一隅的南唐只是中国历史上匆匆而过的弱小政权，它建都南京，历前主李昪、中主李璟、后主李煜三代。自始至终，南唐国力十分微弱，连年的征战和无休止的杀伐使社会生产力急剧倒退，民不聊生，社会动荡不安。南唐二陵的规模和随葬品中就已经充分地体现这一特点。初见南唐二陵时，人们普遍会怀疑它们居然也是帝陵，而看过之后，人们又会对李煜诗词中流露的酸楚和无奈之感增添了几分理解。

南唐二陵，是南唐前主李昪及其妻宋氏的钦陵和中主李璟及其妻钟氏的顺陵（如图 2-54）之统称，位于今江苏省南京市江宁区祖堂山南麓，距南京中华门 29 千米。二陵相距 50 米，规模基本相同。1950 年至 1951 年，南京博物院对其进行了发掘，这是新中国成立后首次发掘的帝王陵墓。

图 2-54 南唐二陵之顺陵

二陵均为砖结构多室墓，早年均被盗扰，但陵墓建筑保存得还比较完整。钦陵长 21.48 米，宽 10.45 米，高 5.3 米，分前中后 3 个主室及 10 个侧室。前中室为砖筑，后室系石砌，均仿木结构。墓门和 3 个主室的壁上砌凿出斗拱和柱枋，其上彩绘牡丹、宝相、莲花、海石榴和各种云气图案。后室顶部绘天象、地面刻凿出象征地理的河川。石棺座侧还雕有三爪龙和各种花纹。进门处上方横刻“双龙戏珠”，其下两侧各有一个披甲持戟的武士雕像。雕像表面原有彩绘。顺陵全长 21.9 米，宽 10.12 米，高 5.42 米，分前中后 3 个主室及 8 个侧室。全为砖筑，没有天象和河川图案，也无双龙戏珠、武士等石刻，就结构看比钦陵要简单得多。

南唐二陵早年被盗，发掘时尚存余物 600 余件。其中出土的哀册残片是判断墓主的主要依据。钦陵出土玉哀册残片 23 片，刻字填金，它证实李昪葬于 943 年，陵名“钦陵”。顺陵则出土玉哀册残片 40 片，其中有字者约 20 片。二陵还出土大量男女陶俑和各种陶制神怪、动物形象。陶俑中有宫廷内侍、宫官、用人、宿卫、伶人、舞姬等。陶瓷器均为残片，虽十分可惜，但仍可作为五代瓷研究断代之标本（如图 2–55）。

中国古代大一统各朝皇帝之陵寝，上自秦始皇，下迄明清，无不封土巨大，山陵巍峨，神道幽深，石像众多，殿宇高大，规模宏伟而壮观，随葬奇珍异宝数不胜数。如要游览，数日方可；若要著作，可洋洋上万言。相比之下，只需个把小时即可游览完毕、几近无景无物的南唐二陵是如此可怜！从这个角度看，南唐后主伤春悲秋的诗词亦不全是无病呻吟，大部分是有感而发。但是，南唐二陵真正应该书写和游览的价值也正在于此。一部中国古代史，不仅书写着统一和强大，也书写着分裂与弱小。如果人们只知道乾陵、十三陵等所代表的盛世，那是远远不够的。南唐二陵的破败余光中折射出了历史上动荡分裂年代的社会景象，而只有加上这一点，人们才能真正读懂中国历史的全部内容。

图 2–55　南唐二陵内部

（二）前蜀王建墓（永陵）

五代十国是中国历史上最为混乱、残酷和黑暗的时代。其时，政权更迭十分频繁，大小军阀竞相割据，随地称王。王建即是五代十国时期割据四川的前蜀开国皇帝。

王建青少年时期屠牛盗驴，贩卖私盐。但他聪明果敢，极善投机，生逢乱世仍适得其所。他因在战乱中保护狼狈出逃四川的僖宗皇帝有功，从一个神策军小卒升至利州（今四川广元）刺史。他利用唐昭宗讨伐企图抗衡朝廷的四川节度使陈敬瑄之机，扩充自己的势力，一路擢任至掌握实权的剑南四川节度使。907 年，朱全忠代唐建后梁，王建看时机成熟，便在四川称帝，国号大蜀，史称前蜀，都成都。王建比较注意招揽人才，劝课农桑，为当地的安定富裕和文化繁荣打下了良好的基础。918 年，王建病逝，葬永陵，俗称王建墓（如图 2–56）。

王建墓位于四川省成都市金牛区，相传曾是汉时风流才子司马相如抚琴之地。20 世纪 40 年代初，由中央研究院历史语言研究所、中央博物院筹备处及四川博物馆共同发掘。著名学者冯汉骥先生主持发掘并编写了报告。1961 年，国务院公布其为第一批全国重点文物保护单位。

王建墓冢封土为圆形，直径 80 余米，高 15 米。墓室由 14 道石券构成，分前中后 3 室，每室之间由木门相隔，全长 23.4 米。陵台之外，每隔 2.5 米或 1.5 米筑砖基 1 道，共 3 道，似为陵垣遗迹。正面第一、三道砖基之间，建包砖夯土墩 1 对。陵前有无列石，史籍不详，但 1971 年曾在陵南 300 米处出土唐至五代风格的文官石像 1 躯。墓室建于陵台之下，南向，无墓道，全长 30.8 米。以 14 道红砂岩砌筑的拱券为骨架，券间铺以石板和券石，石板表面次第涂抹细泥、白垩，其上再施彩。券顶天

青色，壁面朱色。分前中后3室，每室装木门1对，室间有甬道相通。中央偏后有须弥座石棺床，上置棺椁，棺床两旁列有托棺床的12神半身透雕石像，石像均顶盔贯甲，孔武肃穆。后室建石床，上置墓主雕像及谥册、玉哀册、谥宝等法物。墓主雕像头戴折上巾，着袍，浓眉深目，隆准高颧，薄唇大耳，威严而慈祥，大致符合史籍所载王建之相貌。

王建墓最珍贵之处在于棺床四周或舞或奏的乐伎浮雕。这些乐伎位于棺床东西南三面，共24人，其中舞者2人，奏乐者22人，姿态有别，表情各异，操着琵琶、拍板、筚篥、笙、

图2-56 成都前蜀王建墓（永陵）

箫、笛、鼓、吹叶等，弹、击、拍、吹各种乐器，凡 20 种 23 件，组成了一个完整的宫廷乐队。

棺床乐伎服饰华丽，面貌丰腴圆润，而作为抬棺的 12 神更是逼真异常，神态沉着勇猛。抬棺 12 神和舞乐 24 伎的石刻是杰出的，也是五代十国时期少见的艺术精品。伎乐的舞伎是 2 个主像，作挥袖对舞的姿态，给人以委婉柔和的优美之感。其余乐伎均各执乐器作伴奏状，熟练灵活，如闻其声。它们的面相也体现出运用各种乐器的精神变化。如奏弦乐者则竖耳沉思，鼓者则节拍紧张，吹叶者则腮满目睁，吹笛者则两目凝视，等等。这种把内在精神活动表现到面部神情上的雕刻手法，反映了作者对现实生活的精细观察和深刻体会，雕刻技术更是娴熟洗练。12 神的面部表情和肌肉紧张部分，运用夸张手法，表现得十分恰当。肘和手腕的粗硕和雄健，似把全身力量都集中上来作重大抬扶，更巧妙地借嘴部的种种特殊动作，把 12 神表现得丝毫无雷同之处，而这种意匠经营，只有很高的艺术修养和技巧才能达到。

今天，位于成都闹市区的王建墓已修葺一新，并新设陈列室，恭迎着到天府之国的各位游人。

（三）吐蕃藏王墓

巍巍喜马拉雅山麓，茫茫高原雪域之中，自古以来生存着一个彪悍勇敢而倔强拙朴的民族。在漫长的岁月里，这里的人们以辛勤的劳动耕耘着这块荒凉神奇的土地。到 7 世纪初，在“庄严大德王”松赞干布的率领下，他们逐渐联合起来，在今拉萨建立起了实力强盛的吐蕃王朝，松赞干布统一西藏，促进了吐蕃（一般认为，“吐”为汉语“大”的音转，系吐蕃向唐自称大蕃而音译；“蕃”为古代藏族信奉的原始宗教——“本”的音转，或意为农业。由土著的游牧部落和甘青南下的发羌组成）政治、经济、文化的发展，加强了藏族与汉族的关系，为统一的多民族国家的历史做出了杰出的贡献。贞观十四年（640 年），松赞干布派人赴唐求婚，次年，唐太宗即答应将文成公主嫁给松赞干布为妻。文成公主不远万里嫁到藏土，

图 2-57 西藏琼结县吐蕃藏王墓

带去了先进的生产技术和医学、佛学等典籍，大大推动并加深了西藏与内地的联系。高宗时加封松赞干布为賨（cóng）王，并派各行工匠，到吐蕃传授技艺。这一切都无可辩驳地说明，西藏自古以来就是中国的领土。

吐蕃王朝时期的藏王墓（如图 2–57），位于今西藏自治区山南市琼结县的穆日山麓和东嘎沟口。7 世纪初，聚居在今西藏雅隆河谷（今乃东、琼结县一带）的雅隆部落统一了西藏。松赞干布继位后，迁都拉萨，把琼结县一带视为吐蕃的发祥地。7 至 9 世纪，历代藏王陵墓都建在这里，形成一个南傍班士诸山、北沿天河的墓葬群。现墓区东西长 2076 米，南北宽 1407 米，1961 年国务院将其列为全国重点文物保护单位。

藏王墓现存墓葬 16 座，其中陵墓 8 座。据文献及所出碑文考证，基本可以确定墓主的有：松赞干布墓、芒松芒赞墓、赤德祖赞墓、

赤松德赞墓、赤德松赞墓、赤祖德赞墓和朗达玛墓等。

藏王墓封土高度多10米以上，形制可分两种，一种平面呈方形，另一种平面呈梯形。墓群中封土最大的是赤德松赞墓，平面呈方形，边长180米。封土最小的是朗达玛墓，平面亦呈方形，边长仅30米。封土结构以土、木、石夯筑而成。如松赞干布墓南壁夯土层厚71厘米，夯土层平面上铺有白玛草，层中有间距15厘米的圆木，圆木外用小扁石圈砌，以保护圆木。

据藏文史料记载，藏王墓一般分为9室或5室，随葬品有金银宝石及丝绸皮革制品，有的还供奉佛像。如第一号墓，顶部有后来围筑的方形土垒，土垒每面都有排列整齐的小型壁龛，龛内置小陶塔和多种陶佛像。《国王遗教》记载，藏王墓“墓内九格，中央置赞普尸体，涂以金，墓内装满财宝”。早年藏王墓均被盗，地面遗物所存甚少，最著名的当为赤德松赞纪功碑。

赤德松赞纪功碑位于赤德松赞墓南36米处，通高7.16米，由碑身、碑首、碑座三部分组成。碑首顶为莲花宝顶，碑首底部四角对称浮雕4个飞天，飞天之间减地浮雕升云图案，东西两侧中央浮雕太阳和月亮。碑身高5.6米，正面横排古藏文碑文59行，东西两侧为减地浮雕云中升龙图案。碑座龟形，附近一座大墓前立有石狮1对，面向封土，高1.55米，形象古朴生动。松赞干布墓顶有后建的祠庙，庙正殿奉吐蕃王松赞干布、文成公主和婆罗公主三身塑像。庙内两壁有墨书藏文记事，内述各吐蕃王墓之方位，殊堪珍贵。

在穆日山的半山脚下，有一规模甚大的土石高台，据《王朝历史明鉴》等藏文史籍记载，此处应是都松芒布结的陵墓。这里的地面建筑除了高大封土之外，最有价值的要算是陵前的一对石狮。石狮高1.55米，长方形座，长1.2米、宽0.76米。石狮面向陵丘坐立，挺胸昂首，形象雄健生动。鬃毛成列垂于脑后，头顶平整无鬃，一看便知是早期石狮的风格。整个石狮的雕刻技法高强，线条流畅圆润，在全国唐代石雕中也属上乘，在西藏更是难得。

吐蕃藏王墓是藏汉文化不断交流、相互融合的产物，如陵墓地形的选择和主墓之前分为左右两翼式的布局，以及墓碑的形制和装饰，包括石狮的造型和风格，已颇具唐代风韵。当年文成公主远嫁藏土，带去了中原先进的文化思想和汉族人民的友谊，为繁荣藏土做出了不可磨灭的贡献。今天，去西藏旅游已成时尚，而山南地区作为藏文化发祥地，除神山圣水外，更有丰富的人文景观。如果你能克服交通不便及稀薄空气带来的不适，来神秘的藏王墓区凭吊思古，则别有一番铭心刻骨的意义。你不仅可以更真切地把握、感受藏土文明生生不息的历史脉搏，而且还会为自己成功地战胜了自然环境的险阻而自豪不已。

（四）辽代帝陵

辽是与北宋、西夏鼎立，统治中国北部的一个王朝。916 年，我国北方少数民族契丹族首领耶律阿保机创建契丹国，两年后，建都皇都（今内蒙古自治区巴林左旗林东镇东南）。938 年改国号大辽，改皇都为上京。天祚帝保大五年（1125 年）被金所灭，自耶律阿保机 907 年统一各部起，辽代共历 9 帝 219 年。辽代帝陵主要分布于今内蒙古自治区、辽宁省、北京市和河北、山西二省的北部地带。太宗耶律德光的怀陵在今内蒙古自治区巴林右旗，穆宗耶律璟亦附葬于怀陵；世宗耶律阮及其父东丹人皇王的显陵在今辽宁省北镇市医巫闾山中；景宗耶律贤的乾陵在今辽宁省北镇市西南，天祚帝也于金皇统五年（1145 年）附葬于乾陵；圣宗耶律隆绪的永庆陵、兴宗耶律宗真的永兴陵，道宗耶律洪基的永福陵因共用一个陵邑，合称庆陵，在今内蒙古自治区巴林右旗白塔子北面的大兴安岭中。

辽代帝陵多依山为陵，陵前建享殿。辽陵还置奉陵邑和守陵户，如祖陵的祖州、怀陵的怀州、显陵的显州、乾陵的乾州、庆陵的庆州等，其中祖、怀、庆三州的城址至今尚存。

庆州三陵——永庆陵、永兴陵及永福陵组成的陵园建筑群，东西排列，间距 2 千米，统称为东陵、中陵、西陵。位于庆州故城北约 10 千米，其地有庆云山，故称为庆陵。庆陵规模宏伟，工程浩大，

图 2-58　辽庆陵

北依庆云山，地势向阳，下则草原开阔，柏桦丛生，三陵之间，各有小溪，风景极佳。

辽庆陵（如图 2-58）是辽代极盛时期政治、经济、文化及军事高度发展阶段所造的帝陵。全为砖木结构，都有陵门、享殿和神道，均为东南向。墓室都有前、中、后室及 4 个侧室，用沟纹砖石灰浆砌，墓内和墓门都抹石灰，有彩绘壁画。辽陵形制和中原皇帝陵截然不同之处是作穹庐形。

三陵之中遗迹多残毁，东陵保存较完整。一入正门，自甬道至各室，均涂有石灰，壁间绘有人物。墙壁上部、天棚及各室门上，均有装饰花纹。中央大室绘有四季山水，其中人物山水画及装饰图等，不仅可以看作辽代留传下来的艺术珍品，而且也是研究北宋以及唐末五代时期的重要史迹资料。

室中 5 棺前排列木偶，着契丹族和汉族两种服饰。皇陵正面也仿汉式，既保留了契丹族的固有传统，也表现了对中原文化兼收并蓄的倾向。

三座陵墓曾多次被盗，天庆九年（1119 年），金人破上京，庆陵中的金玉宝器被掘一空，使庆陵彻底毁坏。据旧《林西县志》记载，民国十九年（1930 年）夏，来一姓郭的热河省委员，派民伕百余名在其地大肆挖掘，搜出哀册14块。据目击者言，墓室内香柏做的板壁上涂彩漆。尸床和供桌用白玉做成，雕镂花纹，镌刻文字。还有玉碑等罕见之物，全被盗去。1953年，日本京都大学文学部根据田村实造、小林行雄调查积累的材料，出版了装帧精美的《庆陵壁画》一书。

三陵出土遗物多已散失，仅存部分石刻帝后哀册，分别用契丹文和汉文镌刻，为罕见之国宝。这些契丹文字哀册和榜题，是目前发现最早的契丹文字资料，首次证实了契丹文字的存在，具有很高的学术价值。

北距庆陵15千米的查干沐沦河西岸冲积平原上为辽庆州遗址，它是辽圣宗、兴宗、道宗三代皇帝的奉陵邑，也是辽极盛时期的重要城址。庆州、庆陵现都已被列为全国重点文物保护单位。

辽代帝陵特别是祖陵、怀陵、庆陵地处祖国北疆，已成为人们探寻契丹族历史、社会生活、风俗习惯和领略北国风光的旅游胜地。

（五）金代帝陵

金是由居住在我国东北地区的女真人创建的国家。1115年，女真部首领完颜阿骨打在群臣拥戴下即皇帝位，因“金之色白，完颜部色尚白”而以大金为国号，年号收国，正式建立金王朝。接着南征北讨，于1125年灭辽，1127年掳走北宋徽、钦二帝，灭亡北宋，并与南宋形成对峙。后因内部纷争，国力日衰，受到南宋与蒙古的两面夹攻，于1234年亡于不可一世的蒙古帝国。

金原是一个以狩猎和畜牧为主的国家，在与宋朝多年的征战中，靠掠夺迅速强盛起来，农业、手工业、商业等日益繁荣。其文化不可避免地受到了中原地区汉文化的巨大影响，在文学艺术、宗教信仰、婚嫁丧葬等方面都深深地烙上了汉文化的痕迹。

金代帝陵的陵墓群位于今北京市房山区大房山一带的云峰山下。考古工作者历时三年多进行深山区的考古勘查，在云峰山下发现并清理出金陵的部分重要遗址和遗物。据史载，金陵中有从东北迁葬的10代帝王陵，太祖、太宗陵，及在中都埋葬的5代帝王陵

共17陵以及诸王兆域（其中海陵王被黜降为郡王，改葬于大房山鹿门谷诸王兆域中。海陵王完颜亮于1149年杀熙宗篡位称帝，改年号天德，进行了一系列改革。1161年被世宗下诏废黜为郡王）。金陵依山营建，绵延二百余里，明代遭到严重破坏，清廷自称女真人后裔，曾对陵墓进行了局部整修，并修葺了太祖、世宗二陵。后山陵数遭劫难，至20世纪70年代已剩一片废墟，地面建筑荡然无存。为了搞清金陵布局，北京市文物研究所从20世纪80年代起做了大量工作，已初步搞清了金陵的范围和布局。

1986年，发现了金世宗之父睿宗景陵陵碑一座，碑为汉白玉石质，高约2米，宽1米，螭首龟趺。碑上刻有“睿宗文武简肃皇帝之陵”10个大字，碑文两行，每行5字，碑阴无字。睿宗生前并未做皇帝，其子世宗完颜雍称帝后，追封其父为睿宗，并从东北迁坟陪葬帝陵。据记载，世宗兴陵在太祖陵之侧，又与其父睿宗的景陵距离不远，石碑的发现为探索这三座陵的位置提供了重要线索。

陵碑前清理出一处汉白玉石铺成的御道遗址，东西宽约5.4米，南北长约3米。御道两侧地袱石上竖有4块汉白玉石栏板，内侧浮雕龙纹牡丹，外侧浮雕牡丹花卉纹。栏板及望柱前有两个蹲兽，中间为7级台阶，阶石上有线刻莲花纹饰。御路两侧有许多残破零散在地面的汉白玉、青石及花岗岩等质地的建筑构件，上有浮雕线刻人物、龙、虎、牡丹、忍冬草、寿桃等纹饰，雕刻精美，还有滴水龙头、残龟首以及刻有莲花几何纹的各式柱础、屋盖、转角斗拱等构件，大量的龙纹、虎头纹绿琉璃瓦和勾头、滴水、兽头、妙音鸟等，俱为珍品。在陵区范围内，金代的砖瓦和清代重葺的建筑构件更是俯拾皆是。这些遗址和遗物的发现，不但为研究金代陵寝制度提供了重要材料，而且据此可以确定兴陵、太祖陵、景陵的大体位置，这是考古、古建筑和民族史上的重大发现。

金陵的地面建筑现已荡然无存，加之史载甚简，使寻找金陵的工作困难重重。但是，可以确定，经过考古工作者的不懈努力，金

图 2-59 银川西夏王陵

陵的布局和范围定会在不久的将来再现于世，使人们更加全面地了解那段金戈铁马的历史。

（六）西夏王陵

西夏王朝是中国多民族国家形成过程中一个非常重要的朝代。这个在北宋时以现宁夏回族自治区首府银川为中心、由党项族建立的少数民族割据政权，曾一度强盛到迫使大宋王朝割地赔款、进贡银两布匹、签订屈辱条约的地步。它是与宋朝发生多次武装冲突，靠战争掠夺迅速强盛起来的国家。但国运未久，便被曾横扫欧亚大陆的不可一世的蒙古铁骑击败而亡国。由于它曾经的辉煌和强盛，以及受到中原地区汉文化多方面的影响，其帝陵在布局、形制诸方面都和宋朝有极其类似的地方，但同时又注入了鲜明的异域风情和民族特色。

西夏王陵（如图 2-59），位于今宁夏回族自治区银川市西贺兰山麓。东西约 5 千米，南北约 10 千米，内有帝陵 9 座，陪葬墓

193座。营建年代自11世纪初至13世纪初。1227年，蒙古铁骑横扫西夏，西夏国遂亡，战火殃及陵区，地面建筑全部被毁，陵墓大部分被破坏。西夏王陵的营建虽受中原文化影响较大，但自身特点仍十分明显，成为研究西夏物质文化、社会历史及与中原文化关系的十分重要的物质史料。例如，历朝历代帝王们既希望陵寝恢宏壮丽，又希望能够不被盗掘，高大的封土成了防止盗掘的重要屏障，像明清两代皇帝陵墓，都把盛放帝王棺椁及殉葬品的墓室建在如山般高耸的封土下方，而西夏王陵的陵台，却不是位于墓室的正上方，而是位于墓室以北10米处，根本起不到封土的作用；又如，西夏王陵墓道的入口设置在献殿内部，这也是帝王陵寝中绝无仅有的。隐藏墓道的走向是帝王陵墓营造时最为隐秘的工作之一，而西夏的皇帝们似乎并不担心这一点，除了墓道入口直接设置在献殿以外，西夏王陵的献殿至陵台之间有一条突起于地面之上的鱼脊梁封土，墓道就埋藏在封土下方。同时，考古发掘显示，和奢华的唐宋帝陵相比，西夏王陵的墓室要“简朴”得多，为位于中央的主室和左右耳室构成的三室土洞式结构，陪葬品也相对较少。

20世纪七八十年代对西夏王陵进行考古调查和发掘时，发现了陵邑。西夏王陵陵邑遗址是一个平面布局呈长方形的建筑群体，坐北朝南，围墙、院落、殿堂等遗迹清晰可辨。遗址最外围是一圈土筑墙垣，南面正中间的位置有城门遗址，东、西墙南北两端原似各有一座门址，西城墙开有一道侧门，并筑有瓮城。城内建筑自南而北自然形成三个部分：第一部分，由两个东西对称的小型四合院建筑和一条宽阔的中心大道组成。第二部分，约占总面积的三分之一，由三座相连接的四合院组成，两座呈方形居东西两侧，一座为长方形居中，三座相连形成凸字形。凸字形底边是三座院落的过殿，也是第一、二部分的分界线。第三部分，只在中部有一座南北长方形基址，在整个遗址的北面。

西夏王陵按陵区地形从南向北分4个区域：1至6号陵依次属前3区，每区2陵；7至9号陵属第4区。据《宋史·夏国传》载，在西夏12个皇帝中，有陵号者为：太祖继迁裕陵、太宗德明嘉陵、景宗元昊泰陵、毅宗谅祚安陵、惠宗秉常献陵、崇宗乾顺显陵、仁宗仁孝寿陵、桓宗纯祐庄陵、襄宗安全康陵，共9个，与陵区实际情况相吻合。但由于史书未记各陵相对位置，加之碑石已毁，陵主失考，除知7号陵为仁孝寿陵外，其余各陵尚存争议。一种意见认为，西夏王陵受唐宋阴阳堪舆之术的影响，实行昭穆葬法，考古证明的仁孝寿陵正与此排法一致，已发掘的6号陵为乾顺显陵。另一种意见认为，由于皇位世袭关系，西夏皇陵从南向北纵向两行排列。山外一行早于山内一行，共11陵，已发掘的6号陵为遵顼之陵。

西夏王陵园遗存保存较好，夯土台基，版筑残墙尚存，平面布局清楚。以6号陵为例，陵园坐北朝南，在陵园正南立双阙，双阙间辟神道。双阙以北神道两侧各立1座碑亭，亭北为外神墙、丹城和内城。丹城在内城之南，城内神道两侧立石像生。内城平面呈长方形，四角建角楼，每面正中各开1门。南方有门洞3个，门内即为献殿。地宫在内城西北，地面上有塔式灵台，从遗留的7级夯土塔身和瓦当、檐椽来看，似为一座平面八角的密檐式塔。外神墙与内城间距15米，用石块垒砌。陵园的最外一周现存夯土角台。陵台共7级。地宫在陵台前10米，距地表25米。封土呈角脊状隆起，主室呈长方形，两侧各有一配室，顶为穹隆顶。

诸陵共出土石象7尊，屈膝跪坐，似背负重物，造型十分奇特。陪葬墓随各陵分属各区，虽遭破坏，仍有重要发现。如108号梁国正献王之墓出土的扎结丝线染色的藏花闪色锦，是新中国成立后首次出土。101号墓出土的重188千克的鎏金铜牛造型生动，是冶金雕铸精品。

如今，依托西夏王陵，以西夏博物馆、西夏史话艺术馆、西夏碑林、三号陵、双陵（一、二号陵）遗址为主体，建成了规模宏大的西夏王陵旅游景区，成为塞上江南宁夏银川的招牌景点，游人慕名而来，络绎不绝。其中的西夏博物馆，是我国第一座以西夏王陵为背景，比较全面系统反映西夏历史的专题博物馆，有各类展厅9

间，基本陈列由西夏历史、西夏王陵和西夏学术研究成果组成。博物馆为西夏佛塔密檐式建筑造型，风格别致，既有现代建筑之气势，又与陵区遗址相呼应，形成了浓郁的民族建筑风格。

大西北的荒凉无疑是沉重的，但更多时候是美丽的。苍茫青黛的贺兰山，隔断了茫茫戈壁和无垠沙漠，成就了富庶美丽的塞上江南，强烈地昭示出历史的沧桑。静卧千年的西夏王陵，向游人诉说着昔日的辉煌。在无边的沙尘中闪现的巨大的封土堆，象征着这个民族伟岸的身躯在这块亘古贫瘠的土地上曾经的繁华，并最终汇入中华民族蓬勃发展的滚滚洪流。

（七）高句丽王陵

高句丽是中国古代边疆的少数民族政权。周秦时期，高句丽的先人一直生活在中国东北地区。公元前 37 年，扶余人朱蒙在玄菟郡高句丽县（今属辽宁新宾）辖区内建立政权。高句丽鼎盛时期其势力范围包括今吉林省东南部、辽河以东和朝鲜半岛北部。668 年，高句丽被唐王朝联合朝鲜半岛东南部的新罗所灭，其在历史上持续了 705 年之久。高句丽政权曾是我国东北地区影响较大的民族政权，在东北亚历史发展过程中发挥过重要作用。高句丽政权发轫于今辽宁省桓仁县，公元 3 年迁都至国内城（今吉林集安），桓仁与集安是高句丽政权早中期的政治、文化、经济中心所在，是高句丽文化遗产分布最集中的地区。

高句丽王城、王陵和贵族墓葬主要分布于今吉林省集安市及辽宁省桓仁县，是已被历史长河湮没的高句丽所创造的辉煌文明的经典。

高句丽王城由平原城与山城相互依附共为都城，包括国内城和丸都山城（始名尉那岩城），这是高句丽早中期的都城，也是

图 2-60　吉林集安高句丽将军坟

高句丽政权延续使用时间最长的都城。国内城是为数不多的地表保存有石筑城墙的平原城类型都城址，保存下来的城墙依然坚实牢固而又不失美观庄严，都城风范犹存。丸都山城位于向西倾斜的山麓，布局因山形走势而巧妙构思、合理规划，完美地实现了自然风貌与人类创造的浑然一体。通过考古发掘呈现的宫殿址遗迹，仍可显示原有建筑的恢宏气势。建筑群中发掘出具有对称结构的两处八角形遗址，国内史学界认为鉴于寺庙等处经常出现八角形建筑，这可能是举行祭祀和仪礼的场所。在东北亚地区中世纪时代城址中，国内城与丸都山城是都城建筑的杰作。

高句丽王城外，在群山环抱的洞沟平原上，现存近 7000 座高句丽时代的墓葬，堪称东北亚地区古墓群之冠，这就是著名的洞沟古墓群，有‘东方金字塔’之称的将军坟（如图 2-60）即位于此。许多墓室里绘有线条飘逸流畅、内容丰富并具有传奇神话色彩的精美壁画，距今虽已千余年，仍色彩鲜艳。著名的壁画墓有角抵墓、

舞俑墓、三宝墓、四神墓、五盔坟等。壁画墓从不同侧面反映了高句丽的历史发展进程，是高句丽留给人类的弥足珍贵的文化、艺术瑰宝。

位于集安城东北 4 千米龙山脚下悬崖上的将军坟，据考为高句丽第二十代王长寿王陵，是最具代表性的大型高句丽王陵，因造型颇似古埃及法老的陵墓，被誉为“东方金字塔”。将军坟墓基长 31 米，高 12 米，墓体呈方锥形，共有 7 级阶梯，全部采用精琢的巨型花岗岩石条砌筑而成，墓室顶部用面积约 50 平方米的整块巨石覆盖。墓室内并排置放着两个石棺床。在坟的顶端，四边条石上留有排列整齐的圆洞，墓顶的积土中有板瓦、莲纹瓦当和铁钩一类构件，可以看出是亭阁建筑的遗迹，这与北方古代其他少数民族的丧葬习俗极为吻合。将军坟建筑雄伟，造型明快庄严，是高句丽建筑技艺、艺术成就所达高度的一个缩影。将军坟后面原有四座式样相同的陪葬墓，规模小得多，现仅存一座。

将军坟的墓道朝向不远处的太王陵。太王陵的东侧矗立着被称为“东方第一碑”的好太王碑，是长寿王为纪念第十九代王永乐太王而建的。碑石由一块方柱形巨石修琢而成，高 6 米多，四面环刻文字共 1775 个，字体介于隶书与楷书间。汉字镌刻的碑文记述了好太王一生的功绩和有关高句丽起源及建立政权的传说，是高句丽保存至今最长的一篇实物文字资料。

在 2004 年举行的第 28 届世界遗产委员会会议上，位于吉林省集安市和辽宁省桓仁县（高句丽初期山城五女山城）的高句丽王城、王陵及贵族墓葬被列入世界遗产名录，包括王城 3 座、王陵 14 处及贵族墓 26 座。目前，集安高句丽遗址已建设成为功能完善、线路清晰、人文内涵丰富多彩的以大遗址公园为主题的文化旅游景区，历史悠久、文明厚重的边陲重镇已然成为旅行者心中的圣地。

第三章 幽界的殿堂

——历代王侯墓

等级森严、礼制繁复是中国奴隶社会、封建社会政治体制的最主要特征和表现之一。自周以降，起码从制度设计上考量，历代王侯既是拱卫中央朝廷的支柱，又是皇（王）族特权在地方的集中体现。当然，从各方面讲，王侯是无法和皇帝本人相提并论的，生前如此，死后更如此。除去春秋战国时期因朝纲大乱出现了一些在各个方面都不逊于周天子的诸侯王墓外，秦汉乃至唐明的历代王侯，他们的墓葬至少在地面建筑和面积上无法与同时代的皇陵相比。不过十分有趣的是，由于各王侯的横征暴敛、特殊爱好以及显赫地位，这些王侯墓地下的随葬品往往十分丰富，甚至不逊于皇室陵墓。历代王侯墓所出奇珍异宝每每轰动世界，使人惊叹不已。如果把规模宏大、结构复杂的帝陵称作来世的宫殿，那么，把规模略小、极力模仿帝陵却不敢僭越规制的历代王侯墓称为幽界的殿堂，则是十分恰当的。

一 先秦时期的王侯墓

春秋战国时期，礼崩乐坏，原先设计缜密、“看上去很美”的一整套奴隶社会的礼制，包括丧葬制度都处在大破坏之中，羽翼丰满的各国诸侯竞相攀比，阳奉阴违，全不把周天子放在眼里。更不论国力大小，以倾国之力兴建自己的来世乐土，这在曾侯乙墓和平山中山王墓中都表现得十分明显。

（一）随州市曾侯乙墓

音乐能陶冶人的情操，给人以美的享受，古今皆然。当年孔夫子曾因听了韶乐竟数日不知饭食之滋味，这未免使人感到好奇。但是，当你坐在湖北省博物馆的大厅中，亲耳聆听到两千多年前的编钟在今天又一次奏出荡气回肠的旋律之后，你就会理解古人为什么会为此而寝食俱废、魂不守舍。这被誉为世界奇迹的远古之声，发自随州市曾侯乙墓出土的数千年前的编钟。

随州市曾侯乙墓是战国早期曾国君主曾侯乙的墓葬，位于今湖北省随州市西郊。曾侯乙这个恐怕很多人闻所未闻的小国之君，在他的墓葬中竟随葬了许许多多价值连城的珍贵物品。根据文献记载，东周时期随州主要为随国所据有，不见有曾国之记载。由于曾侯乙墓的发现和发掘，已证实此曾国与史书中的姬姓随国一国两名，始祖为赫赫有名的周朝开国大将军南宫适（括）。这样一个名不见经传的小诸侯国之君尚如此奢侈，其余列强王侯可想而知。

曾侯乙墓于 1978 年发掘，结构为岩坑竖穴木椁墓，开凿在红色砂砾岩的小山丘上，平面呈多边形，无墓道。墓坑规模宏大，长 21 米，宽 16.5 米，深达 13 米。木椁用方木垒成，分中东北西 4 室，隔墙底部留有小型方洞使各室相通。双层木椁置于最大的东室，墓主尸体用多层丝织物包裹。曾侯乙墓的随葬品共出土一万多件，以“九鼎八簋”和编钟、编磬为主的礼乐器，十二律俱全的64件青铜双音编钟，玲珑剔透的尊盘和完整地书写二十八宿名称的衣箱，还有四龙曾黴、十六节龙凤玉佩、鹿角立鹤、联禁铜壶、云纹金盏以及我国迄今为止唯一一次出土自铭为“殳”的兵器实物等最负盛名，体现了先秦时期中国在艺术、科技、天文、冶铸等方面的极高成就。其中青铜礼器约140件，包括鼎、鬲、豆、壶、盘、匜等各种类型。由方鉴和方壶双层套合而成的冰鉴，满身饰精细的花纹，其设计、造型和纹饰都别具一格。竹简共出土240多支，内容主要记载用于葬仪的车马兵器。出土兵器4500余件，除弓、箭、矛、盾、戈、甲、胄之外，还有三戈一矛同柲的多戈戟，是新见的古代兵器。此外还有大量玉器、漆器和金器等，不胜枚举。在曾侯乙墓一个漆木箱上，用朱漆书写着二十八宿的全部名称，这是我国现存的有二十八宿名称的最早记载，在天文学上有巨大价值，由此可以证明我国是世界上最早创立二十八宿体系的国家之一。墓中所出青铜器上都有“曾侯乙”铭文，可证明墓主人身份。从一件镈钟铭文可知曾侯乙下葬于公元前433年或稍晚。

迄今我国发现的最完整、最宏大的编钟——曾侯乙编钟，是曾侯乙墓最著名的出土文物。曾侯乙墓共出土编钟、编磬、鼓、瑟、琴、笙、排箫、篪8种124件乐器。最为珍贵的是一套保存十分完整的编钟，包括钮钟19件，甬钟45件，镈钟1件。整套编钟以大小和音量为序组成8组，悬挂在铜木结构的3层铜架上，出土时仍矗立如故。经测试，这套编钟的音阶构成与现今国际通用的C大调7声音阶同一音列，总音域包括5个八度，中心音域12个半音齐备，可以旋宫转调。学者们在对钟体进行测音工作时发现，每枚钟的鼓部基音大都比隧部基音高一个小3度或大3度音程。有人把每枚铜钟发两个基音的现象追溯到商代。人们用激光全息干涉技术对编钟进行声学性能的研究，认为自西周晚期时，双音钟音程的小3度关

系很显著，大 3 度也有所增加。随着时代的发展，其他音程关系也逐渐展开。对曾侯乙墓编钟的研究还证明，65 件编钟都是用陶范分范合铸而成的，花纹用模具翻制。钟的含锡量为 12.5%~14.6%，含铅量为 1%~3%，配比十分合理，说明曾侯乙编钟在铸造工艺上已达到了较高水平（如图 3–1）。

经过试奏，证明这套编钟至今仍能演奏古今中外的各种乐曲，并可以用来伴唱。演奏结果还表明，它的和音复调和转调手法的运用相当成熟。凡是欣赏过这套千年古钟演奏的人们，都十分惊叹我国战国初年音乐文化和金属铸造工艺的辉煌成就，这套编钟不愧为我国青铜文化的瑰宝。

（二）平山中山王墓

战国中后期，诸侯并起，群雄争霸，天下大乱。各诸侯国的统治者横征暴敛，挥霍无度，而且花样翻新，与曾侯乙墓一样名不见经传的中山国王墓，突出地反映了这一点。

关于中山国的历史和族属，目前意见仍不一致。一般认为它是春秋鲜虞的延续，是姬姓白狄建立的国家；或者说是鲜虞子姓，为殷商后裔；有人则否认中山与鲜虞的关系，认为二者既非一国，又非一姓，中山本是周之同姓。但无论如何它作为战国时代的小诸侯

图 3-1 湖北随州市曾侯乙墓编钟

国的存在是可以肯定的。

中山王陵，位于今河北省平山县城北灵山下，年代属公元前 4 世纪末叶。中山王墓共有两处，一处在灵寿故城以西 2 千米处，东西并列 2 座大墓，西边的 1 号墓已发掘，确认是中山王厝之墓。另一处在城内西北部，南北错列 3 座大墓，已发掘的 6 号墓在最南端，但墓主人未能确定。

位于灵寿故城以西 2 千米处的 2 座大墓，上部都有夯筑的高大封土，其上再建享堂。以 1 号墓为例，封土东西宽 92 米，南北长 110 米。高约 15 米，自下而上呈三级台阶状。第一级的内侧有宽 1 米左右的卵石铺的散水，第二级有壁柱和柱础等遗迹。顶部的第三级则有叠压成鱼鳞状的瓦片堆积。这些遗迹可复原为一座周绕回廊、上覆瓦顶的三层台柱式建筑，并附有车马坑和陪葬墓。在封土范围之内，东西两侧各有陪葬墓 2 座，南面有相对称的 2 座长方形坑，当为车马坑。墓室为“中”字形，墓壁抹草泥并用白粉涂饰，有方形椁室和南北两条墓道，全长 110 米。椁室南北长 14.9 米，东西宽 13.5 米，深 8.2 米。石砌椁壁厚约 2 米，为四层套棺。东侧 2 坑、西侧 1 坑放置大量的随葬器物。

中山王墓以出土的器物十分丰富精美而著称，其中更有不少是罕见的珍品，具有重要的历史价值和文物价值。

1号墓出土的铁足大鼎、方壶和圆壶，号称“平山三器”。外表镌刻史料价值极高的长篇铭文，共计1099字，这在战国铜器中乃属仅见。大鼎和方壶的铭文作于中山王厝十四年，内容是对嗣王的告诫。圆壶铭文则是嗣子姿对先主的悼词。三篇铭文都追述公元前316年燕王被迫让位给相邦之子，以致造成“邦亡身死”的严重后果。又提到前314年齐国发动的伐燕战争，中山国曾由相邦司马赒“亲率三军之众”参加，取得赫赫战功。极为重要的是中山王的世系也见于铭文，有文公、武公、桓公、成公和王厝、王姿，加上《史记》所载公元前296年灭国时被迫迁回肤施（今陕西榆林无定河北岸）的厘尚，目前已确知中山王世系共7代。

平山中山王墓的发现在考古学上的重要意义在于，让人们对当时诸侯国君陵墓的布局有了认识。王厝墓封土之上建有享堂，为周绕回廊、上覆瓦顶的三层台榭式建筑。更难得的是墓中有一块“兆窆图”铜版，长94厘米，宽48厘米，上用金银嵌出中山王墓的规划全图。图上详注陵园各部位的尺寸，并附有关于营建陵园的王命。图中长方形丘坪整齐地排列5个享堂，尺度则分为两级：居中的王堂和两侧的王后堂、哀后堂，均方二百尺，相距百尺；两端间隔80尺的夫人堂和身一堂，方百五十尺。丘坪之外绕以内宫垣和中宫垣。前侧的两垣正中有门直达王堂。后部两垣之间又有4个方百尺的宫。从实际情况看，1号墓和2号墓相当于图上的王堂和哀后堂。而1号墓之尺寸，后壁方44米，檐柱方50米，台基方52.3米。按当时1尺长23厘米计算，也和图上标注的王堂方二百尺大体相符（参阅杨鸿勋《战国中山王陵及兆域图研究》，《考古学报》1980年第1期）。

中山王墓的布局和早期的贵族公墓全然不同，而与秦始皇陵布局相近。现有资料即可证明，这种形制的国君陵墓，至迟于战国中晚期在三晋和中山地区已经成为定制。兆窆图还反映出陵区各墓所

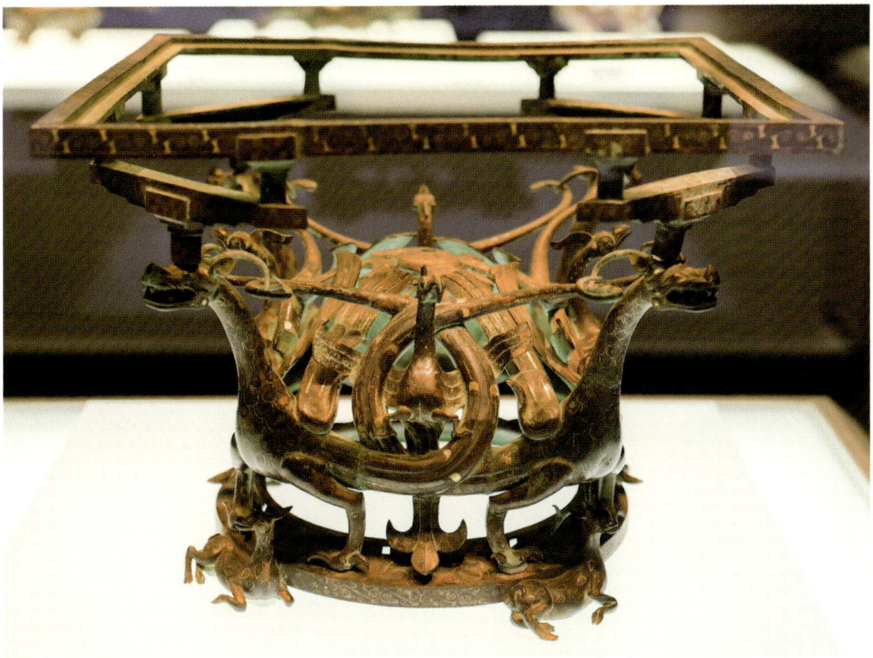

图 3-2 错金银四龙四凤铜方案

用葬式分为三级，与《礼记》所载基本相符。

除有重大历史价值的平山三器外，平山中山王墓中还出土了许多制作精巧的器物，它们都是不可多得的艺术珍品。如错金银四龙四凤铜方案（如图 3-2），器足以 4 只伏卧状的小鹿承一圆圈，圆圈之上是结成半球形的 4 龙 4 凤，龙须又各有一组斗拱上承方案。十五连盏铜灯（如图 3-3），高 84.5 厘米，形似大树，树上群猴嬉戏，树下两人仰面挑逗。银首人俑铜灯，高 66.4 厘米，造型为身穿绣袍之男子，左手握螭蛇连接的两层灯盘，右手高举螭蛇连接的另一灯盘。这些珍品真是令人眼花缭乱，值得人们凝神静气，驻足品赏。

图 3-3 十五连盏铜灯

二 汉代王侯墓

西汉初立，百废待兴，为巩固统治，刘邦仿周之制，大封同姓诸王。诸侯王们各自经营一方，筑城造宫，修陵建墓，时至今日，宫城多废，年久无存；墓位地下，保存较易。新中国成立以来，文物工作者调查和发掘了诸多王陵古墓，有河北保定满城的中山靖王墓，北京大葆台广阳王墓，山东曲阜的鲁王墓、临淄的齐王墓，河南永城芒山梁王墓，湖南长沙的长沙王陵墓，江苏徐州的楚王墓、扬州的广陵王墓，广东广州市南越王墓等，已发掘了数十座。这些王墓虽多经盗掘，但墓葬形制保存尚好，对研究西汉建筑艺术颇为重要。墓葬形制有二：一曰竖穴墓，葬具多为棺椁及黄肠题凑；二曰岩洞墓，如徐州的楚王墓、永城芒山的梁王墓及曲阜的鲁王墓等，这些墓多依山凿石建造，这种墓气势庞大，结构复杂，有棺有椁，道长室多，工程浩繁。墓葬形制之异同，概因各地风俗习惯、葬俗制度和自然条件而异。

由于汉初大封诸侯王的特殊政治体制及包括丧葬制度在内的礼仪制度的日趋完善，汉代王侯墓不但是真正意义上的王侯墓，而且是历代王侯墓中最具代表性和影响力的，也是今天最具游览价值的陵墓遗存。

（一）扬州汉广陵王墓

汉武帝之子刘胥曾受封广陵，为第一代广陵王。武帝死后，他祈祷神灵，诅咒昭宣，事败自缢，以王侯礼葬于今扬州高邮天山。天山又名神居山，周长 3 千米，1979 年春，采石工人开山时发现了山中古墓葬，文物工作者进行了两年的发掘究清原委。在已发掘的四座西汉石坑木椁墓中，一、二号汉墓均采用汉代最高葬制——黄肠题凑，两座墓的主人分别是第一代广陵王刘胥及王后。两墓均属大型岩坑竖穴、有斜坡墓道的黄肠题凑式木椁墓。早年均被盗掘，二号墓甚至遭焚烧，一号墓结构基本保存完好，上有周长 200 米、高 3 米的封土堆。其中一号墓即广陵王刘胥墓，墓坑深 18 米，东西宽 23 米，南北长 28 米，墓道长 60 米，墓顶封土 5 米有余，墓室填土约两万方。棺木南北长 16.65 米，东西宽 14.28 米，全部以珍贵楠木制成，折合木材 545 立方米，结构复杂，规模庞大，稳重壮观，构件比例协调严谨，为世人所瞩目。黄肠题凑共有 856 块，题凑大小尺寸不尽相同，四面企口高低错落有序，仅凭榫卯相连。据称当初出土时连极薄的刀片都无法插入。出土随葬品中的漆器、木雕（已炭化），制作精美，特别是漆榻和成套的浴具（盆、凳、勺、灯等）为汉代考古发现中所少见。广陵王墓中还出土了大量的文物和丰富的文字，黄肠题凑结构细密，俨如方城，生动地反映了当地当时的经济、建筑、工艺和生活水平。

广陵王墓（如图 3–4）虽在高邮，但广陵王当年的广陵城就在

图 3–4　扬州汉广陵王墓

今扬州蜀岗之上，至今保留夯土城墙。因此发掘结束后，将全部构件迁至扬州市区东北郊象鼻桥以东高岗（蜀岗）复原陈列，建扬州汉广陵王墓博物馆向世人展示。博物馆气势磅礴，因建于山顶之上，巍峨雄伟，从多层台阶下仰望，大有帝王陵寝之势。拾级而上，两旁的门阙、主展厅、东西廊房皆为汉式建筑，门庭高敞，廊柱质朴，线条简洁、凝重、古朴、粗犷。汉墓的四周，有一圈坑道，在坑道上居高俯视，整个黄肠题凑尽展眼前——这是一个呈方形无顶、全木结构的地下宫殿，被纵横交错地分割成数个大大小小的“房间”。中心是内椁，是供墓主人生活起居的地方。棺室内放有彩色套棺，棺内曾出土零星的金缕玉衣碎片。环绕内椁最外面的一层叫外藏椁。广陵王墓出土的黄肠题凑式木椁，在全国出土的十余座同类型墓葬中，其用料之大、制作之精、结构之严、保存之好，当属罕见惊世之作。

（二）南昌西汉海昏侯墓

西汉海昏侯墓，位于江西省南昌市新建区大塘坪乡观西村附近，是目前我国发现的面积最大、保存最好、内涵最丰富的汉代列侯等级墓葬，主墓、墓园及周边侯国都城遗址的完整性在国内独一无二，于 2015 年入选中国十大考古新发现。包含海昏侯国遗址、遗址博物馆、刘贺墓园保护与展示工程、游客服务中心及配套设施的南昌海昏侯遗址公园已向世人开放。

海昏侯墓的墓主于 2016 年 3 月被确认为汉废帝刘贺。刘贺是汉武帝之孙，其父刘髆是汉武帝宠妃李夫人之子，封昌邑王。刘贺只活了 33 岁，但人生却非常曲折，短时期内经历了王、帝、庶民、侯四种身份的转变。刘贺年仅 5 岁时便承嗣王位，为第二任昌邑王。19 岁时汉昭帝死，因汉昭帝无子，刘贺在权臣大将军霍光的操纵下继承皇位。刘贺好像被天大的馅饼砸昏了头，六神无主，荒淫失政，被霍光指斥“昌邑王行昏乱，恐危社稷”，在位 27 天即遭废黜，史称汉废帝。被逐回封地昌邑后，一度削为庶民。霍光死后宣帝亲政，下诏复刘贺名位，迁封刘贺为海昏侯。刘贺死后，海昏侯国一度被除，直到公元前46年，汉元帝封刘贺之子刘代宗为海昏侯。公元8年，王莽代汉建立新朝，海昏侯国终被废除。汉海昏侯国虽不能等同于海昏县，但地望基本相同。“海”在古汉语中意为“湖”，“昏”本义是黄昏，表示太阳落山的方向即西方。“海昏”即云“湖西”，湖指鄱阳湖。

南昌西汉海昏侯墓园自2011年开始发掘，考古工作者一共勘探约100万平方米，发掘约1万平方米。就考古发掘及研究而言，海昏侯墓的发掘过程和方法有许多重要突破，颠覆了人们对考古发掘及研究的传统印象。整个发掘过程代表了当今中国第一流的考古水平、文物保护水平及保护展示水平。墓园的考古发掘有多家单位跨学科合作，运用前沿的科技手段全程提取和记录信息。在考古调查和发掘前期，大量使用了地球物理探测、全球定位系统、电子全站仪布网测控、全球地理信息系统记录等科技手段，将调查资料完整信息化。最重要的是，所有发掘及保护工作都以世界遗产的标准为准则，为今后大遗址的保护展示提供了科学依据。

经考古发掘证实，该墓至少曾于五代时期及2011年两次被盗掘，但均未得逞，这使得该墓中的珍贵文物保存基本完整。这得益于东晋时即318年古豫章郡（今江西）的一场大地震。此次地震使当时的枭阳县、海昏县等豫章古县淹没到鄱阳湖中。墓室早年坍塌，沉于湖底，而当时人们尚不具备水下盗墓的条件，该墓因而得以幸免。同时因为墓穴内充满湖水，这种环境不利于微生物生长，才使得墓内的文物得到最大限度的保护。

海昏侯墓园由两座主墓、七座陪葬墓、一座陪葬坑以及园墙、门阙、祠堂、厢房等建筑构成，内有完善的道路系统和排水设施，具有汉代高等级列侯墓葬所包含的所有重要元素，直观而完整地体现了西汉列侯的墓园制度，对研究西汉列侯的园寝制度意义巨大。

根据出土的木牍、金器及印章，可确认墓主人身份为第一代海昏侯刘贺。其最重要的证据有三：一是在遗骸的腰部位置出土的白色玉印刻“刘贺”二字，这是刘贺的私印。印章是两汉时期常见的

随葬品，也是判断墓主身份的最直接证据。二是墨书金饼上有字“臣贺”。在出土的金饼上有已模糊的墨书字迹，专家释读出了关键部分：“南海海昏侯臣贺……元康。”“贺”字直接指明是第一代海昏侯刘贺，而元康是汉宣帝刘询的第三个年号。三是在出土的木牍奏章副本署名“臣贺”。在出土的木牍上，发现了海昏侯与侯夫人写给皇帝、皇太后的奏章副本，木牍上“海昏侯臣贺”“陛下”“呈太后陛下”“元康四年六月”等字样清晰可见。墓主人的确定，不但使海昏侯墓人气飙升，回应了广大考古爱好者的重大关切，更有重大的考古学意义：它将作为两汉王侯墓考古研究的确切标尺，对每每引起国人轰动的两汉王侯墓之墓园制度、墓葬结构、随葬物品以及其昭示的两汉时期政治、经济、文化礼仪等做出了准确而深刻的揭示。

图 3-5　南昌海昏侯墓出土文物：青铜雁鱼灯

海昏侯墓共清理出土了各类文物 1 万余件。包括成套出土的编钟、编磬、琴、瑟、排箫、伎乐俑；竹简、木牍以及有文字的漆笥、耳杯等数以千计；青铜雁鱼灯（如图 3-5）、青铜火锅上的花纹惟妙惟肖；青铜镜上镶嵌着玛瑙、绿松石和宝石；等等。通过对这些文物珍品的全方位的研究，考古学家们取得了一系列代表性的成果。

主墓出土的竹简中发现了一篇《筑墓记》，详细记录了大墓建造的过程。车马坑出土了实用高等级马车 5 辆，马 20 匹，错金银装饰的精美铜车马器 3000 余件。这是中国长江以南地区发现的唯一一座带有真车马陪葬坑的墓葬。实用车马陪葬坑出土的雕刻精美纹饰的鎏金、错银青铜车马器，与文献记载“龙首衔轭”的“王青盖车”类似。在主椁室西室发现的漆器屏风表面有孔子生平的文字以及孔子画像。这是迄今为止我国发现的最早的孔子画像。孔子屏风明确写着孔子“字中（仲）尼，姓孔，子氏”，将孔子的姓、氏、字完整记录了下来。孔子屏风的第二列文字“鲁昭公六年，孔子盖卅矣”，告诉了我们孔子三十岁时的准确纪年，由这一时间节点可以推算出孔子的生年。孔子屏风记载的孔子生年比《春秋公羊传》和《春秋穀梁传》记载的生年早十四年，比《史记·孔子世家》记载的孔子生年早十五年。

图 3-6 南昌海昏侯墓出土文物：金龙

发掘海昏侯墓的另一重大发现是其中出土的数量惊人的黄金及黄金制品，包括大小马蹄金、麒趾金、金板、金龙等（如图 3-6）。整个墓葬中出土的金器数量已达 378 件，重量已超过 78 千克。金板共 20 块，长为 22~23 厘米，宽 10 厘米，厚度 0.3 厘米，除一块金板后有附着物外，其余金板未发现文字或图案信息。马蹄金分大小两种，大马蹄金分别刻有“上”“中”“下”三种文字。

海昏侯墓还出土了数量众多的精美玉器和漆器，如长约 80 厘米的玉具剑、玉质耳杯、子母套装漆器等，还有像葡萄般大小、两端钻有微孔、对齐贯穿的琥珀，这块琥珀中还有昆虫，属于珍贵的虫珀。如此众多而精美的随葬物品，说明以被废之身迁海昏侯的刘贺，身家之丰厚已超出历史的记载和专家的预料。

（三）永城汉梁王墓群

位于今河南永城的芒砀山是极富传奇色彩的汉高祖刘邦斩白蛇举义之地，也被汉朝皇族认为是皇脉系之的风水宝地，历来备受重视。汉梁王墓群是汉文帝之子梁孝王刘武及其家族的墓地。墓群分布在除芒砀山主峰之外的各个山峰上，范围约550万平方米。共安葬梁孝王刘武、梁共王刘买、梁平王刘襄、梁顷王刘无伤、梁敬王刘定国、梁夷王刘遂、梁荒王刘嘉等数代梁王。王陵分布前后次序为：保安山、夫子山、铁角山、南山、黄土山、窑山和僖山。所有陵墓墓门均开凿在距山顶10余米处，斩山作廓，穿石为藏，结构复杂，气势恢宏，宛如庞大的地下宫殿。其上都有高大封土，厚5~10米，面积5000~6000平方米。堆土夯筑，封土多覆盖整个山顶至半山腰处，封土表面均平坦，南高北低，南北两墓并列，南墓居山体主要位置，为王陵，北为王后陵，墓道大多为朝东略偏南方向。其中梁共王陵中出土的《四神云气图》（如图3-7）曾被赞誉为“敦煌前

图3-7 《四神云气图》

之敦煌”，王后陵以其庞大的规模及非凡的价值，被誉为“天下石室第一陵”。陵墓中出土的金缕玉衣、鎏金车马器、骑兵俑、精美玉器等众多文物，实属稀世珍品、艺术瑰宝，具有较高的历史、艺术、科研价值。

梁国第一代王侯梁孝王刘武为汉景帝刘启之弟，在平定危及中央政权的吴楚七国之乱中立下首功，并为景帝生母窦太后所赏识，因此景帝曾有“千秋万岁后传于（梁）王”的承诺。但景帝旋即食言，而梁王过于天真，以帝王诺言为真，幻想破灭后无法自拔，郁郁而终。死后大享哀荣，以帝王之制建陵，例如梁王墓曾建有规模宏大的寝园，按汉代墓制只能由皇陵专享。陵墓由墓道、甬道、主室、角室、回廊及排水系统组成，是中国西汉早期“凿山为室”的横穴大型石崖墓，系由人工在坚硬的崖石中开凿而成，全长 96 米，最宽处 32 米，面积约 700 平方米。墓道口为“U”形，上部用梯形石板扣压，极其坚固，至今保存完好。许多建筑专家参观后惊叹不已，认为据此可以改写中国建筑史，史学界认为拱顶建筑应是汉武帝通西域后，从西域传来。但是汉武帝即位是在公元前 140 年，而梁孝王去世是在公元前 144 年，比以前认为的年代早了很长时间。梁孝王寝园遗址位于梁孝王墓和王后墓之间的台地上，平面呈长方形，面积约 6600 平方米。主要建筑都集中在四面包围的寝园墙内。寝园前部以寝殿为中心，其四周有院落和回廊，是整个寝园的主体建筑。寝园后部是以堂为主的建筑群，辅以排房、庖厨、院落等建筑。根据寝园东门石墙上干支刻字，推测其始建年代为公元前 150 年。梁孝王寝园是迄今发掘的唯一一处保存完整的汉代寝园建筑基址，为研究汉代建筑和陵寝制度提供了重要资料。

梁孝王李王后陵位于保安山北山头，地宫东西全长 210 米，最宽处 73 米，地宫内总面积 1600 多平方米，总容积 6500 多立方米，是由两条墓道、三条甬道、两个主室、三十四侧室等部分构成的庞大地下宫殿群，被中外考古界称为“天下石室第一陵”。其内部结构完全按照汉代王室宫殿的布局而建造，由前庭、车马室、甬道、客厅、卧室、回廊、冰窖、马厩、兵器库、壁橱、粮库、后室、洗浴室、厕所、庖厨及隧道、排水系统等构成。

李王后地宫有四大特点：一是室内有中国最早使用、雕刻精美的石制坐便器，与今日的冲水马桶有异曲同工之妙；二是有贮藏食物的冰窖，可相当于现代人用的冰箱；三是有一线天奇妙景观：站在李王后塑像旁，向东望去，可见一线天，其设计精妙，堪称一绝；四是在梁孝王陵和王后陵之间有一条地下通道（如图3–8），名曰“相思道”，是梁孝王和王后灵魂幽会的通道，可惜的是未及完工，王后就驾鹤西去，留下了千古遗恨。两千多年前的建设者们如何做到这些，至今仍是谜团。

图 3–8 永城汉梁王墓李王后陵墓道

在王后陵相思道地面上凿制有七个圆形纹饰，有人解释为北斗七星，但其与现代的北斗七星有很大差别。这些神秘符号的具体含义是天体变化还是二人幽冥中相会的暗号，无法得知。

梁共王陵位于保安山，属于大型崖洞墓，坐东面西，亦系人工在坚硬的岩石中开凿而成。整个地宫由墓道、甬道、主室、耳室、巷道及排水系统组成，长70余米，总面积383平方米，该陵的主人为梁孝王刘武的长子梁共王刘买。该地宫因出土了一件轰动全国考古、美术等学界的国宝级文物——《四神云气图》彩绘壁画而闻达世人。壁画位于梁共王陵墓室顶部，中部一条7米长的巨龙飞腾，东朱雀，西白虎，四周由怪兽、灵芝及云气纹图案装饰。壁画从主墓室顶部的西端起，向东延伸有丈余，总面积达30平方米，填补了我国西汉时期壁画的空白，比敦煌壁画要早600多年，历史艺术价值极高。历经两千多年仍色彩艳丽，被专家学者誉为"敦煌前之敦煌""敦煌外之敦煌"。该壁画又被誉为"四最壁画"，即篇幅最大、年代最悠久、保存最完整、考古艺术价值最高。

虽然这座地宫遭多次盗掘，但在墓道塞石的下边还侥幸保存下来钱窖一座，出土汉代"半两"铜钱225万枚，重5.5吨。出土鎏金车马饰物一万余件，骑兵俑和侍女俑40多件，其中所出土的容貌秀美、栩栩如生的断臂仕女俑更被称为"中国的维纳斯"。

梁孝王陵东北的僖山山顶发掘有僖山金缕玉衣墓，这是一座凿山竖穴土坑墓。墓内出土的一千余枚玉片，已复原成金缕玉衣，这是继满城汉墓之后第二次出土比较完整的金缕玉衣。玉衣出土时已经散乱，经修复后，玉衣长度为1.76米，由2008块玉片用金丝编缀而成。古人赋予玉种种美好的寓意，认为玉有灵性，用玉殓尸，能使尸体不腐，葬玉制度始于西周晚期，历经春秋战国至汉代盛行。玉衣是丧葬用玉中的最高档次，依死者爵位的高低又分金、银、铜缕三种，在初行玉衣的西汉时期，皇帝、皇后、王侯皆可使用金缕玉衣，因此，可以推断此墓应为西汉梁国国王级别的陵墓。

汉梁王墓群中仍有许多未解之谜，如李王后陵工程浩繁的天下石室第一陵如何建设？巨型塞石如何运送？王后陵一线天奇观如何测量而使其误差不过一厘米？分别在两个山头的梁王后与梁孝王的地宫，要按照山体走势打通两人之间的"相思道"，如何保证这个洞能准确贯通而不致歧路？又如《四神云气图》应由青龙、白虎、朱雀、玄武四种神兽组成，而梁共王地宫中的《四神云气图》上只找到青龙、白虎、朱雀和一个鸭嘴鱼身的小怪兽，不是玄武，用这种神兽来替代玄武，是避其刘武的名讳，还是另有用意？还有，地位显赫的梁王墓为什么没有汉代王侯墓中流行的兵马俑坑？种种疑问，不一而足，目前众说纷纭，只有找到更多的证据和进行更深入的研究后才能逐步解开。

西汉帝王实行厚葬招致后世无数遍疯狂的盗掘，坚固如汉梁王墓群也多次被盗掘，史载最早组织盗掘梁孝王墓的人是曹操。东汉末年，曹操设“摸金校尉”及“发丘将军”，“操别入砀，发梁孝王冢，破棺，收金宝数万斤，天子闻之哀泣”，“运七十二船”，养兵三年。内部劫掠一空后，梁孝王陵一直裸露任人出入，当地群众称为梁王洞。尸骨尚不能存，魂魄焉能安息，这大概是极尽哀荣的王侯们没有料想到的吧。

20 世纪 70 年代，施工中的推土机将保安山北侧半山腰处一座金缕玉衣墓葬完全毁坏。80 年代到 90 年代，文物工作者先后对僖山汉墓、梁共王墓、梁孝王王后陵、梁孝王寝园进行了考古发掘，取得了重大的考古收获。1996 年，汉梁王墓群由国务院公布为第四批全国重点文物保护单位。近年来，梁王墓群更作为著名的芒砀山景区的重要组成部分，引得广大游人纷至沓来，凭吊大汉王朝曾经的芳华。

（四）徐州汉楚王陵

徐州，汉时称彭城，是西汉高祖皇帝刘邦的故乡和发迹之地，对这块卧龙宝地，西汉历代统治者都异常重视。刘邦称帝翌年（前 201 年），即封其弟刘交为楚王（死后谥号楚元王），传八代，历时 132 年。第八代楚王刘延寿，因与广陵王刘胥谋反被诛除国。汉宣帝甘露三年（前 51 年），宣帝迁其子定陶王刘嚣事楚，再传四代，王莽时绝，历时 59 年。西汉一朝，楚王两传十二代。现已调查发掘了八代楚王的陵墓，包括楚王山汉墓群（五座汉墓，其中 1 号主墓据记载推测为第一代楚元王刘交墓）、南洞山汉墓群、北洞山汉墓群（第五代楚王刘道墓或为第二代楚王刘郢墓）、驮篮山汉墓、东洞山汉墓、卧牛山汉墓、狮子山楚王陵、龟山汉墓等。其中以狮子山楚王陵和龟山汉墓最为典型。

西汉楚王陵墓的建造，选址皆在石灰岩山头，因楚元王选址在楚王山北坡之小山包上，其子孙皆不得超之，所以后代诸王多选用独立存在的小山头。墓向有向南、向西和向东，独无向北者，但墓前一定要有一望无垠的开阔地带，不得有他物挡其视线；同时墓道一般开在山坡上或靠近底部，墓道和甬道要与山体石头纹理走向有夹角，并不得小于 45 度，这样最安全。墓道在山下部或山腰，呈长条形或呈前宽后窄的箕形，有平底和斜坡底两种。甬道则沿墓道前端向里延伸。墓室分前、中、后及侧室，在墓道或甬道上有一或两个耳室。一般来讲，早期墓建造考究，主要布局在中轴线上或两侧，中期墓比较粗犷，墓室结构比较复杂，且主室内另设木结构棺房；晚期墓则比较简约，只有前、后室和侧室；个别墓室还附有“衙属”，结构复杂，门类齐全，造型考究。一般墓都有陵园设施，个别墓还有陪葬墓或兵马俑坑等。随葬物品一应俱全，穷奢极欲。

龟山汉墓，位于徐州市龟山西麓，为西汉第六代楚王刘注的夫妻合葬墓，此墓是徐州汉墓中唯一确定了主人的墓葬。龟山汉墓于 20 世纪 80 年代初被当地群众开山采石首次发现。随后进行考古调查和发掘，90 年代进行保护展示。龟山汉墓东西长 83 米，南北最宽处达 33 米，总面积达 700 余平方米，几乎将整个山体掏空。两墓并列相通，南为楚王刘注墓，北为其夫人墓，均为横穴崖洞式，墓葬开口处于龟山西麓，呈喇叭形状，有南北两条墓道。墓室共有十五间，大小配套，主次分明，全靠手工开凿。此墓工程浩大，雕凿精细，气势雄伟，实为罕见。南北两条平行的甬道各长 56 米，沿中线开凿最大偏差仅有 5 毫米，精度达到万分之一。南北甬道之间相距 19 米，夹角为 20 秒，误差仅为一万六千分之一，每条甬道有 26 块重达 6~7 吨的塞石封堵。通道地平面内外高低相差 527 毫米，呈千分之十的自然坡度，是迄今为止世界上打凿精度最高的通道。刘注前殿位于整个墓葬的中心部位，是十五间墓室中最大的一间，面积近70平方米，象征楚王生前处理政务、宴饮宾客的大殿。中间的擎天石柱高大粗壮，恰好撑在南北甬道的中轴线上，构造巧妙。楚王棺室北面墙上清楚地显示着一个真人大小的影子，它身着汉服，峨冠博带，作拱手迎宾状，被称为“楚王迎宾”，这一形象是在墓室正式开放后逐渐形成的。刘夫人墓室的前厅和棺室及石柱上分别留有乳头状石包，分布走向呈不规则排列，绝非工艺点缀，但其本意已无从认定。

龟山汉墓的许多现象令人感叹和不解。如甬道修筑的工程精度，如何掏空整个山体而不致意外，巨大塞石的制作和运输，合葬墓中两室相通的过道（即壶门）的开凿为何东壁平直，西壁平面却成为曲尺形，以及刘注下葬时是否亦应该身裹金缕玉衣、有镶玉漆棺，等等，正是有这样许多疑问，龟山汉墓也被称作“东方金字塔”。

龟山汉墓已成为徐州龟山景区的主要景点之一，坐落在徐州市鼓楼区，交通十分便捷。

狮子山西汉楚王陵，是西汉第三代楚王刘戊的陵墓，位于徐州市狮子山，依山为陵，凿山为藏，坐北朝南，深入山中60余米。陵南北总长117米，面积851平方米，凿石量达5100立方米。由墓道与附属建筑、主体建筑两大部分构成，共有墓室12间，出土文物2000余件（套）。墓葬形制上平面布局不完全对称。陵内设有三处相对独立的陪葬墓。早年发现的兵马俑坑为其陪葬坑。从出土文帝四铢半两钱等遗物，基本可以推定狮子山楚王陵的陵主人是第三代楚王刘戊。

20 世纪 80 年代发现的汉兵马俑（如图 3-9），揭开了这支沉睡两千多年的地下部队的神秘面纱。兵马俑总数 4000 多件，对研究我国古代军事史有着重要的意义。徐州汉兵马俑是继西安秦兵马俑后的又一重大发现。作为楚王的陪葬品，4000 多件汉俑用写意的手法，将汉代军旅中士兵们的神态和情感惟妙惟肖地刻画和表达出来，具有很高的艺术欣赏价值。

图 3-9　徐州汉楚王陵兵马俑

东晋葛洪《抱朴子》载："金玉在九窍，则死人为之不朽。"汉代人们笃信玉可使尸体不腐，因此十分重视丧葬用玉，使丧葬用玉一度盛行。但物极必反，贵重的殓玉和随葬品引来了无数的盗掘者，特别是那些高等级的王侯贵族墓葬，几乎十墓九空，甚至朽骨无存。直到曹魏文帝曹丕废除了以玉衣殓尸等制度，葬玉制度才逐渐减少及至消失。徐州汉楚王陵经多次盗掘，毁坏严重，但以狮子山汉楚王墓为代表，仍出土了众多绝世玉品。列举如下：狮子山楚王墓出土的夔龙涡纹玉璧，直径 22.5 厘米，青玉制成，璧面纹饰以同心圆，绳纹分为内外两区，内区为涡纹，外区为四组变形夔龙纹。龙纹结构奇特，龙头雕出额头及鼻梁，嘴不明显，鼻下部两侧各有两条粗阴线，两个飘带状角向两侧延伸，将龙身缠绕。该玉璧即属殓玉。狮子山楚王墓出土镶玉漆棺，长 280 厘米，宽 110 厘米，高 108 厘米。复原后的镶玉漆棺实际使用的玉片总数达 2095 片，多为新疆碧玉。漆棺侧面的中部以 5 个饰玉璧的玉板组成对称图案，与东汉画像石中五星连珠的画像相似，可能寓有《后汉书·天文志》所载"五星如连珠，日月若合璧"之意。两边的两个空白面或为门的象征，其寓意为供墓主灵魂出入。狮子山楚王墓出土素面玉璜，以名贵的和田玉琢成，质地坚硬，细腻温润。器身磨光，素面，外缘和两侧边皆有减缘形成的牙槽，内缘有连续的透雕纹样。从残余纹样造型看，原来雕琢的可能是龙凤纹。玉璜正中顶部钻有佩挂用的小孔。该器是目前已知体量最大的玉璜，质量上乘，但可能是一件半成品，璜体尚未及雕琢纹饰就随葬于楚王墓中。狮子山楚王墓出土龙凤纹玉璜，龙凤纹玉璜是狮子山楚王墓出土的众多玉璜中最为精美的一件，出土于甬道中。系用新疆和田白玉雕琢而成。璜体上下两侧和两端皆减缘形成牙槽，而中部较大部分减缘则与一般玉璜不同。玉璜两面纹饰相同，每面以穿孔为中心，中间为一兽面纹，两侧各雕一龙， 龙首一侧为凤喙，龙身旁布满凤羽。龙身外各雕 4 条相互虬曲盘绕之龙。整件玉璜全部采用浅浮雕，两面共雕饰 20 条龙、4 只凤鸟和 2 个兽面，穿系孔的周边亦浮雕出圆廓，不留空白，

图 3-10　徐州狮子山楚王墓出土龙形玉佩

虽构图饱满，却密而不塞，给人以龙凤呈祥之感。构图奇妙，工艺精湛，令人叫绝。

狮子山楚王墓出土龙玉佩有单体龙形佩（如图 3-10）和复合式龙形佩两类。单体龙形佩依据佩挂方式和造型的不同，又可分为横式龙形佩和竖式龙形佩两种。横式龙形佩的龙身呈多曲状，龙尾内卷，龙身中部上方有穿孔，佩带时作横直状。这种龙形玉佩流行于春秋战国至西汉前期，西汉中期以后虽偶有发现，但已不是主要的玉佩了。竖式龙形佩的龙身呈“S”形，头部上方有穿孔，佩挂时作竖立状。狮子山楚王墓出土的双龙形玉佩，造型较为特殊，在已发掘的汉墓中尚不多见。复合式龙形佩透雕而成，主要纹样为盘曲对称的双龙，河南信阳长台关和湖北江陵雨台山楚墓都出土过类似的玉佩。东洞山二号楚王后墓出土的龙凤纹玉环，呈黄白色，通体透雕。整环以三条虺龙盘绕而成，环身透雕有熊、凤鸟及卷云纹，并以阴线刻画细部，线条流畅自然。狮子山楚王墓出土玉冲牙，作龙形。龙身饰勾连谷纹，内侧有透雕的龙凤卷云纹附饰，构思新颖，纹饰流畅。冲牙为古代成组玉佩的组成部分，位于佩饰的最下方，一般为左右各 1 件。玉冲牙出现于西周，而盛行于东周。陕西长安张家坡西周墓中曾发现形似冲牙的玉龙纹觿。河南淅川下寺春秋楚墓、江苏严山春秋吴国玉器窖藏以及河北平山县战国中山国墓都曾出土玉冲牙。两周时期的冲牙多作龙形或简化的龙形，狮子山楚王墓所出玉冲牙龙头更为形象化，龙身一侧加上透雕的附饰，造型更为优美。

附：徐州汉文化景区

汉墓、汉兵马俑、汉画像石组成了徐州汉代三绝。以狮子山楚王陵、汉兵马俑博物馆、汉文化交流中心（汉画像石馆）、王后陵（羊鬼山）以及刘氏宗祠和竹林寺为核心，以狮子山楚王陵为基础的徐州汉文化景区（如图 3–11），位于徐州市云龙区三环兵马俑路 1 号，占地面积 1400 亩，辅以外延休闲建筑，形成了集历史博览、园林景观、旅游休闲于一体的汉文化保护基地和精品旅游景区。集中展

图 3–11　徐州汉文化景区

现了两汉文化的精髓，是徐州区域内规模最大、内涵最丰富、两汉遗风最浓郁的汉文化保护基地。徐州汉文化景区呈现为一部立体的汉代史，成为集“两汉三绝”为一体、国内最大的汉文化主题公园和国家 AAAA 级精品文化旅游区，是不可错过的人文旅游景区。

景区主入口汉文化广场，东西长约 280 米，依次布置了入口广场、司南、两汉大事年表、历史文化展廊、辟雍广场等景点，终点矗立汉高祖刘邦的铜铸雕像，构成完整的空间序列。游客可以从中领略两汉文化源远流长的魅力。广场的设计犹如一段立体空间化的汉赋，通过“起”“承”“转”“合”四个章节，抑扬顿挫，弛张有度，将汉风古韵自然呈现出来。

雕塑广场位于汉文化景区南门外，群雕长 50 米，宽 20 米，高 12 米。雕塑以花岗岩为基座，采用铜像与花岗岩像相结合的表现方式。按楚王作为诸侯王出行的等级规格来修筑，与楚王陵呼应。群雕主要描述汉画像石《车马出行图》的场景，成为徐州城市的文化形象标志之一。楚王陵则处于汉文化景区核心区，其西建有汉兵马俑博物馆。徐州汉兵马俑博物馆是在原址上就地建馆，占地面积 6000 平方米。由汉兵马俑主馆和水下兵马俑博物馆两部分组成，形态各异的兵俑整齐地排列在六条俑坑中，是一支威武雄壮的地下部队。

汉画像石博物馆位于狮子潭水面东侧，全长约 300 米，是国内第一座以“汉画像石文化体验”为主旨的博物馆。展厅分为动漫展示与休闲区、汉画像石及拓片模拟制作互动区、汉画像石精品展区三个区域。其中堪称国内第一的以汉画像石图案为题材的动漫影片，创造了汉画像石文化新的艺术表现形式。以现代高科技声、光、电技术生动再现汉代现实生活场景，使游客身临其境。汉文化交流中心建在狮子潭水面上，借鉴了汉代建筑的神韵，主要展示了东汉时期比较兴盛的汉画像石艺术。整个交流中心为一座建在水塘上的干栏式建筑，有开阔的厅堂，上层建有观景平台。汉文化演艺中心是充实完善徐州市汉文化景区的重要文化设施和旅游设施，其西南侧为王后陵。

徐州汉文化景区，已不是晦涩的文献和令人心悸的幽深墓穴，而是宏大的山陵、栩栩如生的人物、津津有味的故事、精美绝伦的珍宝、深厚的文化底蕴交织组成的大汉历史画卷。它值得你驻足景仰，凭栏怀古，借以体验博大精深的汉代文化精华。

（五）长沙马王堆汉墓

长沙是一座历史悠久的文化名城，濒临湘江下游、岳麓山东麓，依山傍水，有着良好的地理条件。先秦时，长沙是楚国的军事重镇，秦朝时为长沙郡郡治。西汉初，长沙为异姓王长沙国都治。因出土丝绸、帛书等闻名于世的马王堆汉墓，即位于长沙市东郊五里牌。

马王堆汉墓（如图 3–12），是西汉初期长沙国国相轪侯利苍及其家属的墓葬。因讹传为五代十国时楚王马殷之墓，故沿称马王堆。轪侯利苍的封地在轪县（今河南光山、息县一带），汉惠帝二年（前193年）封长沙相利苍为侯，国于此，以地名国，故称轪侯，食700户。轪侯本是一微不足道的小侯，在位仅8年。

这里原是一个方圆半里的大土堆，在土堆的中央，醒目地矗立着两座高约5丈的封土堆，东西对峙，一地相连。东面的封土经发掘后有两座墓葬，分别被命名为马王堆一号、二号墓，西面的封土堆被称作三号墓。经发掘证实，马王堆二号墓墓主为长沙国相、第一代轪侯利苍，三号墓墓主为利苍之子，一号墓墓主为利苍之妻。

利苍死于汉惠帝二年，其子于汉文帝十二年（前 168 年）下葬，一号墓墓主下葬年代略晚，但时代也较为接近。

三座墓形制相同，皆为土坑竖穴墓。一号墓最大，墓口南北长 19.5 米，东西宽 17.8 米，其下有 4 层台阶，再下为斗形坑壁，直达墓底。墓底长 7.6 米，宽 6.7 米，深 16 米。葬具均为棺和椁两部分组成。按汉时棺椁制度，诸侯棺椁应为五重，但利苍本人却只有

图 3-12　长沙马王堆汉墓

两棺一椁，这可能是因为利苍封侯时间太短，同时也和西汉初期整个社会经济凋敝的形势有关。一号墓主利苍之妻却因汉代经济的迅速恢复，享受到了诸侯四棺一椁的正式待遇。四层套棺内壁均髹朱漆，外壁则有不同的花纹装饰图案。

一号汉墓主轪侯利苍之妻，出土时宛若新葬。女尸外形完整，脸部用面罩覆盖，身穿丝绵袍服和麻布单衣，然后用丝麻织物包裹。里外约 20 层，再用 9 道绸带将两臂和两脚扎起来，最后在女尸身上套穿两件丝绵袍。女尸出土时，浸泡在 80 升的无色透明（后呈棕红色）棺液中，长 154 厘米，重 34.3 千克，全身润泽，皮肤完整，颜色呈淡褐色。身上大部分毛发尚存，指趾纹路清楚。皮下脂肪丰富，注射防腐剂后软组织尚有弹性。四肢关节可以略微转动。虽稍有早期腐败现象，如口略张，舌挺出等，但各种生理组织均保存甚好。甚至可以推断出她已生育过、患有诸如动脉粥样硬化、冠心病、多发性胆石症、日本血吸虫病以及慢性铅汞中毒等病。她极有可能是胆绞痛急性发作，引起冠状动脉痉挛，导致急性心肌缺血而猝死。如此完好的女尸，在世界古尸保存的记录中是十分罕见的，它和干瘪的木乃伊、尸蜡、鞣尸不同，它是一种和新鲜尸体相似的湿尸。它的发现，对于探讨我国古代防腐科学水平和医学水平发展状况极具价值。

马王堆墓出土了几千件珍贵文物，全方位展示了汉代的社会生活，真正体现了“事死如生”的丧葬原则。在一号墓出土的 312 枚、三号墓出土的 410 枚遣册中，详细开列了随葬物品的清单。

马王堆汉墓出土物中最引人注目的是大量的食品。众多的竹筒盛放着稻米、小麦、大麦、黍、粟、大豆、赤豆、梅、梨、甜瓜、枣、柿、橙、枇杷、芥菜、藕、笋等食品。肉类在下葬时都已制成羹肴和肉脯，但从骨骼中可以辨认出有猪、牛、羊、狗、马、鹿、鸡、鸭、鹤、斑鸠、喜鹊、鹌鹑、鲫鱼，等等。还有调制食物时用的油、盐、糖、蜜、酒等，品种十分齐全，这大概包括了墓主人生前吃过的全部食物品类。西汉文帝提倡薄葬，所以马王堆汉墓中随葬珠宝金银甚少，但共出土了无与伦比的各类漆器500余件，其中鼎、盒、盘、壶、钟、几、案、屏风、杯、匜、奁等一应俱全，半数以上为饮酒或汤的耳杯，木胎质占90%以上。装饰方法有彩色漆画、锥画（在尚未干透的漆模上用锥加以锥刻，并在锥刻的花纹中加油彩，使花纹立体感极强）等。花纹以云气纹、龙凤纹为主。该墓重达千斤的漆绘彩棺，画面上有漫卷的流云，充满浪漫与神秘色彩的神仙鬼怪，令人惊叹不已。

马王堆汉墓出土的大量丝绸，以众多的数量、繁多的品种、齐全的色谱、精巧的工艺，显示了“丝绸大国”的实力。例如素纱禅衣（如图3-13），这是妇女们穿在锦衣外面的饰衣。据纺织专家报告说，此素纱的品质比现代高级织物乔其纱的品质还高。又如以两种以上的经纬线编织图案的提花织物——绒圈锦，更使人觉得不可思议。而众多刺绣物品的出土，又证明了湘绣历史的古老。还应当指出的是，难度极高的彩色套印技术，已在当时的印染工艺中得到成熟的运用。

图3-13 长沙马王堆汉墓出土的禅衣

帛书，是马王堆汉墓重要的出土文物，它们用质地十分柔软的白色生绢写成，在三号墓漆盒内发现。包括 28 种古籍，12 万多字。以朱砂作原料，用隶篆、隶、秦隶书写而成。主要作品有《老子》甲本及卷后佚书《五行》《九主》《明君》《德圣》，《老子》乙本及《黄帝四经》《周易》《战国纵横家书》《春秋事语》《五星占》《相马经》等。医书类帛书《五十二病方》成书时间早于《黄帝内经》，对于中国医学史研究来说是一个重要里程碑。

墓内还出土了 3 幅地图，即城邑和园寝图、长沙国南部地形图、驻军图，这是世界上现存最早且已具有相当水平的实用彩色地图。一号墓和三号墓各有一幅名为《非衣》的彩绘帛画，这是飞入仙境的图画。三号墓还出土了仪仗图、导引图的彩绘帛画。仪仗图大致反映了墓主生前的一个军阵，导引图则是我国迄今为止发现最早的一幅健身图谱。

马王堆汉墓由于建造在坚硬如石、透水性极差的第四纪网纹红土之中，加上良好的构造和密封措施，按照严格的葬礼要求对尸体加以包裹，又盛上有杀菌作用的棺液，并因为有幸未被盗取而得以完整保存下来。2013 年，马王堆汉墓被列为全国重点文物保护单位。

（六）广州南越王墓

据《史记》和《汉书》记载，公元前 214 年，秦始皇统一岭南地区，置桂林、象、南海三郡。秦二世时，赵佗任南海郡尉，后据三郡建南越国，自立为南越王。南越王共传五世，汉武帝元鼎六年（前 111 年）灭南越国，置九郡，南海郡治仍设在番禺。本文所述南越王墓是西汉第二代南越王赵眛之墓，位于今广州市越秀区西边的象岗山（如图 3-14）。

据该墓所出玺印等物考证，赵眛死于元朔至元狩年间（前 128—前 117）。他的墓葬形制巨大，出土遗物十分丰富，且未被盗掘，其中不乏罕见珍品，对研究史载甚简的南越国的宫室制度、埋葬制度，考察其社会经济的发展及与中原文化的关系等诸方面，都具有重要意义。

图 3-14　广州南越王墓外景

南越王墓于 1983 年发掘。该墓为石砌洞室墓，由墓道和墓室两部分组成。墓道在墓室之南，残长 10.3 米，宽 2.6 米。墓室除东西耳室掏洞砌筑外，均是在 20 米深的竖穴坑底用大石块砌建的，分前后两部分。前部分有前室和东西耳室，后部有主室、东西侧室和后藏室，共 7 室。全长 10.85 米，最宽 12.5 米，高 2.3 米。各室有门道相通，前室、主室为石门，其余各室均为木门。墓室顶部与墓道内的填土均经夯筑。墓主安置于主室之中，葬具为一棺一椁，根据板灰痕迹，可知椁长约 3 米，宽约 1 米，棺长约 1.85 米，宽约 0.75 米。墓主身着丝缕玉衣，玉衣系丝缕编缀和粘贴组合而成。墓中殉人 10 多个，分别置于东西侧室、东耳室、前室和墓道中，系墓主生前婢妾、宦者、乐人、守门人和饮厨人员等。

南越王墓随葬器物十分丰富，达1000余件。主室中除墓主随身携带的铁剑、各类玉佩饰和金银玉铜等质地的串珠外，还有玉衣上下覆盖的大玉璧、玉杯、珍珠，数以万计的铁镞、铜镞，成捆的铁剑、铁矛、铜弩机等兵器。还有各式精美的铜带、带钩等。出土有8枚印章，其中龙钮金印边长3.1厘米，重148.5克，印文阴篆书“文帝行玺”四字，这是目前所见最大的西汉金印。前室出有木马构件，并殉宦者1人，当为墓主出行之用。东耳室盛放乐器和盛酒器，西耳室随葬青铜礼器、铜陶生活用具、车马帷帐、玉石器饰、金银食器、印章、封泥等500余件物品。东侧室除随葬婢妾外，亦有印章7枚及大量物品。西侧室为厨房，封泥中的“厨丞之印”即表明了它的用途。后室为储藏食物之所，室内重叠放入铜陶器皿100余件，多数器皿中尚存禽畜残骨和介壳，大型器皿亦多放在这里。

如今，有关部门在南越王墓原址上建起了一座博物馆。这里风景秀丽，松柏成林，依山傍水，优雅安静，成为喧嚣都市中的人们凭吊思古和放松身心的极好去处。

（七）满城汉墓

古人认为，以玉敛尸，可使尸体长存不朽，江浙地区良渚文化“玉殓葬”的发现，就充分说明了这种风习的源远流长。时至秦汉，幻想肉身长存的帝王贵族们又发明了一种独特的服饰——玉衣。他们把玉石制成薄片，然后再用金丝、银丝、铜丝缀合而成衣，在他们死后，尸体便身着玉衣下葬。

两千多年过去了，裹在玉衣里的尸体早已朽坏无存，但那一件件价值连城的玉衣却保存了下来。说到这里，人们自然已想到满城的汉墓及其墓主刘胜夫妻。

据史书记载，刘胜为汉景帝刘启之子，汉武帝刘彻庶兄。景帝前元三年（前154年）为中山王，在位42年，死于汉武帝元鼎四年（前113年）。其妻窦绾，字君须，与景帝母即刘胜祖母窦太后有亲缘关系。刘胜及其妻窦绾死后并穴合葬，这就是名震中外的、位于今河北省保定市满城区陵山之上的满城汉墓。

满城汉墓位于陵山主峰东坡接近峰顶处。南北并列，同坟异葬。墓室为依山开凿的巨大洞室，为规模宏大的崖墓，与霸陵相似。刘胜当年选择葬地完全按照了堪舆学的观点。墓葬所在之陵山由三座山峰组成，墓穴即位于主峰脚下，坐西朝东，主峰及背后的山丘称为来龙及大帐，左右二峰称青龙及白虎，以为葬于善地有利于子孙后代之昌盛。

刘胜墓全长 51.7 米，最宽处 37.5 米，最高处 6.8 米，容积 2700 立方米。窦绾墓则更大一些，达 3000 立方米。两墓形制基本相同，全墓由墓道、耳室、中室、后室等组成。南耳室为车马房，北耳室为仓库，中室为宽大的厅堂，后室即内室，放置棺椁。中室与两个耳室都用木板搭成房屋形，南侧小屋为浴室，这种结构完全模仿地面居住建筑，宛如地下宫殿。墓内甚至还有一套完整的排水系统，渗入墓中的水可以沿着后室周围的回廊注入中室两边的排水沟，一直流到墓道与中室相接处的渗井里。后室的北面是用汉白玉砌成的棺床，一棺一椁均已腐烂。大概是以石为椁的缘故，木质棺椁已大大简省。墓道长达 20 米，安葬后，道内用大小石块及黄土填实，在外端砌墙两道，刘胜墓用土坯封墓道口，而窦绾墓则用砖砌，中间再浇灌铁水，形成了一道“铁壁砖墙”，封固极为严密，盗掘实属不易。

满城汉墓的随葬器物多达 2800 余件，且不少均为稀世国宝，体现了汉代工匠们高超的创作设计才能和制造技巧。

刘胜及其妻窦绾的葬服——金缕玉衣，是我国发现的时代最早、保存最为完整的金缕玉衣（如图 3-15）。刘胜玉衣用玉片 2498 片，金丝 1100 克，窦绾玉衣用玉片 2160 片，金丝 700 克。玉衣的头部由脸盖和头罩组成，上衣由前片、后片和左右袖筒组成，裤由左右裤筒组成。几个部分拼合起来，组成了玉衣的整体，外形与人体相称。制造玉衣需要极高的工艺水平和大量人力、物力。先要把玉料切开，磨制成各种规格的薄片，再四角钻孔。据测定，有些锯缝仅 0.3

毫米，钻孔直径1毫米左右，其精密程度令人惊讶。窦绾墓中贵重物品少于刘胜，不过她使用的镶玉漆棺却为考古发掘中少见。漆棺内壁镶玉板192块，棺外壁及棺盖镶玉板26块，与玉衣加在一块，等于双重玉匣。其葬礼敢于超越常制，极可能与其政治背景有关。

图3-15 河北满城汉墓金缕玉衣

两墓都出土了不少精美的铜器。窦绾墓中的长信宫灯（如图3-16），整体造型是一宫女跪坐执灯的形状，通体鎏金。灯盘可以转动，灯罩可开合。侍女梳髻，戴头巾，身穿长衣，左手持盘，右臂上举，袖下垂成灯罩。灯盘中心有一安插蜡烛的钎杠，灯盘有一短柄，可以来回转动。灯盘上的弧形屏板可以推动开合，以调节灯光的强弱和方向。侍女体中空，蜡烛燃烧时烟灰可以通过右臂到达体内，这样可以保持清洁。灯座、灯盘、屏板、灯罩及侍女的头部都能拆卸，以便清洗烟灰。造型生动逼真，只是侍女哀怨的双眼似乎在寻求一丝生存的希望。还有刘胜墓中出土的错金博山炉，炉身上部和炉盖铸出层峦叠嶂的群山，山间点缀以猎人和野兽，刻画出一幅生意盎然的狩猎图案。全器饰以流畅的错金花纹，色彩绚丽。其制造技术之高超、设计之精湛、外观之华美，远非一般的博山炉可比拟。

刘胜随身携带的佩饰，为“百炼钢”新工艺的雏形产品。出土的各式箭头多达459枚，有些中碳钢制成的箭头化学成分均匀，杂质极少，有一种三棱状的箭头，表面竟用铬化合物进行处理，至今仍锋锐无比，光洁如新，而这种工艺其他国家直到20世纪才出现。还有古代用于针灸的金银医针、用于计时的漏壶、一副属于鱼鳞甲的完整铁铠甲、两套帷帐的铜带钩，等等，俱为精品。

图3-16　满城汉墓出土的长信宫灯

满城汉墓中的出土文物还创造了多项全国之最：4 枚金针、5 枚银针、“医工盆”，以及小型银漏斗、铜药匙、药量、铜质外科手术刀等组成了迄今发掘出土的质地最好、时代最早、保存最完整的一整套西汉时期的医疗器具；计时器铜漏壶是迄今出土的年代最早的一个古代天文学器物；一个由石磨和大型铜漏斗组成的铜、石复合磨，是我国至今所见时代最早、体积最大、设计科学、构思奇妙的铜石复合粮食加工工具；500 多件兵器中，有我国最早采用刃部淬火新工艺的铁剑；刘胜的铁铠甲，也是迄今考古发掘中所见到的保存最完整的西汉铁甲；一件玻璃盘和两件玻璃耳杯是迄今考古发现最早的国产玻璃容器；等等。

“文景之治”为汉朝积累了大量财富，使得仅为王侯的刘胜亦能如此挥霍。只是，尽管用玉衣护体，至今也早已尸骨无存。权势和巨富不能使任何人逃脱自然规律，刘胜当然不会例外。而在无情的历史风雨过后，如此众多的艺术珍品，则成了全人类共同的财富。

（八）北京大葆台汉墓

雄伟的长城，庄严的故宫，肃穆的十三陵，美丽的卢沟桥……这些都是历史留给北京的财富，是北京献给世界的礼物，是中国数千年灿烂文明的缩影。历史的长河把许多文明埋在了地下，使我们有幸在今天仍能目睹昔日文明的光辉。位于北京市丰台区花乡郭公庄西南约 1 千米的大葆台村的两座西汉晚期大型木椁墓，向人们展示了北京两千多年前的灿烂一页。

1974—1975 年发掘的北京大葆台一号、二号汉墓东西并列，坟丘连亘成高 8 米、长约 100 米、宽 80 米的巨大丘垄。一号墓在东，死者为男性；二号墓在西，死者为女性。根据出土的五铢钱和一件刻有“二十四年五月丙辰”字样的纪年漆器所提供的时代范围，推测此汉墓是广阳顷王刘建（卒于元帝初元四年即公元前 45 年）与王后的并陵合葬墓。

一号墓整体平面呈凸字形，墓穴为一口大底小的斗状土坑，上口长 26 米，宽 21 米，深近 5 米，内建木构墓室。墓道残长 34 米，南半段呈斜坡状，北段与墓道平齐，用木料搭构，内殉马车。在墓底和墓室顶口分层铺有木炭和白膏泥，墓室外侧填充木炭。墓上有南北 90 米、东西 50.7 米、高 8 米的巨大封土堆。圹内有木料筑成的甬道、外回廊、前室、后室、内回廊诸部分。大葆台汉墓最引人注目的发现是那一套特殊的、此前只见于记载而未见完整实物因而一直未真正弄清楚其结构的葬具——黄肠题凑（如图 3–17）。这个难题因大葆台汉墓的发掘迎刃而解。在内外回廊之间，以“黄肠题凑”隔开，即用长 90 厘米，宽厚均约 10 厘米的柏木条横向排列，垒成隔墙，使“题凑”外侧由扁木立木构成双层外回廊。“题凑”内部空间分为前室、后室和内回廊三部分，重椁和三层套棺置于后室中部，因“题凑”并不直接构筑于外椁四周，内外回廊均未分隔成小室。不过外回廊是放置随葬品的主要地方，这正是大葆台汉墓的特点所在。

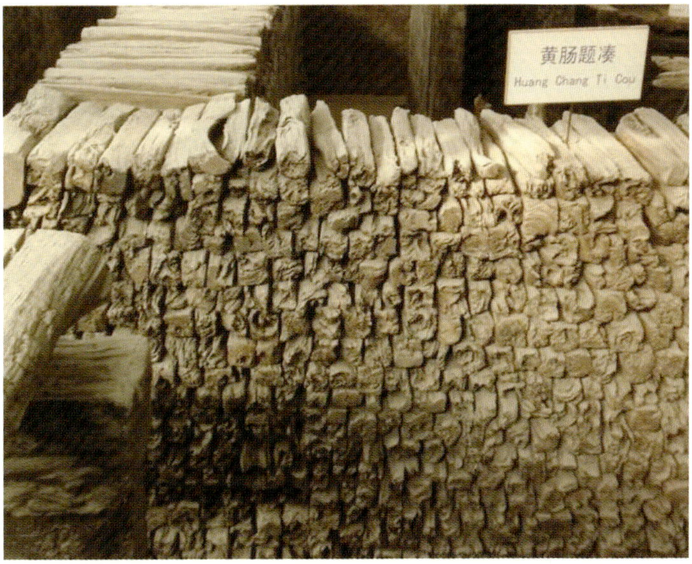

图 3–17　北京大葆台汉墓黄肠题凑

这座墓的“题凑”，用 15000 多根柏木椽堆垒而成，“题凑”木已去掉树皮，因年久腐蚀，呈棕褐色。用料十分规整，一般厚、宽各 10 厘米，长 90 厘米。堆垒方法是前后壁顺向纵铺，左右壁横铺，层层叠起，每壁各 30 层。四角交接处，左右壁木椽垂直挤压于前后壁木椽的横截面。同时，在“题凑”顶端增设压边坊，由于“题凑”高度超过椁室，与后室及外回廊板壁的高度接近，墓室顶盖棚木即架在题凑上面，使题凑同时起到承重墙的作用，从而使整个墓室结构十分严谨。

西汉时期，只有皇帝和诸侯王墓葬才能享用“黄肠题凑”的规格。这种西汉诸侯王墓的形制，沿袭了先秦穿地为圹、把墓分为正藏和外藏两大部分的旧制。其中象征前堂的前室和象征后寝的后室，以及文献中称为便房的内回廊即为正藏，而外回廊和墓道内放置车马的椁室即为外藏。两墓的墓室、棺椁结构为研究西汉诸侯王墓之制度提供了绝好的实物证据。

“黄肠题凑”最早见于汉书，但未见实物。《汉书·霍光传》解释为“以柏木黄心致累棺外，故曰黄肠，木头皆内向，故曰题凑”。可以想象，用上万根的松柏木椽，做成如此大墓，在当时条件下，要费去多少财富和生命。今天，在这座大墓原址上建造的大葆台汉墓博物馆，把这一切真实而完整地展现在人们面前，供人们游览、评说。

（九）曲阜九龙山汉鲁王墓

齐鲁大地，自古物华天宝，人杰地灵，英才辈出。在孔子的故乡曲阜，除了孔府、孔庙、孔林之外，各代都有辉煌延续，谱写着永不间断的文明华章。曲阜九龙山汉墓就是其中一个闪亮的音符。

九龙山汉墓位于山东曲阜九龙山半山腰处，是西汉鲁王及其亲属的 5 座大墓。1970 年山东省博物馆发掘了 4 座，即编号二至五号墓，其中二号墓即汉鲁王墓（如图 3–18）。

4 座墓都是开凿在山岩之中的大型崖墓，东西并列，墓门向南，形制相同。其中三号墓规模最大，全长 72.1 米，最宽处 24.3 米，最高处 18.4 米，容积约达 2900 多立方米。整座墓由墓道、东西车马室、墓门、甬道、东西耳室、前室、东西侧室、后室等组成。设有排水设施，排水沟全长达 123.8 米。东西车马室位于墓道北端靠近墓门处。室内除放置车马外，还有陶器、弩机和箭镞。墓门用 19 块长方形巨石堵塞，其中一块刻有“王陵塞石广四尺”7 字。东西耳室为贮存粮食、鱼、肉等食物的仓库。前室则是宽广的大厅，发现有石磬、陶埙、半两钱、五铢钱以及铜器残片等。东西侧室内有玉石管、玛瑙珠、五铢钱以及漆器、陶器的附饰和碎片。后室为椁室，室内原建有瓦顶木屋，但已坍塌，人骨已朽烂。出土银缕玉衣残片，玉璧、玉佩、铜印章、五铢钱以及铜镜残片等。4 座墓虽早年曾被盗掘，但出土遗物仍有 1900 余件。车马室保存完好，共随葬 12 辆车 50 匹马，即“驷马安车”。

图 3-18 曲阜九龙山汉鲁王墓（二号墓）

据《汉书·景十三王》记载，景帝前元三年（前 154 年）封其子刘馀为鲁王，治鲁县（今曲阜）。三号墓出土“银缕玉衣”和有“庆忌”字样的铜印，可能为第三代鲁王刘庆忌之墓。庆忌死于汉宣帝甘露三年（前 51 年）。这 4 座规模宏伟的大墓是研究西汉诸王侯墓葬制度的有力实证。

三 明代王侯墓

唐以后各代王侯，以明最具代表性。皇室诸王在自己所掌管之地集各种特权于一身，名义上虽不管理地方事务，但他们经常以自己显赫的身份作威作福。王侯大都历代世袭，所以其府院和陵墓都有固定的区域和形制。特别是明代，朱元璋立国时向往古制，对皇室诸系大肆分封，屡有重赏，企图将其作为大明王朝的护国屏障。受封各地的诸侯王位高权重，广积巨财，乃至藐视祖制，其墓即极力模仿皇陵，其规模与奢华程度已完全可以称为陵了。

（一）成都明蜀王陵[1]

蜀王陵坐落在成都市龙泉驿区十陵街道，是明代帝王蜀藩王家族陵墓群。四川向称天府之国，蜀王府即占有成都平原十分之七的良田，是明代最为富足的王府之一。明朝历代的蜀王都算得上贤德之王，历代帝王对蜀王都是恩宠有加，特别是在朱棣“靖难之役”中，蜀王曾助朱棣夺得皇位，自朱棣后的明朝皇帝也都对蜀王恩赏不断。历代蜀王的陵墓建筑，都极尽奢华。明蜀王在成都历十世十三王，死后分葬凤凰山、天回山等地，而以正觉山一带最为集中。明蜀王陵墓群共计 10 座陵墓，即 5 座蜀王陵、3 座蜀王妃墓、2 座郡王陵。分别为僖王陵、昭王陵、僖王赵妃墓、僖王继妃墓、黔江悼怀王陵、怀王陵、惠王陵、成王陵、成王次妃墓、半边坟郡王墓。墓群以僖王陵和成王陵为中心，各陵依势分布。

明十陵中，已经考古发掘的明朝第三代蜀王僖王朱友壎（葬于

1　本篇资料系明蜀王陵博物馆馆长徐学舒先生提供，深表谢意。

明宣德十年即1434年）的陵墓，以其地下宫殿建筑的精美被誉为“中国古代帝王陵最精美的地下宫殿”。该陵地宫通长30米，高6.8米，地宫内以巨大的都江堰优质青石（重者每石重达8.9吨）及绿色琉璃瓦、琉璃斗拱、脊兽等构件，仿当时蜀王府（即成都皇城）宫廷建造，三重殿，三进四合院分布。大门上所布九九八十一颗门钉、圹志碑碑首精刻的五爪神龙皆代表着至高无上的皇权。仿木花格门窗雕饰精美，配殿双门，棺室宝顶上雕刻的缠枝葵菊图、百态牡丹、祥云莲花图以及棺室后部绿色琉璃影壁中心镶嵌的双龙戏珠描金釉陶盘，都堪称明代艺术精品。圹志碑铭文书法更是明代书法杰作。虽然该墓早年被盗，但出土的560余件随葬品中石雕宝座、香炉皆为难得的明代早期石雕珍品。360身彩釉兵马、仪仗、吏役、仆从俑对研究明代早期亲王宫廷政治、军事、礼乐制度，了解明代早期亲王宫廷生活具有重要参考价值，同时亦具有极高的文物和观赏价值。

第八代蜀王昭王与妃刘氏合葬的昭王陵于1993年修建成渝高速公路时被移入僖王陵园后侧。从大门而入，依次为前庭、前殿、中庭。因为是合葬墓的关系，中庭后面分为左右正殿、后庭、后殿及棺室。整个墓葬内到处都是浮雕壁画，红墙绿瓦，画栋雕梁，金碧辉煌（如图3-19）。墓室曾于明末战争被毁，保存完好的云海双龙戏珠石质影壁代表了明朝中期石雕艺术的成就。出土的数百件器物中，彩釉兵马仪仗俑、乐舞俑形态生动，艺术价值极高。

图3-19 昭王陵内部

目前，依托成都十陵文物旅游景点而规划建设的成都十陵风

景名胜区，已成为一处环境幽雅，具有浓厚传统文化特色，高层次的旅游、休闲、度假场所。

（二）桂林靖江王陵

桂林山水甲天下，素有“岭南第一陵”之称的靖江王陵，就坐落在风光无限的桂林。

靖江王陵是明朝历代靖江王的王陵，位于广西壮族自治区桂林市七星区东郊尧山西南麓，南北 15 千米，东西 7 千米，共有王亲藩戚墓葬 300 多座。整个陵园规模庞大、气势磅礴，其中有 11 座王墓，故有“靖江王十一陵”之谓。

桂林古称始安，宋元时期称静江。明朝分封皆以地名为王号，洪武三年（1370 年），明太祖朱元璋封其侄孙朱守谦为王时，藩国所在地仍称静江，为取绥靖西南之意，改静江的“静”为“靖”，故称靖江。洪武五年（1372 年），改静江府为桂林府，正式确定了桂林的名称并沿用至今。而以原地名受封的靖江王并未随之更名，故而后人皆道桂林有靖江王。靖江王是朱元璋于洪武三年首批分封的十个王之一，也是唯一以侄孙辈受封的藩王。洪武九年（1376 年），朱守谦就藩桂林，后因不修德行欺压百姓获罪，被废为庶人。永乐元年（1403 年），朱守谦嫡长子朱赞复藩桂林，从此世代相袭靖江王，先后承袭王位 14 人，延续了 280 年，一直到 1652 年清兵攻克桂林。靖江王陵中有 11 座王墓，妃墓 4 座，将军、中尉、宗室、王亲藩戚等墓共约 320 余座。诸王陵园加上其他藩戚王室墓葬，构成了一个方圆百里、极富特色的藩王墓群。整个陵园气势磅礴，是我国现存最大、保存最完好的明代藩王墓群。靖江王陵背靠尧山，正前方奇峰对峙，山峰之间形成天然陵口，视野开阔，左右群山拱卫。王陵布局呈长方形，中轴线上依序列有陵门、中门、享殿和地宫。各陵都有两道陵墙，大的占地 270 多亩，小的不到 10 亩，通常分为外围、内宫两部分。外围有厢房、陵门、神道、玉带桥以及石人、石兽等，内宫则有中门、享殿、石人和地宫等。

现对游人开放的是经整修后的靖江王庄简王与王妃的合葬陵，

在享殿内，陈列展出了部分靖江王陵的出土文物，其中有造型精美的青花梅瓶，世上罕见，极为珍贵。庄简王陵园占地87亩，分外园和内宫两大部分。进入陵门，有三条砖墁神道，中为王径，左右为陪径。神道两旁对列着既显示了明代的规制又具有较高的艺术欣赏价值的石作。由神道进入内宫可登享殿，此殿高大宏伟，富丽堂皇，是祭祀的主要场地。殿后即“宝城”，是死者的“寝宫”。墓的左右是两条带状丘陵，遍植苍松翠柏，与红色围墙、朱漆殿宇交相辉映，历史古迹与自然景致融为一体（如图3-20）。

图3-20 桂林靖江王陵

靖江王墓群中均有数量大小不等的石刻仪仗，其中保存最为完整且艺术价值最高的，当属十一陵的地表石刻仪仗，现存334尊。有望柱、神道碑、驯兽、猛兽、神兽、翁仲等六种造型。它们从不同的时代、不同的角度，体现出不同的风格，既显示了王族的尊严，又反映了古代艺术家们在艺术上的追求与成就。靖江王陵石刻仪仗从规制、雕刻技法、艺术风格比较来看，可分四个时期：一期为初创期，以悼僖王陵为代表，石刻规制和石刻艺术基本沿袭唐宋风格。二期为过渡期，以怀顺王陵、庄简王陵为代表，石刻线条不流畅，石人各部位比例不够准确，雕刻艺术与一期相比已有变化，但也有明显的一期特征。三期为发展期，以昭和、端懿、安肃、恭惠等王陵为代表，石刻艺术在承袭怀顺、庄简二王陵的同时，又采用了新的技艺，使石刻规制较为严谨，石刻造型浑朴写实，雕刻技法简练娴熟。四期为成熟期，以康僖、温裕、宪定、荣穆四王陵为代表，这一时期陵墓的各项规制多已成型，石刻形制也基本定形，进而走向规格化、制度化。再则，这一时期的石刻仪仗在局部处理上可谓粗成形、细琢磨，运用了线雕、半浮雕和浮雕技法，使石刻细部显得华丽流畅。

靖江王陵博物馆是将庄简王陵（如图 3–21）复原后开辟而成的，是靖江王陵的一部分，陈列展出墓群出土文物。靖江王陵华丽的地宫内有大量珍贵的随葬物品，包括陶瓷器、金银器、玉器等，其中以陶瓷器皿居多，尤以青花梅瓶为最，多达 300 余件、10 余个品种。更为珍贵的是，靖江王陵区共出土约 50 方墓志，因其内容真实可靠，有着重要的历史价值；又因其书法精美而具有较高的艺术价值，是研究桂林地方史、明朝封藩制度极其宝贵的资料。

图 3-21 靖江庄简王陵

靖江王府曾毁于明末清初的战火中，后经多次修复重建。王府旧物，唯余承运殿前的雕栏与云阶玉陛。而靖江王城内仍有贡院、状元及第坊、榜眼及第坊等景点，桂林著名景点独秀峰（最早的“桂林山水甲天下”的诗句就刻在独秀峰上）挺拔俊秀，矗立城中。王府、王城、王陵为美丽的桂林再添一道厚重的人文景观。

（三）新乡明潞简王墓

潞简王朱翊镠，明太祖朱元璋九世孙，明穆宗朱载坖第四子，明神宗朱翊钧（万历皇帝）唯一同母弟。其陵墓建成于万历四十三年（1615 年），位于河南省新乡市北郊 13 千米处的凤凰山南麓，时人称其为“头枕凤凰山，脚登老龙潭，左手揣着金灯寺，右手托着峙儿山”。墓地依山坐岭，俯瞰卫水平原，丘岭夹峙，泉壑幽深，景色雄伟壮观，秀丽宜人，是中国目前保存现状最好、占地面积最大的一座明代藩王陵墓。因其完全仿照万历皇帝在北京的定陵建造，因又被称为“中原定陵”。

潞简王墓由东墓区、西墓区和神道三大部分组成，共占地四百余亩。最大的特色之一是其整体建筑用材除极少数砖木外，几乎全部采用青石和白石，被当地百姓称为“中原石头城”。

城垣内占地 80 余亩，分为三进院落，所有建筑均以青石垒砌雕凿而成。第三进院落中有圆立式的宝城，通高 9.35 米，周长约 70 米，宝城下即为地宫。地宫总面积约 185 平方米，由前、中、后、左、右五个殿堂构成，全部为石结构的拱券式建筑，棺椁即安放于后殿。潞简王墓西百米处，是其次妃赵氏的墓地，建筑布局与潞简王墓大体相同。两墓东西并列，坐北朝南，其建筑形势之恢宏同北京十三陵中的定陵相仿，营造布局大大突破了制度等级森严的明王朝藩王陵寝规定。

潞简王陵主要建筑布局与北京明皇陵基本相同。墓区前首，是一座雕工颇精的石坊，上刻“潞藩佳城”楷书。石坊东西两侧并列石华表两座，雕云龙图案。过石坊进入长 190 米的神道，两旁排列石人、石兽 15 对，有文臣、獬豸、狻猊、麒麟、骆驼、象、羊、马及神化了的其他怪兽，或立或蹲或卧，形态各异，栩栩如生（如图 3–22）。石人、石兽均采用整块青石雕成，其中最大者高 2.77 米，最小者亦有 1.55 米。四百多年来，虽经历代沧桑，风雨剥蚀，仍保存完好，细部纹饰清晰，实为难得的艺术珍品。

神道北过御河桥，再行百余步便是潞简王墓的正门，一座宏伟壮观的“潞藩佳城”展现于面前。此城全部用青色石条垒砌，整个城垣坚固而规整。城内从南到北由三个院落构成，即自“维岳降灵”

石坊至祾恩门为第一院落，自祾恩门北至享殿基台构成第二院落，自享殿基台后面的石坊、明楼至坟园的最后部分“宝城”为第三院落。在三层院落之间，东西横向有内城墙二道相隔。圆立式的“宝城”在第三个院落的墓碑和五供的后面，内有石阶可登临立顶。

潞简王墓尤以陵前石雕和碑碣等石刻品最为精美和珍贵。墓城门高 10 米、面阔 21 米，为规模宏大的无梁殿建筑，墓区内分布着华表、祭碑群，墓碑高大，石雕五供、焚帛炉及各种石建筑上的雕刻，代表了明代石刻艺术的最高水平。石刻仪仗群共设石兽 14 种，远远超过了明孝陵、明长陵石兽 6 种的规制，是秦汉以来历代帝王寝陵镇墓瑞兽的集大成者。墓入口处是一座三开间石牌坊，浑身浮雕龙纹，十分醒目。两侧立柱的龙纹也采取高浮雕形式，跃然“石”上，气势张扬。通常明清帝陵的望柱与牌坊在空间顺序上错开，而此处则并列而立，风格一体。更有特色的是牌坊之后的石像生，左右品种完全一样，但公母有别。这些动物的细节与同时代的其他陵

墓也有所不同，风格简单粗朴，细节上不拘一格，如既似走兽又似鸚鹉的石刻，其喙部及翅膀的创意十分大胆。还有类似犀牛却无角的动物，基盘甚稳，斗志昂扬，浑身遍布螺旋形卷毛，细节一丝不苟，整体风格粗犷大气。骆驼通常是瘦骨嶙峋的，而这里的骆驼却线条圆润、光滑，背上一对驼峰也退化到了马鞍大小的水平。大象在明清帝陵也是很受欢迎的动物，但这里的大象却比一般的要写实得多，象牙、象鼻、象耳棱角分明。从石羊开始，便能感觉到大宋遗风，或许是潞简王墓离同在河南的北宋帝陵不远，虽时隔数百年却仍受其影响的原因。墓前一组巨大的石五供也很引人注目，大得连石台上都放不下，只能摆在石台前面。特别是两对花瓶上浮雕有荷叶水鸟，呈现一派田园池塘风光。

潞简王墓称得上是明代王侯墓乃至唐以后王侯墓的典型代表，作为明清帝王陵寝的扩展项目，潞简王墓已被列入世界文化遗产名录，并进行了大规模的文物修复和景区建设，已经完整地呈现在了游人面前。

图 3-22　新乡潞简王陵神道石刻

第四章　精雕细刻的美屋家宅
——汉画像砖石墓与宋元仿木结构雕砖墓

西汉末年以后，随着地主庄园经济的日益膨胀，强宗豪右、高官显贵愈发重视厚葬。于是，西汉晚期至东汉末出现了以石刻画像为主要装饰方式和题材的墓葬或砖石混合结构的墓葬，被称为“汉画像石墓”，以鲁、豫、川、陕等地最为集中。东汉时期，在四川省成都平原等地区，出现了一种在墓壁上嵌入画像砖以为装饰的墓葬，被称为“汉画像砖墓”。这种嵌砖砌石的美屋生动地记录了当时的社会生活，是了解当时政治、经济、思想和艺术的宝贵资料，其装饰艺术和刻画内容更引起人们浓厚的欣赏兴趣。而我国古代砖室墓中最具艺术表现力、最具欣赏元素的当属宋元时期的仿木结构雕砖墓，即仿照地面以木结构为主的宫室房屋，配以壁画、雕砖来营造墓室，门窗逼真，斗拱齐全，雕梁画栋，施纹绘彩，一桌一几，一砖一石，妙笔生花，美不胜收。这俨然重建的家宅，不仅集中体现了中国古代丧葬制度“事死如事生”的鲜明特点，更展现了古代人们匠心独具的建筑才能。

一 汉代画像砖石墓

（一）概述

1. 汉画像石墓

据研究考察，汉画像石墓有 4 个中心分布区：①河南南阳、鄂北地区；②山东、苏北、皖北地区；③陕北、晋西北地区；④四川、重庆地区。此外，在河南新密、永城，北京丰台，浙江杭州，陕西彬州也有不少发现。

据统计，经发掘的汉画像石墓已有百余座，收集保存的画像石达数千块。在墓葬结构、雕刻技术、画像题材等各方面，各地自有特点。这其中的原因，除去时间不同之外，还和地域的不同有关。

南阳、鄂北地区的画像石墓属西汉晚期至东汉初期，多为平顶石结构墓，王莽时期开始有砖石混合结构墓，有大、小两种墓型。西汉晚期墓画像仅刻于墓门，内容主要是门阙、楼阁和门吏，也有少量历史故事，技法以阴线刻和凹面刻为主。从新莽时期开始，画像扩展到墓室内，更为复杂和现实的车骑出行、墓主生前生活和历史故事成为主要内容，神话故事大量出现，浅浮雕成为主要技法。东汉早、中期，主要流行石门砖室墓，新出现了前、中、后三重主室的多室墓。画像数量减少，内容简化，除少量乐舞、仙人图像外，几乎全部是门扉上的铺首衔环、门柱上的门吏和门额上的仙禽神兽。从东汉中期起，仙禽神兽内容的画像加饰了流畅的云气纹，浅浮雕成为唯一的技法。东汉晚期，石结构墓重新

出现，并采用了抹角叠涩顶，石门砖室墓的前室顶部添加了应龙形石梁。画像内容新增加了与神话故事结合的天象图。技法以浅浮雕为主，仅在石梁头部用透雕法。西汉晚期至东汉初期，画像雕刻较粗，显得朴拙呆板。东汉中、后期画像雕刻精美，具有雄浑豪放的独特风格。

山东、苏北、皖北地区的画像石墓，在东汉早、中期，多覆斗式或叠涩顶前室、平顶后室的石结构双室墓，规模较大的后室两边并列有左右侧室。画像多刻于墓门和前室，内容以车骑出行、乐舞、宴饮和神话故事类为主。技法主要为浅浮雕和减地平面浅刻。画像构图简单，形象略显呆板。到了东汉晚期，形制趋于多样化，有带回廊的前、后室石结构墓，有石结构或砖石混合结构的前、中、后三重主室的多室墓，也有砖石混合结构的穹隆顶双室墓。墓顶普遍加高，有券顶、穹隆顶、覆斗式顶、叠涩顶、抹角顶等。画像面积因此得以扩大，如沂南画像石墓和安丘画像石墓，画像总面积达四五百平方米。画像内容丰富多彩，各种雕刻技法娴熟运用，减地平面浅刻作品凝重醒目，浅浮雕作品华丽优美，阴线刻作品细腻传神，高浮雕和透雕作品奇伟瑰丽。

陕北、晋西北地区的画像石墓，全部是砖石混合结构的前、后室墓。画像多刻于墓门，少数嵌于室壁和墓顶。内容以农耕、射猎、车骑和神话故事为主，也有少量历史故事和天象图形等，作为装饰图案的蔓草状流云纹极为常见。技法主要用减地平面阴刻，细部往往用朱线或墨线勾绘，画像洗练明快，拓片效果宛如剪影。据墓内纪年刻铭和画像风格，其时代均为东汉中期，唯山西离石的左表墓可晚到东汉桓帝初年。

四川、重庆地区的画像石墓，都是前、中、后三室的大型墓，墓室一般长 12 米左右。重庆附近的合川、江北等地的画像石墓全部为石结构，画像主要分布在门额和门柱上，少数刻于中室内的小龛中，内容有四神、双龙衔璧、仙人以及“完璧归赵”“荆轲刺秦王”等盛传已久、深入人心的历史故事，而有关墓主生前经历和生活的题材则基本不见。成都附近的画像墓全部是砖石混合结构，往往画像石和画像砖并用。画像石主要分布在墓门、中室和后室，前室多嵌装画像砖。画像的内容主要为农田耕作、射猎、酿酒、墓主车骑出行、宴饮和门吏、四神等。雕刻技法主要为浅浮雕，画像风格与南阳、鄂北地区画像石接近，但更为细腻精美。从画像风格和随葬品特征看，其时代均属东汉晚期。

2. 汉画像砖墓

画像砖墓集中分布在四川省成都平原地区，其他地区也偶有发现。

汉画像砖墓有砖室墓和砖石混合结构墓两类。砖室墓内仅嵌入画像砖，以 1955 年发掘的新繁清白乡汉墓为典型。墓室全长 12.72 米，由前室、中室、后室、侧室和耳室组成，在前、中、后等 5 个室中共嵌入画像砖 54 块。砖石混合结构墓多为画像砖和画像石并用，以 1953 年发掘的成都扬子山一号墓为典型。墓室全长 13.84 米，由前室、中室、后室组成，在前室两侧壁共嵌入 10 块画像砖，中室则嵌画像石，彼此相互补充。墓大多早年被盗，随葬品为大型陶俑、镇墓俑头、钱树、五铢钱等。砖上的画像皆模印而成，均施彩绘，出土时色彩大多已剥落。目前发现的不同画像砖已达 50 多种。题材内容主要有墓主经营的农业、副业、手工业和商业活动，如播种、收获与弋射、桑园、采莲、井盐生产、市集交易、践碓舂米、酿造等；有表现墓主身份和经历的车骑出行、尊贤养老、讲学授经等；有表现墓主享乐生活的楼阙、宅院、粮仓、庖厨、宴饮、乐舞百戏等；有描绘社会习俗，如社日期间树下成群男女相会的高禖图；有神话故事，如伏羲、女娲、西王母、仙人六博方面的内容。各类画像砖在墓室中的排列顺序为：一般接近门处为门阙画像，向内依次为车骑出行、生产活动、墓主享乐生活方面的内容，西王母等仙人一类画像砖多嵌装在后室或侧室后壁较高的位置上。

在陕西、江苏、江西、湖北、云南等地的一些东汉时期砖室墓的小砖侧面，也往往有模印的简单图像，内容多为仙禽神兽、车骑、祥瑞图和荆轲刺秦王一类历史故事等。这些画像砖，形制、风格都与四川地区的迥异。

（二）山东沂南画像石墓

山东沂南画像石墓（如图 4–1），位于沂南县北寨村内，墓主姓名无考，但从墓形及车骑出行画像的导从制度看，应是高级官吏，时代属东汉晚期灵、献时期或稍晚。

图 4-1　山东沂南汉画像石墓

墓室全部用预制石材筑成，宽 7.55 米，长 8.7 米。由前室、中室、后室、耳室及侧室组成。共用石材 280 块，其中画像石 42 块，画像总面积 442 平方米。墓早年被盗，随葬品仅存少量残碎陶器和铜镞。墓中画像 173 幅，分布在墓门及前、中、后 3 室。画像题材十分丰富，既有伏羲、女娲、东王公、西王母等神话故事，也有车骑出行、乐舞百戏、杀猪宰羊、丰收宴饮等生活场景。

墓门的门额上所刻战争图最具代表性。主要描绘胡汉两军在桥上激战的场面：桥的一端，一辆带盖的战车上坐着一位指挥官，战车前后各有 2 名骑兵导从，一手执槌，一手拿长矛。前面大队步兵正往桥上冲击，桥另一端是蜂拥而来的胡人骑兵和步兵，双方在桥上桥下展开了激烈的厮杀，战斗十分残酷，场面颇为逼真。前室和中室的横额上，有场面巨大、刻画入微的祭祀吊唁、车骑出行、乐舞百戏、宴饮庖厨等画像。吊祭图在前室的正中门楣，门楣正中画有一座五重脊的建筑，门前站立 2 名拥彗者（拥彗是古代一种执帚迎宾的礼节，彗即扫帚。在迎接尊贵客人时，家中仆人常抱持扫帚，躬身在门前迎接，表示已将道路和室内打扫干净，恭候贵宾莅临）。两旁是携带祭品乘车前来吊祭的奔丧者。东西两壁画的是奔丧者进入庭院后的祭祀场面。中室四壁，刻有蔺相如完璧归赵、荆轲刺秦王等 18 幅历史故事。在中室的八角柱上刻有 2 尊带有背光的仙人图案，有学者认为这是中国最早的佛教图像之一。后室则主要是墓主家居生活的画面。该墓画像多采用减地平面线刻，少部分为阴线刻，中室八角柱上的曲拱，则用透雕技法刻成应龙形象。全部画像刻工细腻、气魄雄浑。在汉画像石中，沂南画像是具体刻画了当时豪强大族的奢侈生活而艺术水平又较高的作品。

（三）山东安丘画像石墓

安丘画像石墓位于山东安丘西南董家村后。这一大型画像石墓是 1959 年 10 月在修建牟山水库时发现的，随即文物工作者对其进行了科学发掘。因早年被盗掘，随葬品已荡然无存，墓中画像构图复杂，形象生动，技法多样，集汉画像石艺术之大成。这一东汉晚期的高官显贵之墓，使人们更加形象、直观地了解了汉代社会生产、生活、政治思想和艺术水平的状况。

墓室除甬道为砖铺地外，全部用预制的巨大石材构筑，建造牢固，气势宏伟，全长 14 米，宽 7.9 米，由甬道和前、中、后三室组成。中室东侧附有一个耳室，后室分为东、西两间，角落处附有一厕所，恍若人间庭院。前室室顶为覆斗式，斗的各边和四壁成钝角相交，各斗壁为上窄下宽的梯形石，其两端有榫，平扣于斗壁之上，这种覆斗式的顶结构简单而且牢固。它的建造方法，是在四壁构成后，墓室空间以土填塞，上面做成覆斗式的模型，然后敷上顶石，最后再将土从墓门中取出。前室北壁正中对墓门处有一方形雕柱。中室以此方形雕柱为中心开两门，室顶也为覆斗式。后室的南壁中间有方形支柱，上承横枋，也像中室一样分为左右两门，室中有周身雕刻的圆形支柱，柱下部有础，上部有栌斗，斗的东西两平面上各有一高浮雕的伏兽，础、柱、栌斗三部分由一石构成。圆形支柱的南北两方各有支柱，北部的柱上三面有雕刻，三柱上面承托着南北过梁，将后室分为东西两间，每间的顶也都为覆斗式。后室后柱为方形。由墓道到后室方柱，构成一条南北走向的中轴线，显得非常规整。

全墓共用石料 207 块，其中画像石 103 块，组成 69 幅画面，满布墓门和 3 个墓室的室顶、四壁和柱子，总面积达 400 平方米以上。日月星象、伏羲女娲、雷公出行、仙禽神兽等神话题材的画像散布于各室顶部和四壁上部。中室和后室的画像则主要是表现墓主经历和生活的车骑出行、乐舞百戏、狩猎等题材以及传说中的刘道锡捞尉陀鼎等故事。画像石宽大整齐的边饰则以三角纹、垂幛纹、双曲线纹、菱形纹等图案三重或四重作为装饰，个别的如后室东间的东、北两壁四边则以各种飞禽走兽为装饰。

在墓门半月形的门额中，凸雕一卧鹿，其前右肢向前平伸，上坐一披发带羽的仙人，仙人一手扶住鹿的耳朵，这种题材和构图可能和升仙思想有关。在前室和中室的顶石上都有日、月轮图的画像。在后室西间的顶石上则刻画有人首蛇躯、尾部相交的伏羲女娲像。奇禽异兽图更比比皆是，画面复杂，姿态生动。前室室顶北坡画由四石组成，画面自左至右可分为四组：第一组刻画朱雀 1 对，振翅展尾，居左者勾嘴，居右者有冠，平立。第二组刻画走兽 14 只，左边 4 兽形如蜥蜴，右边 10 兽形如犬。有的翻腾，有的直立，有的翘首上视，有的回首后顾，姿态各异，形象极为生动。第三组也刻走兽仙人，右面有一兽张嘴瞪眼，头部生角，状如麒麟，兽后有一仙人，右手握兽尾，兽下和兽前有 5 只长尾文身的兽相互追逐嬉戏。第四组，在画的左面刻两龙，头生双角，麟身有翼，昂首吐舌，相对而立；右面刻凤鸟 2 只，有冠，长尾，前者回首而视，后者振翅疾追。龙凤的上下，还刻出许多走兽和 1 对飞禽。

乐舞百戏图则以中室室顶北坡西部最为精彩。画面左上方为 2 人对舞，两侧有乐队 5 人伴奏。舞人下面有 6 人玩“六博”，其右有 2 人跪地，前者的姿态与玩博戏者同；其左有 3 人，1 羽人两臂上举，手中持球，另 2 人一跪一立。画的右边有杆戏，一人双手紧握“干”字形杆，2 人正顺杆上爬，4 人正侧悬于横杆之上，其中居两端者单足侧挂，居内者则用双足，又有 3 人翻身侧立于横杆和

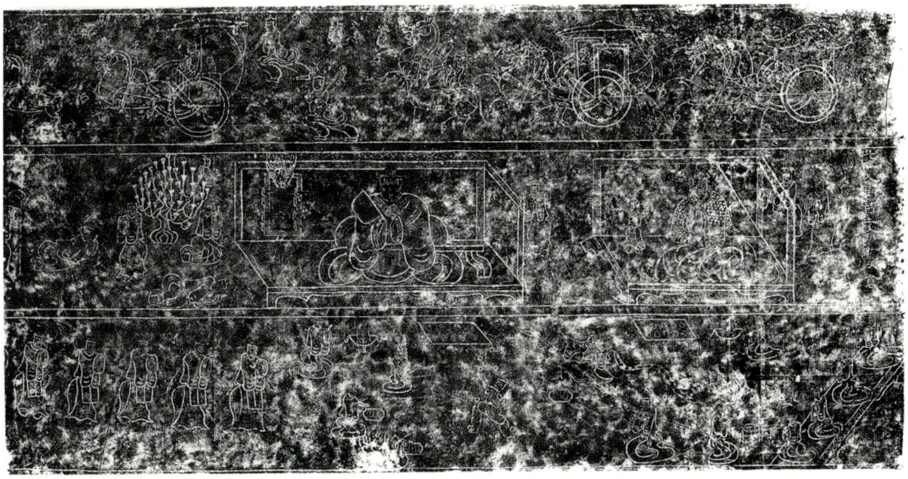

图 4-2　山东安丘汉画像石墓细部

杆顶之上，除举杆者外，杆上 9 人均做着不同的动作。杆戏右边有 1 人在做飞剑跳丸，3 把剑正腾空飞舞，11 个圆球从表演者手中和足上抛起，这是汉画像中所见飞剑跳丸最精彩的表演。杆戏之下有 1 人和兽相对翻腾。画的下部刻鱼龙之类。其他如车骑出行、狩猎也精彩纷呈（如图 4-2）。

安丘画像石墓分别采用了浅浮雕、高浮雕、透雕、凹面雕、阴线刻等不同技法，瑰丽多姿。如刻画的禽兽等动物，比例匀称协调，刀法刚劲明快，朱雀像在墓的各主要位置上刻出的达 10 对以上，但

各具姿态，大都振翼翘尾，俨然如飞。表现兽类也往往几只、十几只交扭嬉戏。有的翻腾，有的蹿跃，有的睨视，有的静立，形态极为生动逼真。特别是墓室中轴线上的三根石柱，用高浮雕和透雕技法，刻出众多而奇异的神话人物和神兽。所雕人物，有满腮胡须精神奕奕的老人，有身强力壮的中年人，有天真活泼的小孩，还有怀抱婴儿正在哺乳的妇女。人物神情生动，姿态各异，是罕见的汉代艺术杰作。

（四）河南新密打虎亭汉墓

在河南省新密市城西 6 千米的绥水河南岸打虎亭村西，有两座高大的土冢，东西并列，犹如山丘。西冢高约 15 米，东冢高 7.5 米，二冢底边周长约 330 米。1960—1961 年进行发掘，确认是东汉晚期墓葬，俗称打虎亭汉墓，现已被列入全国重点文物保护单位。

两墓结构基本相同，1 号墓为砖石混合结构，由 2 前室、1 中室、2 后室、1 侧室和 2 耳室组成。2 号墓为石门砖室墓。1 号墓较大，全长 26.5 米，宽 17.28 米，中室高 4.88 米，南有斜坡墓道长 25 米。2 号墓规模较小，全长 19.8 米。两墓早年均被盗，残存少量陶器和铁器残片。

两墓均有壁画和画像石，1 号墓以画像石为主，总面积达 200 平方米。墓门两面刻有铺首衔环和珍禽异兽组成的图案。前室顶部为莲花和菱形方格组成的藻井，壁上刻有大幅的《迎宾图》。东、南、北三耳室刻有庖厨、烹饪、车马出行、宴饮、馈赠画像和乘鹿仙童、乘驼仙翁、东王公、西王母、李冰斗牛魔等神话传说故事。这些画像反映了汉代盛行的得道升仙的黄老思想。各室顶部刻有由莲花和菱形图案组成的藻井，其外侧满刻流畅的云气和各种仙禽神兽。各室石门上，饰以由云气和仙禽神兽、仙人、四神等构成的繁缛图案，雕刻技法主要为减地平面线刻，细部饰以准确而流畅的阴线。2 号墓以壁画为主，壁画全部为彩绘，中室壁画保存较好，有车马出行、舞乐百戏、宴饮舞乐、相扑等图像。顶部绘有由芙蕖、方格、卷草组成的藻井，两侧绘有由飘逸的云气和各种神兽组成的

图 4-3 河南新密打虎亭汉墓壁画

象征天上世界的巨幅画面。其中百戏图和相扑图是研究我国古代杂技表演艺术的珍贵资料（如图 4–3）。

打虎亭汉墓的主人，有传说是在两汉间救过曾兵败落荒而逃的刘秀的当地人常十，但当刘秀称帝后却寻之不得，想必死于乱世之中。刘秀感而伤之，于是造此华丽之墓以示纪念。两座墓中的壁画场面壮阔，构图严谨，色彩鲜艳；画像石则线条流畅，刀法娴熟，刻工细腻，形象生动，达到东汉晚期绘画石刻艺术的第一流水平。

（五）江苏徐州汉画像石墓

在江苏徐州及其周围地区如铜山、睢宁、邳州、东海、新沂等地先后发掘了一批东汉时期的画像石墓，这就是著名的徐州汉画像石墓。徐州汉画像石墓从时代上可分为前后两期。前期为东汉早、中期，墓室多为前后两室的石结构墓，规模一般较小，长 5~6 米。后期为东汉晚期，墓室多为砖石混合结构的多室墓，一般包括前、中、后三室和 1~2 个耳室，个别的墓由前后两室和回廊组成，如邳州燕子埠之缪宇墓。墓葬早年多被盗掘，但 1954 年发掘的睢宁九

女墩画像石墓出土有铜缕玉衣，可知墓主多为当时显贵，有的还可能是列侯封爵。

徐州画像石墓中，有表现生产的牛耕、纺织图，如铜山洪楼所出的纺织图，双沟出的耕耘图，把当时的纺车、织机和二牛抬拉的犁耕状况描绘得非常细致；有反映墓主经历和生活的车骑出行、乐舞百戏、庖厨、宴饮图；有东王公、西王母、仙禽神兽等神话传说

图 4–4　徐州汉画像石墓之祥禽瑞兽图

（如图 4–4）；有“孔子见老子”“周公辅成王”等历史故事。雕刻技法前期以阴线刻为主，构图简单，线条粗犷；后期发展为浅浮雕、减地平面线刻等多种技法，画像构图复杂、形象生动。

1952 年发掘的徐州茅村汉墓和 1965 年发掘的铜山青山泉白集汉墓，都是采用剔地浅浮雕刻法雕刻的大型石室画像墓。根据纪年题铭，茅村汉墓建于灵帝熹平四年（175 年）；青山泉白集汉墓使用瓜棱式石柱，残存剪轮五铢，年代约与茅村汉墓相近或稍晚。白集汉墓是一座在地面上建造的石室墓，由前室、中室、双后室和中室两侧的东、西耳室组成。在墓室前方有一间悬山顶小石室，与墓室一起覆盖在同一封土堆下。小石室内壁镌刻宾客前来祭吊墓主的画面，地上放置陶案、盘、勺、杯一类奠器，当为祠堂（享堂）。与著名的嘉祥武氏祠和孝堂山郭氏祠不同的是，它的规模小，而且

不是露在地面，可能只是作为一种象征，与墓葬一起掩埋在“积土成山”的坟堆中。祠堂和墓室中共有画像 24 幅，画像的布局，按照不同题材，经过精心安排，反映出仿照先人府第建造阴宅的设计构思。这些画像在剔地浅浮雕的图像上填绘朱色，并留有雕刻前所绘墨浅轮廓的痕迹。

图 4–5 徐州汉画像石墓之十字穿壁图

徐州画像石墓画像（如图 4–5）构图复杂严密，除主题内容外，空白处多加点缀，并用垂幛纹和菱形纹构成边框，图像清晰，人物、禽兽神态生动传神，惊险壮观的百戏场面充满活力和生活情趣，显示出雕刻技法的熟练，反映了石刻艺术已达到成熟期。汉画像石是徐州汉代三绝之一，在徐州汉文化景区内，辟有专门的徐州汉画像石展馆，并以现代方式进行展示，可供游览。

（六）河南南阳画像石墓

南阳位于河南省的西南部，汉时豪族云集，更是光武帝刘秀的龙兴之地，因此留下了丰富的文物古迹，其中一朵绚丽的奇葩，就是南阳汉代画像石墓。

南阳汉代画像石自 20 世纪初即引起了人们的注意。1923 年，著名考古学家董作宾先生等始有发现，张中孚、孙文青等先生又陆续发现数百块画像石和拓片，并出版了《南阳汉画像汇存》等书。1935 年，当时的河南第六行政区监察专员兼南阳县长罗震先生见诸石“日就损毁”，遂创建南阳汉画馆，对画像石加以保护。鲁迅先生收集整理南阳汉画像石拓片也费尽心血，直到他逝世前两个月，还惦记着用作桥基而浸在水中的画像石刻。新中国成立后，党和政府十分重视汉画像石的保护工作。

1958年，南阳汉画馆移至武侯祠内，郭沫若同志为汉画馆题写了馆名。1978年，南阳汉画馆再度移地，新馆占地2600平方米。此外，唐河、方城、邓州、新野发掘了南阳杨官寺墓、襄城永建七年（132年）墓、天凤五年（18年）冯孺人墓等30余座汉画像石墓。这些汉画像石墓分布范围大致在汉南阳郡境内，兴起于西汉晚期，盛行于东汉早、中期，衰落于东汉末年。

初兴期的墓葬，以1975年在南阳市东郊发掘的赵寨汉画像石墓为代表。此墓由墓门、前室、主室、两侧室组成，主室顶部用子母榫大砖砌筑，其余采用板木梁式石结构，前室大门用石质门扉，主室大门用木质门扉。画像发现于门柱和门扉上，凹面刻线，上施朱彩，画面简单，只刻出楼阁、门阙。盛行期的墓葬，以1973年在邓县（现邓州）发掘的长冢店汉画像石墓为代表。这是一座“品”字形墓葬，由甬道和4个墓室组成。在墓门、主室门、侧室门及门楣石和隔梁石上雕刻画像，内容多是反映逐疫升仙、舞乐百戏、门吏奴婢、日月星宿等。雕刻技法为剔地浅浮雕，施以整齐的模竖地纹，物象细部用阴线作简单刻画。衰落期的墓葬以1973年在南阳市东郊李相公庄发掘的东汉灵帝建宁三年（170年）许阿瞿画像石墓为代表。画像为上下两层，上层是墓主人许阿瞿肖像图，下层是舞乐百戏图。它是南阳汉画像石墓中有明确纪年的晚期墓葬。

南阳是汉代较为繁荣的商业城市之一，冶铁业、水利、农业、商业日益发展和繁荣，社会物质财富达到了一定积累，两汉时期崇尚厚葬的习俗和浓厚的迷信色彩加上汉代绘画、雕刻艺术长期繁荣，为南阳画像石墓的产生提供了沃土。南阳又是东汉开国皇帝光武帝刘秀的故乡，“帝乡多近亲”，皇亲国戚、功臣名将等地位显赫，生前以画像为珍玩，殁后以画像为冥具，使得画像石墓成为当时当地的一种时尚，广为流行。南阳汉画像石墓作为雕刻艺术品，成为社会的一面镜子，从一个侧面反映了汉代封建社会的经济关系和阶级关系。画像石刻内容丰富、题材繁多。主要为表现墓主经历和生活的车骑出行、乐舞百戏、田猎宴饮等图景；晏子见齐景公、二桃杀三士、荆轲刺秦王、鸿门宴等历史故事；东王公、西王母、伏羲女娲、牛郎织女、嫦娥奔月等神话故事；三足乌、五星连珠、日月同辉、北斗七星等天文星象及菱形、三角形、穿环形等各种装饰图案（如图 4–6、图 4–7）。

南阳汉画像石的雕刻技术和艺术风格与其他各地大体相似，又独具特色，自成体系。雕刻技法随时代的进步而进步，由阴线刻逐步发展到以浅浮雕为主。

南阳汉画像石注重写实，但并不拘泥于生活，而能大胆想象，

图 4–6　南阳汉画像石墓之嫦娥奔月图

创造出高于生活的艺术作品，生动形象地再现了汉代历史。画像石以人物大小比例、形貌动作和环境气氛来区分不同阶级、不同地位的人物形象，如在楼阁铺首衔环图和舞乐宴饮图中，凡大腹便便、衣冠楚楚、面孔威严者，大都是一些豪强地主，他们占据画面的主要部位。而侍吏、奴婢则穿着朴素、表情谦恭，在画面中处于次要的位置。

图 4–7　南阳汉画像石墓之人射箭图

南阳汉画像石在雕刻技法上以剔地浅浮雕为主，其特点是空地不留纹或施以横、竖地纹，构图较疏朗，注重主题的突出，着意于表现人物、禽兽的神态，而不多加点缀或装饰，这使南阳汉画像石形成粗放朴拙的独特风格。如荆轲刺秦王图，荆轲左手抓秦王的衣袖，右手持匕首，秦王抽身站起，横剑欲还击，秦舞阳惶惶然不知所措。又如聂政自屠、高祖斩蛇、鸿门宴等图，都具有构图准确、简练明快、形神兼备、情节连贯之特点。因此这些故事性很强的画面，在无题记的情况下人们仍可辨别其故事内容。

南阳汉画像石的内容，随着时代的发展呈现明显的变化，早期作品布局疏朗，画像内容单调，主要以门阙楼阁为主。中期作品内容丰富，题材繁多，上具天文，下具地理，并注意到空间的修饰。晚期作品内容，题材缺少变化，构图趋于图案化。但作者始终注意具体情节的描绘，并着力表现主题思想。如在舞乐百戏图中，作者把撞钟者、象人（即假形装扮，使用面具和假形衣等手段，装扮成各类动物、神仙、人物等角色，表演动物戏、神仙戏和人物戏）、舞伎、吐火者、跳丸者、吹奏者安排在同一画面，使我们了解了所谓豪人之室“妖童美妾，填乎绮室，倡讴伎乐，列乎深堂”的真实情形。

南阳汉画像石的表现方法主要是线条，或粗或细，交错运用，千变万化，形成自己独特的艺术特征，粗犷而不鄙野，深厚而不凝滞，朴素而不单调，豪放而不疏散。这一具有独特艺术风格的艺术作品形象生动地反映了当时的社会政治、经济、思想情况，具有珍贵的史料价值，在中国美术史上也占有极高的地位，具有很高的艺术价值，是我国古代艺术宝库中的瑰宝。

南阳汉画馆保存并陈列了这些珍贵精美的历史画卷，信步其间，在对这些神来之笔叹服之余，会对这座千年名城有更全面的了解。

（七）南阳冯孺人画像石墓

在河南省唐河县新店村西约 300 米处的“楸树坟”高地上，有一座画像石墓，这就是新莽郁平大尹冯君孺人画像石墓。

冯孺人墓为砖石结构，平面呈长方形，东西长 9.5 米，南北宽 6.15 米，墓室分前室、中室和后室三部分，结构严密。前室从前大门到中大门，包括前室和南北 2 个车库，这一部分除各门的门框、门楣和门扉是石质外，其余皆为砖结构。中室从中大门到后主室，为一近似正方形的“天井”式院落建筑，除顶部用砖叠券为覆斗式之外，其余均为石结构。后室包括南、北主室，南、北、西“阁室”，为石结构，3 阁室相通，形成对称的回廊式建筑。

墓室所用大小石料共计 154 块。其中盖顶板石 22 块，铺地石 34 块，门框 26 块，门扉 10 块，墓壁 62 块。其中画像 35 幅，大都经过朱彩描绘。画像主要内容有神话异兽、人物、建筑、舞乐百戏、戏虎、骑象、兽斗等（如图 4–8）。其中龙虎图 5 幅，铺首衔环图 10 幅，有二龙穿壁、二龙交尾、应龙、游鱼、四首人面虎身兽及白虎、朱雀铺首衔环，刻于门楣、门扉上；墓主、门吏、拜谒、蹶张、楼堂建筑图 15 幅，其中以南阁室北壁的门阙、厅堂人物图最富特色。画面中间为厅堂建筑，两侧各有一对对称的双层楼阁式门阙，厅堂左右两侧，各站一执笏侍吏，恭候差使。厅内上挂帷幔，下设一几，几后面坐二贵夫人，皆头梳高髻，束腰着长裙，拱手胸前。几旁站一侍女，长髻，束腰着长衣，双手捧奁盒。门阙的二层楼刻菱形格窗。阙脊顶中间树一圆形饰物。厅堂建筑为单檐歇山式，二柱上端皆有斗拱，下有柱础，柱础为覆斗形。舞乐、百戏图 4 幅，图中人物有吹排箫、洞箫、竽的，有摇鼗鼓的，有跳盘舞、鼓舞、蹴鞠双

图 4–8　南阳冯孺人墓汉画像石

人舞的，有倒立的，形象生动，姿态各异。戏虎、驯象图 1 幅。雕刻技法有凹面阴线刻和减地浅浮雕。这些石刻画像基本上是以写实为主，但夹杂着许多道教的羽化升仙思想，应龙、羽人等画像，反映的就是这种升仙意图。墓中多处刻有四神、铺首衔环和蹶张之类的力士画像，这是死者想得到保护、永远享乐的表现。舞乐、百戏画像中的“耍壶弄丸图”和“蹴鞠双人舞蹈”图反映的表演难度之大，表演者技艺之高超、精彩，令人赞叹，反映了汉代劳动人民的聪明才智和巨大的艺术创造力。

从墓前门到主后室，发现有纪年、墓主人姓名、官职及墓室建筑名称的题记 8 块。刻有“郁平大尹□□□□冯孺□□无□□□”“郁平大尹冯君孺人车库”“郁平大尹冯君孺人中大门”“郁平大尹冯君孺人藏阁”“郁平大尹冯君孺人始建国天凤五年十月十七日癸巳葬千岁不发”等文字。书法有篆有隶，篆隶结合。小篆字肩圆转，笔画线条较匀称，无凝结现象。

该画像石墓的发现，为研究南阳汉画像石提供了极其宝贵的资料。现已将该墓全部材料运往南阳汉画馆进行了复原，供游人参观。

二 宋元时期仿木结构雕砖墓

（一）概述

中国在唐朝统一和五代十国战乱之后，进入北宋与辽，南宋与金、元长期对峙的时期。虽然五代十国半个多世纪的割据战争以及宋辽金元之间不断的征伐使黄河流域地区的经济蒙受了巨大损失，但统一后的北宋统治者采取了诸多措施，使得社会经济在短时间内又趋繁荣，并促进了民间建筑的多方面发展。宋朝统治者一向对外采取妥协安抚政策，过着苟安享乐的腐化生活。反映在意识形态领域，表现为主张无为的道教，主张生死轮回的佛教以及阴阳五行等消极思想十分流行，影响到了人们的生活习惯和建筑构思。文学作品则少了雄健豪迈，而盛行细致柔美乃至无病呻吟。反映在丧葬文化中，则表现为不顾国土沦丧而一味地追求奢侈，以生前的游乐和宴饮为荣，这些因素导致了北宋仿木结构雕砖壁画墓的盛行。而与北宋多年征战的辽、金和继宋而来的元朝均受其影响极深。所以这种墓葬以中原及北方地区最富有特色。而且由于各民族互相影响，导致墓内雕砖和壁画题材众多，五彩缤纷。

中国古代建筑是世界上最古老也是最富民族特色的建筑体系之一，有着7000年以上有实物可考的历史。3000年前已形成以木构架为主要结构、以封闭的院落为基本的群体布置方式的独特风格。至宋代，由于建筑技术和建筑构件的进步，室内空间布置之灵活多样，装饰陈设之华丽，装修种类之繁多，都大大超过前代并深深影响了后代。由于战争掠夺和正常的交流，辽、金、元等朝代的各地建筑都深受中原地区的影响。中国古代建筑的一个最重要的特点是始终使用木结构，形成了一系列建筑特征：外观分台基、屋身、屋顶三部分，普遍使用斗拱、模数制设计方法，油饰彩画，等等。斗拱为中国木构建筑体系所独创，而由外表涂漆防护发展而成的油漆画，更成为木建筑外观的显著特征，这在仿木结构雕砖墓中表现得淋漓尽致。

宋代的木结构建筑集历代之大成，并有重要的发展和创新，古建宝典《营造法式》一书即在此期间问世。历史的风风雨雨和无情的天灾人祸虽使宋代建筑几至荡然无存，然而，除了诸如历史画卷《清明上河图》中的描绘外，重建的家宅——仿木结构雕砖壁画墓仍使我们看到了那时雕梁画栋的宫室和幽深恬静的院落。

宋代的仿木结构雕砖壁画墓是从晚唐五代简单的仿木结构砖室墓发展而来的。目前发现最早的宋代仿木结构雕砖墓，是郑州南关外至和三年（1056年）胡进墓。这种墓葬从北宋中期以后，特别是从宋神宗以后，在中原地区普遍流行。墓室平面从方形或圆形发展到多角形，从单室发展到多室，在仿木结构细部上，从简单的一斗三升托替木或“把头绞项造”发展到五铺作重拱，从简单的叠涩顶发展为宝盖式盝顶藻井，从板门直棂窗变为雕花格子门。雕砖和壁画的内容，主要表现墓主的居室、日常生活情形、墓主夫妇“开芳宴”、孝子故事图以及草木花鸟、舞蹈表演等。不过墓中随葬物品一般很少。

这种墓的典型代表之一是北宋元符二年（1099年）建造的白沙宋墓一号墓（赵大翁墓）。该墓位于今河南省禹州市，墓为砖造，分前后两室，前室方形，后室六角形。仿木建筑的斗拱用单抄单昂五铺作重拱计心造，前室作宝盖式盈顶藻井，后室作宝盖式截头六瓣攒尖顶，满绘彩画。墓室四壁的彩色壁画，从各个方面表现了墓主人的生前生活。甬道壁上画背着口袋和钱串的人，可能是交租者。前室入口两侧画门卫和兵器。前室东西两壁画墓主夫妇“开芳宴”场面，后室则画卧房的情形（如图4–9）。所有构件遍装彩画，前

图 4-9　河南白沙宋墓后室壁画

后室有“几”字形平面的砖台，表现了唐宋以来室内床榻的布局特点，前室是起居、会客的堂，后室是卧室，反映了前堂后寝的传统住宅布局方式。

宋代手工业和商业的发展，使地主富商的生活相当奢侈豪华，该墓正反映了这些人的生活状况。墓中所使用的五铺作斗拱和五彩遍装彩画都是当时等级制度所不允许的，说明北宋中后期等级制度已被富有的商人和地主突破了。而这种以砖仿木、雕刻精美的墓葬已成为宋代一般商人和地方墓葬的普遍形式。

宋、辽、金、元多年的对峙、争战和交流，使辽金元时期的仿木结构雕砖墓都不可避免地受到中原地区的巨大影响，无论是建筑布局、建筑构件还是雕砖壁画的题材内容，都深深地烙上了中原地区风格的印记，但同时又具有鲜明的民族和地区特色。例如，内蒙古敖汉旗辽墓石棺内壁画，完全是描绘契丹游牧生活的，很有民族特色。翁牛特旗解放营子辽墓木椁内所画的彩色画，虽然衣冠服饰和出行仪仗中的毡车、驾鹰等形象仍是契丹人固有的风貌，但它的题材却模仿了北宋墓中所流行的“开芳宴”，画出了宴饮伎乐场面。

有些辽墓中还有多幅孝悌义妇等故事画，这都足以说明其受中原地区影响之深。这种情形在库伦一号辽墓中反映最为明显。金代墓葬虽受辽的影响，但更多则是继承北宋墓制而来。其中以今山西新绛、侯马为中心的金代绛州地区发现的仿木结构雕砖墓最具代表性：墓室的平面都作方形，与墓门相对的主壁正中雕墓主夫妇“开芳宴”图，或雕“妇人启门状”，左右两壁雕格子门，墓门两侧多雕破子棂窗、灯架等。有的在拱眼壁上、格子门的障水板上或墓门附近雕孝义故事图，墓内雕砖还表现出屏风、盆花、镇宅狮子等，与现实生活中的宅院几无二致。最著名的当属金大安二年（1210年）董氏兄弟墓。

元代的仿木结构雕砖墓主要发现于山西地区。其中以晋南的侯马、新绛地区最为集中。1959年发掘的侯马元代仁宗延祐元年（1314年）马氏墓，墓的东、西、北三壁砌有模制花卉雕砖三层13块，花朵或稀疏，或茂密，手法或拘谨，或豪放，均色彩鲜明。在南壁墓门两侧，用雕砖各砌直棂窗1个，窗上并排砌30厘米见方模制舞乐图4幅，每幅各有一舞乐人：有黑幅红袍、腰束绿带、眼睛微眯的正在表演的男舞者；有面相丰圆、红袍绿裙、肩披绿巾、双手持腰鼓、正在打鼓的乐者；有敲打编钟的乐者；还有吹笙乐者。人物形象生动逼真，姿态各异，但内容上互相呼应，构成一个整体。1966年发掘的新绛元代至大四年（1311年）墓的雕砖主题则是孝子故事，在东西两壁共砌出12幅孝子故事图。但这些墓的仿木建筑部分已日趋简化，有些已变为示意性质。晋中发现的一些元墓壁画中虽仍有夫妇“开芳宴”图，但更突出了墓主人的形象，省略了伎乐场面，增加了金银线帛斛斗库和饲养六畜的画面。雕砖题材虽仍有孝子故事及舞乐俑图，但壁面已主要用花卉雕砖装饰。这表明，从唐末五代以来盛行的仿木结构雕砖壁画墓，发展到元代已近尾声了。

我国古代艺人工匠，凭着高超的技艺把木结构建筑的诸多精妙之处用雕砖壁画的形式表现得淋漓尽致，再铺以彩绘，简直可以乱真。雕砖的人物形象，举手投足，细致入微，栩栩如生。门窗桌椅一应俱全，对饮的夫妇、执戈的卫士、躬身的侍女，无不入木三分，呼之欲出，是不可多得的艺术精品。我们说，古人的坟墓是“永恒的家园”，古人修造坟墓的基本原则，是把墓室作为生前居室的替代物，无论何种形式的墓葬，都或多或少地模仿着生前居室而建。但只有仿木结构雕砖墓，把这种模仿做到了几近以假乱真的地步，为死者修造了一个实实在在的家居生活环境。现在，就让我们走进他们的“家”中去看个究竟吧！

（二）洛阳北宋仿木结构雕砖墓

北宋的仿木结构雕砖壁画墓，以中原和北方地区最具代表性。而洛阳的数座仿木结构雕砖墓，则集中体现了这种多彩多姿的墓葬形制。

邙山位于黄河南岸，西起三门峡，东至伊洛河入黄处，连绵200千米，其中洛阳邙山段，西起新安县，东至偃师区，长约50千米。它既无巍峨陡峭之险，又无风光秀丽之美，然而就是这样一条极为普通的黄土岭，却掩埋着中国古代历史上不少叱咤风云、显赫一时的风流人物，致使古代诗人吟出了“北邙山头少闲土，尽是洛阳人旧墓”的名句。中国唯一的一座墓葬博物馆——洛阳古代艺术博物馆（原名洛阳古墓博物馆），就坐落在“无卧牛之地”的邙山之上。在首批搬迁复原的22座历代墓葬中，除了著名的西汉打鬼图壁画墓、卜千秋墓、北魏元邵墓、唐定远将军安菩夫妇墓外，还有数座北宋时期仿木结构雕砖壁画墓，今择其中4座介绍于后。

一号宋墓，即因在砖砌的古典式门楼中有铭砖曰“宋四郎家外宅坟”而命名的宋四郎墓，1983年发现于新安县石寺乡李村。墓室平面呈八角形，八角各砌砖柱，柱顶为砖雕斗拱，八角之外除墓门一面外，其他七壁均有假窗和壁画。第一幅为墓主夫妇“开芳宴”图，夫妇二人左右端坐，中间一桌，背衬帷幔，桌后立一侍女，墓主人夫妇身侧一男一女侍立。这是最为典型的北宋仿木结构雕砖墓的雕砖和壁画题材。第二幅为二女仆在厨房操持的庖厨图。第三幅为交租图，绘四男子，其中一人顶盆，一人从口袋内向外倒米，下

图 4-10 洛阳宋四郎墓仿木结构墓顶

接一锅。第四、五幅为双扇假窗。第六幅为乐舞图。第七幅为花卉图，上绘牡丹，下绘假山。墓门甬道两壁各有砖雕孝子图 2 幅，其中 1 幅为孟宗哭竹图。该墓葬建于宋靖康元年（1126 年），准确的纪年和典型的题材，都使得宋四郎墓在许多方面成为此类墓葬的标尺（如图 4-10）。

二号宋墓发现的时间和地点同一号宋墓，形式亦相同，推测两墓的墓主当属同一家族。壁画共 7 幅：第一幅绘门扇半掩，一女子欲启门而出，却犹遮半面，这类“妇女启门”图亦是宋代仿木结构

墓中的主要壁画和雕刻题材。第二幅绘一老者坐于靠背椅上，后立侍女，背衬屏风，前有二人，一老者躬身揖手，另一人肩扛一杆，当是表达交租后问候告别主人之意。第三幅绘二侍女立桌两端，桌上插牡丹花，大概是敬候女主人来梳妆打扮。第四、五、七幅皆为假窗，第六幅为浮雕圆几一把，几侧立侍女。

可以看出，至迟在宋代，牡丹已成为建筑艺术和民俗艺术的装饰图案，可知“洛阳牡丹甲天下”历史之悠久。

最能显示宋代高超建筑和雕饰技艺的，当数四号宋墓。墓室平面呈八角形，每边长 1.08 米，其内有一八角形砖砌平台，即棺床，高 0.41 米。束腰状的棺床犹似佛像下须弥座，周围面与面相接部位都砌一根转角柱，这种形制的棺床达到了与墓室形制的完美统一。墓室内除南壁开墓门外，其余七面均镶砌砖雕格子门，每面 2 扇，雕花各异，地纹格眼也不同，以柿蒂纹为多。腰花板皆雕牡丹花。门扉下部的障水板上雕牡丹、芍药、菊花、莲花 4 种。其中两块一雕宝瓶莲花，一雕盆栽莲花，充满了民间生活气息。

在八面墓壁两两相接之处，各雕 1 根转角柱，通高 1.1 米。柱头上砌一朵单抄单昂五铺作重拱计心造仿木斗拱。护斗坐于普拍枋之上，斗口出华拱一跳，左右出泥道拱。第一跳跳头上出下昂，昂下刻华斗子，昂头上出耍头，与令拱相交，再上砌齐心斗，用以承托挑檐枋。泥道拱两侧砌幔拱两层，上层幔拱的散斗承托罗汉枋。每朵斗拱全高约 0.73 米。这样的仿木斗拱极具科学和艺术

价值。墓顶作穹隆顶。从墓壁以上砌砖逐渐内收，作八角迭涩而上，至第五层形成小藻井。整个墓室建筑仿佛一座八角亭。其设计之精巧，雕饰之细致，充分显示了宋时工匠的聪明才智。

孝道是封建伦理道德的主要内容之一，也是古代丧葬制度的理论和思想基础。起源于春秋，盛行于东汉的孝子烈女故事，经过封建统治者的大力推行，至宋代已形成“二十四孝”的概念，二十四个孝子被历代视为人伦楷模。而孝子故事图则成为宋代仿木结构墓中砖雕和壁画的又一主题，五号宋墓即以孝子故事图闻名。

五号宋墓于 1984 年发掘于洛阳耐火材料厂。墓室平面呈正方形，四角上部各有转角斗拱一朵，墓室四壁砖雕孝子故事 6 幅，其中 5 幅为曹娥、董永、丁兰、王祥、孟宗。第三幅画面雕一着甲武士，长矛插地，后立一马一卒，一侧为一抱小孩儿老妇，下躺一人，推测为刘明达（或赵孝宗）。

“若问古今兴废事，请君只看洛阳城。”百闻不如一见，雄伟壮观的洛阳古代艺术博物馆将使你领略这重建的家宅的多彩风姿。

（三）侯马董氏兄弟墓

侯马位于今山西省南部的曲沃盆地中部，四面群山环绕，汾水浍水交流而过。土地肥沃，物产丰富，自春秋晋国建都以来，即成为兵家必争之地。金朝的绛州地区即以侯马为中心。

金朝是女真人创建的国家。女真是我国北方历史悠久的民族，它的远祖要推到商周时代的肃慎。完颜阿骨打在担任部落首领后，于天庆五年（1115 年）正式建立金王朝，并通过多次征战，于天会三年（1125 年）灭辽称雄于北方。于靖康二年（1127 年）灭北宋，在与南宋多年征战后形成对峙，于 1234 年灭亡于强大的蒙古。

由于金先臣于辽而后灭辽，既和于北宋又灭之，故其墓葬习俗不仅有了辽的印记，更受中原地区的巨大影响。而侯马由于其特殊地理位置，更成了各民族文化的交汇点。著名的侯马金代董氏兄弟墓（如图 4–11），就突出地反映了这一事实。

侯马董氏兄弟墓，即金代董玘坚㑩和董明兄弟墓，造于金大安

图 4-11 山西侯马董氏兄弟墓仿木结构墓门

二年（1210 年），位于今山西省侯马市西约 1.5 千米处，牛村古城南面。1959 年，山西省文物管理委员会对其进行了发掘。两座墓形制相同，其中董明墓已遭破坏，董玘坚傣墓保存完好，这是新中国成立后发现的最著名的金代仿木结构雕砖墓。

董玘坚傣墓，南向，墓室呈方形，长 2.26 米，宽 2.08 米，四壁满施雕刻。上部八角，顶为藻井，墓南壁正中进门处为长方形小天井，其他部分都是棺床。墓道狭长（4.7 米 × 0.39 米），上下有梯形台阶，门外用青石条封闭。

侯马金墓的珍贵之处在于其满布墓室的雕刻，内容包括堂屋、大门、隔扇、屏风、几凳、花盆、人物故事、鸟兽花草、戏台、墓主雕像和仆人，实为一座宋金时期建筑模型。

在高 0.75 米，尚可自由开启的两扇门板上，各有一个六棱花形环饰和 12 路六瓣梅花钉，每路 5 枚。内侧门框上满刻串枝莲。左右两头狮子坐在六角形须弥座上。门前刻垂花门廊，廊子的两根小八角柱竖于室内须弥座上，侧悬着两个垂莲柱。下端悬拱，中填

花板，刻宝相莲生贵子等纹饰。上面是一大枋，垂花柱上部各有一朵一斗三升的斗拱。拱眼壁刻填小儿、卷草。斗拱上又托一枋，最上面是一排如意头檐子。顶悬挂长形匾额，上书买地契券，墨迹尚清晰。在门廊左右各置一方几，几上放置一盆莲花，梁上悬挂绣球悬鱼图。

北壁是墓室正面，也是雕刻内容的主部。雕有堂屋三间。四根高柱托善柏枋，柱头各装一斗三升的斗拱一朵，大斗上有蚂蚱头。明间之中有补间铺作一朵，并有3个素面昂，左右皆向外斜挑。拱眼壁是模制的牡丹花，上用砖作成屋檐，刻有檐椽和飞檐椽，上面粗刻阴阳瓦、滴水等。明间为中堂，中间一大几，置牡丹花一丛，梁上悬挂贵子、绣球、双鱼。在大几左右雕墓主人夫妇像，坐于几凳上。左边为男主人，长须戴巾，着长袍，手执念珠串；右边是女主人，绾髻，着长裙，左手捧红卷。东西两次间各置一个大型屏风，上刻一孔雀立于牡丹丛中太湖石上。两次间屏心分成7格，各填刻荷花、芙蓉、石榴等。

墓室东壁刻六扇隔扇，窗棂部分有精美图案，相邻两扇为一个图案。隔扇障水板上，中间的两扇为神农采药的故事，两边两扇刻木槿、山楂，西壁布置与东壁相似，障水板上满刻人物故事。中间两扇刻二戎衣小儿各骑狮虎相斗，其余刻画将士战骑。墓室北壁与东西壁转角处，雕侍童侍女像。侍童在东北角，梳髻，着长袍，叉手侍立，左臂搭一长巾；侍女在西北角，双髻下垂，饰锦带，着长裙，手捧莲花镜。

四壁下部是精美的须弥座，通高0.64米。下有圭脚、地栿，地栿上刻小儿、卷草，再上束腰，棺床高0.35米，在天井西面做出床板、床腿、栏板、牙子，床面用方砖平铺。

一幅生机盎然的舞台及戏舞模型图（如图4–12）砌在北壁堂屋檐上，使我们可以清楚地了解宋金时的舞台及表演情形。舞台正面总宽0.77米，台面宽0.65米，进深0.18米，全高1米，檐宽0.9米，出檐0.1米。五个演员用青砖雕成，前面并施彩色，刀法娴熟，神态逼真。五人在台上排成一行。中间一人穿圆领红大袍，戴纱帽，着黑靴，双手持笏，面部丰满，似中年显贵模样；其右边一人，梳髻戴云形黑冠，红衣白裤，右手拿一把黄色纨扇，屈膝作舞蹈状。再右为一小丑，披虎纹黄色短袍，袒左臂，胸部刺云纹，须发苍苍，红帽，白眼圈，眼上由上向下画一道黑，右手的大拇指和食指在口

图 4-12　侯马董氏兄弟墓舞台及戏俑

里呼哨，两腮圆鼓，左手拿一个棒槌。左边第二人，个子高大，穿青衣，下襟的一角掖在腰里，戴黑幞头。最左边一人为净角，个子粗壮低矮，穿黄衣，敞襟伸臂，右手系一似卷子的东西，胸臂上刺花纹，头戴黑帽，脸上画蝴蝶脸谱，一派赳赳武夫气概。

历史的风雨、世间的冷暖和人生的悲欢一览无余地浓缩于这小小的舞台之上。他们永恒的表演是在强装欢颜还是充满无语悲伤？是梨园烟云还是世间无奈？令人欣慰的是，在山西省文管会侯马工作站院内完整地保存着这一古代工匠的不朽杰作，您不妨走进这重建的家宅，亲临这历史砌就的舞台，去体验这博大精深的建筑文明背后的千年悲喜。

第五章　逼真斑斓的极乐世界
——历代壁画墓

中国的绘画艺术历史悠久，光辉灿烂。就目前知道的，可以追溯到四五千年之前。在新石器时代，彩色陶器上绘制的各种花纹和图案，就已表现出匀称而繁复的美感。到商周，各种青铜铸器上的图案更是极为细致而秀丽。这一时期的绘画，往往把自然界的某些现象和生物图案化，却不失其活跃的情态。进入封建社会以后，绘画艺术随着社会的发展而不断创新，并为不同的社会阶级服务。壁画作为我国绘画史中的一个重要组成部分，生动、真实地从不同角度反映出当时整个社会的方方面面。特别是我国古代的墓室壁画，更是具体、生动、真实地再现了当时社会的生活、经济、民族等方面的实际状况，是当时社会生活的精彩缩影。

随着社会的不断进步和发展，墓室壁画也不断发展和变化，绘画技法、内容题材等各方面，都有着自身的发展规律和特点。如早期（西汉）壁画，从绘画技法和手段上看，较为朴实和宗教化；从内容上看，带有浓厚的封建迷信色彩。比如洛阳卜千秋壁画墓，时代为西汉中晚期，从题材上看，完全以驱邪打鬼、升仙为内容，并配以青龙、白虎、朱雀、玄武四神图，墓主人夫妇腾云驾雾，飞越仙境，进入理想的极乐世界。这种以升仙图为主要题材的墓室壁画，在这一时期较为普遍，是我国早期墓室壁画中最为突出的特点。

进入东汉，墓室壁画在内容上除保留了少许的前期壁画特点，如祥瑞图、四神图等外，增加了许多与墓主生前相关的内容，如田庄经济、起居宴饮、乐舞百戏、社会活动、民族交往等场景。在绘画技法上由前期单彩逐渐发展为多彩、重彩等并趋于成熟。同时大胆地采用夸张的手法来描绘内容的主体，呈现出线条流畅、内容丰富、色彩复杂多样、轻重对比显著等特点。如和林格尔壁画墓，用较大面积的壁画来描绘墓主人的生平事迹，用夸张的手法来描绘幕府的内景和幕府在宁城中的位置，并衬以大面积的田庄经济、起居宴饮、乐舞百戏等来表示墓主人生前的显赫地位。这在东汉众多的墓室绘画中是最具代表性的。

汉以后的各类墓室壁画，从绘画技法上看，除继承了汉代绘画的优秀传统外，更加趋于成熟，对人物、景观刻画得更为细腻和生动；从绘画内容上看，也增加了许多新的内容，如出行、客使、马球等。这一时期，魏晋壁画墓大多发现于我国东北、西北、内蒙古等地，中原地区发现较少。其中集安高句丽壁画墓和酒泉壁画墓具有代表性。集安高句丽的壁画与中原地区的壁画有着许多相似之处，但二者又有其各自的特点。如在绘画内容上，中原地区早期（西汉）壁画多以四神、祥瑞、神话故事等为主，到了晚期（东汉以后）多以墓主的社会生活等为主。而高句丽壁画墓早期则以墓主社会生活为主要内容，晚期以四神图为主。在绘画技法上，中原以砖地白灰面上作画为主，而高句丽则是在石头上直接作画，从这一点上不难看出，不同地域、不同民族在相互交流、相互学习的同时，仍保留着各自的民族和地方传统。酒泉壁画墓，则又是另一番景象。整座墓的壁画内容，以墓主人生前的起居宴饮、乐舞百戏、田庄经济为主，这与当时魏晋十六国时期的战乱景象形成了鲜明的对比。在绘画技法上也较为成熟，图中色彩的浓和淡、明和暗、虚和实都是根据不同类型的人和物加以处理的，因此给人以丰富多彩的感觉。

到了隋唐时期，我国的绘画艺术达到了较高水平，场面宏大壮观，山水人物处理得合情合理，如唐章怀太子墓，所绘内容以出行、客使、马球等反映宫廷生活的场景为主，该墓中壁画将人物、山水、古树、马匹等刻画得淋漓尽致、栩栩如生，充分反映出我国唐代高超的绘画技艺。

综上，我国古代墓室壁画，从产生、发展到成熟，历经数千年的沧桑，凝聚了无数古代优秀艺术家的汗水。壁画是劳动人民创造的最大众化的艺术，它的形式必然为劳动群众所喜闻乐见，同时它又积累了数千年丰富的艺术经验，是我国民族艺术一份巨大的、宝贵的财富。如今，它在艺术形式、技巧方面有着重大的借鉴价值，值得我们认真分析、学习和研究借鉴。

一 洛阳西汉卜千秋壁画墓

洛阳是我国著名的古都，这颗镶嵌在中原大地上的明珠，自古就是帝王将相、名人贵族、文人墨客汇集的理想之地。她北有滔滔东去的黄河和四百里巍巍邙山，南系数百里清清洛水。在长达数千年的历史岁月中，洛阳一直是我国政治、经济、军事、文化和交通中心，有多少帝王将相和叱咤风云、显赫一时的风流人物长眠于邙山上下。一句“生游苏杭，死葬北邙”的俗语，充分说明了洛阳地理位置的优越。

洛阳卜千秋壁画墓，就坐落于邙山南麓、烧沟村西、陇海铁路北约100米处的洛阳面粉厂院内。1976年6月由文物考古部门发掘，确定其为一座西汉中期稍后的砖室壁画墓，因墓内出土一枚篆书“卜千秋印”而得名，是我国目前为止发现的时代较早的一座壁画墓。

该墓由墓道、主室、左右耳室三大部分组成。从其建筑深邃坚固、结构工巧、随葬物品以及壁画内容看，当为一郡级官吏的葬穴。整个墓葬全部采用空心砖所筑，主室则由特制的空心砖装配而成。壁画分别绘制在室内门额、主室顶部和主室后山墙上。从内容上看，可分为两大部分：

第一部分为打鬼图。在主室后山墙正中绘一猪头大耳熊面的怪兽，赤膊裸足，身穿紫衣红裙，二目圆睁注视墓门，作推拿状，怪兽之下左绘青龙，右绘白虎。据考证此图所绘为“方相氏”，即古代举行傩戏仪式时打鬼的头领。在举行大丧时，方相氏先在

灵柩前驱疫，然后进入墓室“以戈击四隅”，逐除地下恶鬼。这与壁画内容相吻合，可以看出方相氏正在驱赶魔鬼。方相氏下所绘的青龙、白虎则是为了避邪，也为打鬼助威。东汉人王充在《论衡·解除篇》中说：“夫解除所驱逐鬼……青龙白虎列十二位。龙虎猛神，天之正鬼也。飞尸流凶，安敢妄集！犹主人猛勇，奸客不敢窥也。”这段话恰好为这幅图做了说明。

第二部分为升仙图（如图 5–1、图 5–2）。升仙图主要绘制在狭长的主室脊顶上，全长 4.6 米，宽 0.32 米，由 13 块空心砖的脊面组成。从前至后依次绘女娲、月亮、持节方士、二青龙、二枭羊、朱雀、白虎、仙女、奔兔、猎犬、蟾蜍、卜千秋夫妇、伏羲、太阳、黄蛇等人神鸟兽的形象。在整个画面的近两端处绘日月，而且日中有飞鸟，月中有蟾蜍、桂树。从这两个内容看，充分说明了早在我国西汉时期，就广泛流传着嫦娥奔月这个神奇而美妙动人的神话传说。

图 5–1　洛阳卜千秋墓壁画之升仙图

在图中日月的两侧分绘着伏羲和女娲，皆为人首蛇身，二者的面容绘制较为逼真清秀，与古书中所记载的“伏羲鳞身、女娲蛇躯”基本吻合。在我国古代有着这样一个传说：以凤凰为图腾的伏羲原是东方夷族的一位部落酋长，后与女娲结为良缘，成为人类的始祖。这种传说在很大程度上暗示了夷夏两大部族之间融合的历史进程，因此在以后的石刻、绘画艺术中，人们往往将二者有意无意地绘制成交尾形象，用其来代表人类的繁衍生息。在这幅绘画中则将二者绘制在日月两侧，是否意为象征阴阳，还有待考证。

图 5-2 洛阳卜千秋墓壁画升仙图之朱雀

卜千秋夫妇绘制在伏羲的一侧，妇在上，夫在下。妇乘骑赤色三头凤，手捧三足乌，双目紧闭，凌空飞行。夫乘一蛇（龙），手持弓，闭目，前有一兔，后随奔狗，旁有一蟾蜍，均为云中飞奔状。显而易见，这里反映的就是卜千秋夫妇乘龙凤飞往仙境的场面。

另外在主室的内门额上还绘有一幅人首鸟身像。此像人首长发髻，两缕黑发下垂髻角，两长耳平伸。鸟身舞动双翅立于山岳之上，似展翅欲飞。这里画的是传说中的仙人王子乔，将此图的位置和室顶平脊上的升仙图相互联系起来看，恰好达到了“千里来龙，至此结穴”的效果，说明墓主人也同王子乔一样，最终成了神仙。

我国著名的长沙马王堆汉墓中出土了一幅帛画，画中有升仙、星辰等内容。只就升仙图来讲，可以视洛阳卜千秋墓中的升仙图是长沙马王堆汉墓帛画升仙图的展开版。看那长长的升仙队伍，龙飞凤舞，青云直上，完全是一个“飞龙乘云，腾蛇游雾”的逍遥世界。对于今人来说，壁画的内容是奇异乃至怪诞的，但对于生活在2000 多年前的西汉人来说，却寄托了他们无限的希望。

二 山西平陆枣园村东汉壁画墓

山西省平陆县张店镇的枣园村，是一处普普通通的村落。但由于一座古墓的发现，使得这个小村庄一下子有了几分名气。1959 年 5 月至 6 月，考古工作者在这里发现并发掘清理了一座王莽时期至东汉初年的壁画墓，这在山西省是首次发现。

该墓的形制不大，较为简单，全长只有 4.65 米，由墓道、长方形主室和 1 个耳室组成，全部采用小砖筑券。壁画绘制在整个墓室四壁和券顶上，但室内四壁下端的壁画脱落严重，现已无法辨认，四壁上端和顶部保存较好，所绘人物、动物、山水树木清晰可辨。

此墓的壁画从内容上可分为两大部分：其一为四神图（无朱雀），绘制在主室的券顶上，以满布流动的云气和百余颗星辰作为衬底，其上绘青龙、白虎和玄武。青龙全长 1.6 米，身躯呈“S”形，占据全壁画长度的三分之一。全身绘有鳞纹，鳞纹内填黑点，边沿为半月形白边，鳞纹间再饰小圆圈或黑点，这就更增强了青龙的立体感。青龙张口伸足，加之星辰流云的衬托，动感十分强烈，有如青龙在天空中遨游。与青龙相对绘一白虎，长度较龙略短，张口展足、伸尾作奔跑状。白虎全身绘条状斑纹，造型生动，形象逼真，线条流畅，栩栩如生，体态雄健，苍劲有力。所绘玄武体态较大，展足伸头作爬行状，巨大的龟壳上绘满了螺旋纹，给人以无忧无虑、福寿延年之感。在东西两端还绘有日月图案，日居东，红色平涂，不勾轮廓线，日中绘一黑乌。月居西，白色，月中绘一蟾蜍。在这些日月星辰、彩绘云气中，还绘有9只长颈短尾的白鹤。其二为农耕耧播图，绘制在墓室四壁上端四神图之下，有山水、树木、人物、房屋等。在一房屋的两旁各植一棵垂柳，屋前有一条宽广的大路，路的南侧有一农夫，短衣赤足，右手扶犁，左手扬鞭，正在驱赶二黑牛翻田。在这农夫身后，一身着黑色长衣的人袖手端立。从画面看，当为夫妇俩正在农耕。此画动作、线条较为简单，只用黑线加以勾饰，但形象逼真，内容十分清楚。另有一农夫，驾一黄牛，用耧车向田中播种，耧斗下的三足十分清楚。另外还有持鞭驱策的车马图，还有从渠中挑水、在河边牵牛休息的各种人物等，充满了浓郁的乡土生活气息。

平陆枣园壁画墓从整个壁画内容、绘画技法以及所占篇幅来看，是以四神图为主，而且造型生动，线条流畅，局部以重色修饰。而人物、车马、山水、树木等则是篇幅小、构图简单，并且不加修饰，这种绘画风格为早期墓室壁画之特点。

三 河北望都东汉壁画墓

望都壁画墓位于河北省望都县所药村东。1951年、1953年因当地群众取土烧砖先后发现两座汉墓。两墓东西并列，相距仅30米，都有高大的封土堆。1952年、1955年由河北省文化局进行了发掘清理，确认两墓为东汉晚期大型砖室壁画墓。

西侧1号墓由墓道、甬道、前室、中室、后室、4个耳室以及后壁的1个小龛组成，全长20.35米。室壁用长方形砖砌筑，顶部用扇形砖所券，地铺方形和长方形砖。该墓早年被盗，除残存部分陶器外，尚保存一完整的石围棋局，实属少见。

1号墓最为引人注目的是保存着较为完好而且十分精美的壁画。壁画主要分布于前室的四壁和前、中两室之间的甬道内，分为上下两层。上层为人物，绘25个人物肖像，为属吏图。墓门两侧绘有佩剑作守门状的“门亭长”；有顶冠佩剑、衣服肥大、袖垂至膝、弓腰而立、持笏或拱手的“门下吏”“门下贼曹”“门下游徼”“门下功曹”。“寺门卒”在装束上不如“门亭长”，无冠负红帻，上衣虽长，但膝下露极宽肥的裤腿，腰部束带，颇似“家院”一般。其他还有“仁恕掾”“追（槌）鼓掾”“主记史”“主簿”“辟车伍佰八人”以及门下五吏等。这些人物表情丰富，造型生动，线条流畅，栩栩如生，动作和面部表情刻画得淋漓尽致。人物的下层绘有各种鸟兽，为祥瑞图，内容有“羊酒”“芝草”“白兔游东山”“鸳鸯”“凤凰”等9幅，这些动物画像，形象生动，活灵活现，看上去十分优美。在前室与中室之间的甬道顶部还绘有一幅用流动的云气和奔腾的仙禽异兽构成的精美图画。另外在前室和西耳室之间的甬道上有“嗟彼浮阳、人道闲明”“当轩汉室”“天下柱梁”等8句32字的朱书铭赞。较为重要的发现还有在人物和鸟兽的绘画间都附有墨书的榜题，字体近似汉隶，榜题字迹较为模糊，仅在“门亭长”二人旁有一字较为清楚，为一“椽”字。

东侧的2号墓由墓道、甬道、2个前室、1个中室、2个后室、8个耳室和1个后室后壁小龛组成，全长32.18米。早年被盗，加之破坏较为严重，壁画所剩无几。壁画主要绘制在两个前室，内容与1号墓相近。

这两墓从绘画技法上看，先采用传统的墨线描绘出轮廓，再用朱、青、黄三色平涂随类施彩，同时又兼用渲染法以表现明暗，洒脱传神，充分反映出当时的绘画艺术已达到了新的高度。

关于墓主的身份，通过对1号墓壁画内容的推测，知墓主曾由河南尹升任三公。据2号墓所出朱书买地券和玉衣残片得知，墓主为中山国蒲阴助所博成里人，姓刘，曾任太原太守，当为皇族成员，卒于灵帝光和五年（182）。两墓主应为族亲。

四 内蒙古和林格尔东汉壁画墓

和林格尔位于我国的内蒙古自治区南部，这里自古就是少数民族活动、生活的地带。2000 多年前，由于地理位置的重要性，这里成为当时汉、匈两家的必争之地。在这里发现的一座壁画墓就从侧面反映了这一点。

这是一座大型东汉晚期砖室壁画墓，位于和林格尔县东南 40 千米的新店子村西。1971 年该村在平整土地时发现此墓，1972—1973 年由内蒙古自治区的文物部门进行了发掘清理，发现了大量的彩绘壁画，而且有些内容为首次发现，对我们研究当时的社会发展、民族关系、经济往来等，都有重要的意义。

该墓由墓道、甬道、前室、中室、后室和 3 个耳室组成，全长 19.85 米。砖铺地，方砖和长条砖兼用，在前室和中室甬道以及中室的铺地方砖表面，印有突起的菱形花纹，中间印有两行隶书“子孙繁昌，富乐未央”字样。前、中、后室均为穹隆顶。该墓早年被盗掘，但仍出土有陶制的罐、鼎、樽、盘、盆、耳杯等 70 余件以及变形四叶四凤纹残铜镜，少量铁器和漆器残片（件）。这些出土器物与中原地区同时代墓葬中所出的器物较为接近，从一个侧面反映出当时中原地区的汉民族与北方少数民族之间的文化交流。

该墓最为重要的发现是它的壁画。整个墓室四壁、甬道两侧乃至墓顶都绘满了彩色壁画，这些壁画除因年久脱落、盗掘破坏、个别地方烟熏模糊不清外，保存基本完好。壁画多达 50 余组并附以榜题文字，所绘人物、车马、鸟兽、城垣、建筑等，场面宏伟，内容丰富，造型生动，技法娴熟，为壁画艺术之佳品。

从整个壁画的内容上看，可以分为墓主生前的官宦生平、重要的社会活动、田庄经济、起居宴饮、乐舞百戏、牧马图、祥瑞神话、历史故事等几大类，这里仅将主要内容做一简述。

墓主官宦生平绘制在前室的四壁。以出行图的形式绘出墓主人生前被举为孝廉，后又举为郎官，从此开始墓主人进入仕途。接着便出任西河长史，随后为行上郡属国都尉、繁阳县令，最后的职务为使持节护乌桓校尉（如图 5-3），这也是墓主生前的最高职务。

图 5-3　内蒙古和林格尔壁画墓壁画之使持节护乌桓校尉图

在整幅任职的车马出行图中，有两部分较为引人注目：其一，在南壁上以较大的幅面描绘墓主人“行上郡属国都尉事”；其二，北壁全部画面以及东西两壁的一部分，描绘出墓主人在任最高官职“使持节护乌桓校尉”时的出行场面。图中前有数骑纵队与导车两乘，导车之后为追随护卫和随时听候呼唤的差人，其队伍严谨，阵容庞大。在这棨戟如林、浩浩荡荡的骑乘之后，有一列与众不同的主车，榜题“使持节护乌桓校尉”，这便是墓主人之车。主人戴帻，穿红色禅衣，缘黑领和袖，内着中衣。三匹黑马驾车，黑盖，赤帻，车后有赤节，马饰红缨。主人在众多侍卫的前呼后拥之下，显得高贵和神气。整幅画面各种车辆10乘，不同色彩的马129匹，文武属吏、士卒、仆人等人物画像128人。场面之宏伟壮观，内容之丰富多姿，充分反映了汉代封建贵族官僚在出行时连车列骑、前呼后拥的豪华场面。汉使持节护乌桓校尉出行图，六任官职的出行场面各自独立却又相互连续，从而把数百人骑和数十车驾的内容统一在一个宏伟的画面之中。图中的百余马匹，动态逼真、各具风姿，乘马轻捷，驾马因挽具的负担而步伐沉稳，并驭而驾的马则步伐整齐，狩猎场中的马则腾跃疾驰。画面内容安排得主次分明，疏密有致，虽然人马密集，但不显得杂乱，而给人一种宏伟、壮观的鲜明印象。

墓主人生前历任数职，任职官位的大小不同，反映在墓室壁画中的内容也有所不同。在众多的社会活动中，以“繁阳县令官寺图”和“宁城护乌桓校尉幕府图”两幅最具有代表性，从一个侧面反映了墓主人生前官居高位、飞扬跋扈的真实面貌。

“繁阳县令官寺图”绘制在中前室甬道南壁和中室南壁左下方，反映墓主人在任繁阳县令时处理政务的情景，前面和两侧排列着众多的官员和吏卒。“繁阳县令官寺”也就是当时的繁阳县衙。这幅画面不但反映了墓主人处理政务时的真实场面以及官吏、士卒毕恭毕敬的从属之情，同时还描绘出繁阳县城的内外城垣、城门、衙署、谷仓等重要位置。

宁城护乌桓校尉幕府图（以下称“宁城图”）绘于前室与中室之间的甬道右壁和中室东壁，面积较大（129厘米 × 318厘米）。它生动地描绘出了宁城的建筑景观、城垣布局和幕府内的各种设置以及内部的活动情景。这幅图在整个墓室壁画中占有重要的位置。

汉代初期在幽州（今北京附近）曾设立护乌桓校尉，主要是与乌桓等少数民族“互市”，发展友好贸易往来。东汉时又将护乌桓校尉治所设置到宁城（今张家口、宣化一带），在宁城图上，较为突出地刻画出宁城的城垣建筑、城门（南、中、西）、营门、仓库等以及互市的重要场所“宁市中”。画面中人来人往，车水马龙，出入城门的人们穿梭往来，一派生机勃勃的热闹景象。这充分反映了当时人民安居乐业、社会稳定，互市更加发展，贸易更加扩大的场景，说明了汉族与广大少数民族之间的团结与共同发展。

幕府图在宁城图中又是重点，在画面中，它的建筑占据了整个宁城图的绝大部分。为了突出墓主人生平中的这个高潮，在这里进行了夸张的描绘，这对管辖一方的官吏来说，也是必然的。在画面中，幕府的南门正对宁城南门，是一座3间单檐大门，大门两旁立双阙，并皆有子阙。进入南门便是庭院，经过庭院进入中堂院时，宽阔的广场和高大的堂屋便展现在眼前。堂前帷幔高卷，墓主人身穿朱衣，正坐于堂上。堂下百戏正在演出。另外还有执简册的文吏，前来朝拜的使者，佩剑的武士以及身穿赭衣、头留小发髻的乌桓人。画面突出描绘了乌桓人络绎不绝地从宁城南门步入幕府南门，再由幕府南门经重门，进入内府向堂上主人祝贺的场面。整个画面形象生动，布局合理，内容丰富，主题鲜明，并以鲜明的重色来渲染主题人物、重要建筑以及与之相关的人和物，以此来表现墓主人生前做护乌桓校尉之显赫地位和真实面貌。

图 5-4　内蒙古和林格尔壁画墓壁画之舞乐百戏图

舞乐百戏图（如图 5-4）堪称汉代壁画的精品之一，反映出中国早期绘画的观念。该图采用罗列式构图，图中描绘的是墓主及宾客边饮酒边观看乐舞杂耍的情形。表演场地中间是一面建鼓，两侧各有一人执桴擂击，左边是乐队伴奏。弄丸表演者同时轻松地飞掷五个弹丸；飞剑者正跳跃着将剑抛向空中；舞轮者站在踏鼓上将车轮抛起在空中；倒立者在四重叠案上倒立。童技是最惊险的节目，一人仰卧地上，手擎樟木，樟头安横木，中间骑一人，横木两侧各一人，作反弓倒挂状。画面上部，一男子与一执飘带的女子正翩翩起舞。表演者都赤膊，束髻，肩臂绕红带，动作优美矫健。

和林格尔壁画墓是我国目前发现的较为重要的一座汉壁画墓，这主要是因为在一座墓内集中了这样多的画像素材，这些画像是我们已发现的汉壁画墓中所仅见的,其中有些内容是首次与世人见面，它对我们研究东汉晚期的城市建筑、庄园经济、社会城市规划、意识形态以及边疆地区的生产发展、东汉王朝与乌桓等地方少数民族之间的关系等问题，都具有重要的意义。

五 甘肃酒泉十六国时期壁画墓

在我国河西走廊的中部，有一个与其名字一样美丽的城市——酒泉。它南凭巍巍祁连山，北接浩瀚的大漠，东通中原，西经嘉峪关可达新疆，是我国古代丝绸之路的必经之地，又是中西陆路交通的要冲，地理位置十分重要，自古便是兵家战守之重镇。

早在夏商之际，地处边关的酒泉就已经和中原地区有着密切的从属关系，到了战国、秦汉初，又有乌孙、月氏、匈奴等少数民族在此相继居牧。西汉中期开始收河西，设酒泉郡，下管禄福、乐涫、表是、玉门等 9 个县，郡治在禄福（今酒泉）。此时开始了委官置吏，修筑城池。屯兵驻守，着力于移民垦殖，兴修水利，推广牛耕，使用耧犁，区田、代田种植等许多中原地区先进的生产方式，使得这里逐渐繁荣起来，成为古今河西地区农业经济发展重地。

酒泉又称金泉，因“城外有泉，其水若酒”而得名。最为普遍的说法是：汉武帝时，骠骑大将军霍去病到河西征讨匈奴休屠王（住牧于今武威）、昆邪王（住牧于今张掖、酒泉一带），打了胜仗，朝廷赐御酒犒赏。将军以为功不在己，而在三军将士，御酒应与大家分享，但人多酒少，无法分配。于是，便将酒倾入金泉中，泉水顿时化作美酒，三军将士欢呼共饮，遂称金泉为酒泉。早在西汉武帝元狩二年（前 121 年），初设酒泉郡时，即以泉名为郡名，2000 多年来，酒泉这一具有悠久历史的美名从没有更改过。

在酒泉城西北 8 千米的戈壁滩上，分布着一个汉、魏晋、

十六国时期的大面积墓葬群。墓群南北长 20 千米，东西宽 3 千米，墓葬近 2000 座。1977 年 5 月至 6 月间，甘肃省博物馆和酒泉地区考古学习班，联合在酒泉丁家闸发掘清理了一座十六国时期的大型壁画墓，这座壁画墓，壁画之完整，规模之大，内容之丰富，为当地首次发现，并在学术界引起了轰动。

该墓上有封土和族葬茔圈，茔圈用砾石堆砌，残高 0.3 米，圈内共有 2 座墓，此墓为圈内较大一座。墓葬由斜坡墓道、甬道、前室和后室组成，全长 41.64 米（道 33 米、室 8.64 米）。前室顶部为覆斗形，后室顶为拱形。该墓早年被盗，并大量积水，但仍从淤泥中清理出不少陶器、石砚、铜镰等文物。

该墓最为重要的发现为墓室壁画。壁画主要绘制在前室的顶部及四壁。前室顶部为复瓣莲花藻井，其下的壁画共分 5 层，分别绘制天上、地下、人间三个不同境界浩繁复杂的种种事物，各层之间以赭色宽带为界，天、地部分全部为神话传说、圣贤故事和祥瑞图等。藻井四周，即第一层没有绘画。第二层的上部四壁各绘制一个倒悬的龙首。四壁其他部分绘有日月、东王公、西王母、使女、九尾狐、神马、青鸟、白鹿、三足乌、羽人以及商汤纵鸟和圣贤故事等，并在底部绘制起伏的山峦加以衬托（如图 5–5、图 5–6）。整幅壁画描绘的是一个极乐世界，在这个世界里，各种神兽腾云驾雾，在云气缭绕的天空中自由飞驰，东王公、西王母盘坐于树上，在仙气的衬托下是那样安详。

图 5–5　甘肃酒泉丁家闸壁画墓壁画之九尾狐

第三、四层，绘制人间事物部分，特别是第三层的西壁，为该墓墓室壁画的重点——燕居行乐图。其他部分主要以田庄经济、农业生产、出行、林业、畜牧、运输等为内容，较为细致地描绘了整个庄园繁忙而有序的劳动、生活场面。如反映农业的有：扬场、犁地、耙田等；反映田庄经济的有：织布、采桑、摘果等；反映畜牧业的有：放马、放羊、放牛等。另外还有反映生活方面的庖厨，并在灶边悬挂鸡、鱼、肉等。这些画面，无论是人物还是动物，刻画都较为生动。内容极为丰富，并从不同角度把庄园里的景物、场所描绘得淋漓尽致，可以说是一幅完美的田庄经济图。

图 5-6 甘肃酒泉丁家闸壁画墓壁画之神马图

燕居行乐图（如图 5-7）为该墓壁画的主要内容，它绘制在前室西壁的第三层，墓主人踞坐于大庑下的矮榻上，头戴三梁进贤冠，

图 5-7 甘肃酒泉丁家闸壁画墓壁画之燕居行乐图

身着砾砂间石黄色袍，蓄长须，左手执麈尾，神情自若，面前陈设有精致的酒案，案上置樽，案下置温酒器。身后立男、女侍各一，女侍手执曲柄华盖，男侍手捧圆顶黑帽。在这里，更具情趣的是一组音乐舞蹈场面，颇有一种“丝管日纷纷，鼓乐盈满门”的热闹景象。整幅燕居行乐图构图严谨，生动活泼，线条流畅，场面壮观，造型生动，内容丰富，俨然一幅优美的西部民族风情画卷。

此墓据考证年代为十六国时期，在河西地区发现如此之大的壁画墓还是第一次。它真实地再现了十六国时期河西地区的社会生活。十六国时期正是兵荒马乱、战事频仍的年代，而在壁画中却看不见兵戎场面，相反，呈现在眼前的是百姓安居乐业，庄园林立，五谷丰登，一派和平生活和生产的景象。壁画中的人物，有不少为高鼻深目的少数民族，这也从一个侧面反映了十六国时期河西地区的各民族间的关系是十分融洽的。

六 吉林集安高句丽壁画墓

在我国东北的浑江、富尔江、鸭绿江一带，曾经生活过一个古老的民族——高句丽族。早在公元前108年，汉武帝就在此设置玄菟郡，并以高句丽为县。到了1世纪，朱蒙又在今辽宁省桓仁满族自治县一带建立高句丽政权。公元3年，琉璃明王移都国内城（高句丽都城，今吉林省集安市），一直到427年迁都平壤，国内城一直是高句丽政治、经济、文化的中心。魏晋时期，高句丽与中原地区在各个方面都保持着较为密切的联系。

任何一个民族，从它诞生的那天起，在各方面都有着自身的发展序列和特点，同时又融合和吸收着外部民族先进的文化，只有这样，这个民族才有可能发展和壮大。以高句丽族而言，其所生活的地带为我国东北这样一个多山的地带，故而它的文化特点就离不开山、石这一基础。如高句丽城，早期的城多为山城，即以山为址，以石筑城。

与高句丽城址同样引人注目并有“东方金字塔”之美称的高句丽族的墓葬——积石墓，和其城址有着同一个特点，即以石积墓，而且随着时代的发展，墓葬形制不断发生变化。早期均为积石墓，晚期发展为封土石室墓。这些墓葬主要分布于富尔江、浑江和鸭绿江一带，以桓仁、集安最为集中。桓仁的墓葬群时代较早，年代约为汉魏时期，分布在五女山城南5千米的浑江东岸，高力墓子村南的一条土冈上，其南北长1000余米，墓葬分大、中、小三种。大型墓多集中于墓葬群的南端，有70余座，并筑有基坛、围

墙和护墙，从形制上看当为帝王墓。集安的墓葬群主要分布于岭前、岭后，但以通沟一带最为密集。它们形式多样，排列较为有序、规整，且规模差距较大，这充分反映了高句丽各阶层的葬礼变化，时代以 2~5 世纪占多数。纵观整个高句丽积石墓，从形制上可以看出其发展序列为：积石墓—方坛积石墓—方坛阶梯积石墓—方坛阶梯石室墓—封土石洞室墓。其中方坛阶梯石室墓多为王陵，用材较为讲究，均以精雕细琢的巨型花岗岩石条砌筑，形如金字塔。如将军坟，每边长 31.58 米，高 12.4 米，共 7 级，墓室位于第五级中部，长宽各 5 米，高 5.5 米，墓顶用整块巨石加盖，整个墓葬看上去如同一座金山，十分壮观。

高句丽壁画墓，均属于高句丽王室、贵族墓，年代约为 3 世纪中叶到 7 世纪上半叶。现已发现的各类壁画墓 20 余座，较为重要的有角抵墓，通沟 12 号墓，长川 1 号墓，舞俑墓，三室墓，四神墓，五盔坟 4 号、5 号墓等。所用建材全部为巨石，用石材砌筑墓室并封以黄土或砾石，是高句丽族筑墓的一个显著特点。

墓葬从结构上看，大致可分为单室和多室两种。墓内随葬品大多早年被盗，几近无存，但墓内壁画却基本保存完好。这些壁画从一个侧面反映了高句丽王室、贵族的生活和风俗习惯，有很高的学术价值和艺术价值。考古学家根据墓室的结构、壁画内容、风格和作画的方式将高句丽壁画墓分为三期。

早期：3 世纪中叶到 4 世纪中叶，其年代约相当于西晋时期。墓室结构多为方形多室，一般为前后两室，也有三室。对石材的处理较为粗糙，石材大小不一。壁画多绘于白灰壁面上，内容以墓主生活为主要内容，另附以日月星辰、飞仙、奇禽异兽等。如角抵墓，由前室、甬道、后室组成，墓室呈方形，顶部用石材砌筑，为抹角迭涩构成穹隆顶式藻井，上绘日月星辰，以象征天空。墓室四壁绘主人生活场景，如主人踞枕上，妻妾侍宴，两位壮士在大树下奋力角抵，一白发老人倚杖在一旁观看。之外还有车马、庖厨等。又如舞俑墓，除以上日月星辰、宴饮、车马外，还绘有狩猎等内容，所

逐之物有虎、鹿、兔等（如图 5–8）。这一时期壁画，往往用人马大于山的表现方法来突出墓主人的生活场面，运笔朴实奔放，单线平涂，设色较为简单。

图 5–8　吉林集安高句丽壁画墓之狩猎图

中期：年代约为 4 世纪中叶到 5 世纪中叶，相当于南北朝时期，墓室结构与早期大体一致，但已表现出由多室向单室发展的趋势，墓顶藻井开始使用平行叠涩内收多层再抹角叠涩 1~2 层，然后以巨石盖顶。抹角叠砌制度在这一时期出现、发展并成为定制。壁画内容除早期反映的内容外，出现了四神图。如通沟三室墓，呈曲尺状，三室以甬道相接，墓室方形，顶为抹角叠涩藻井。一室四壁绘有宴饮、狩猎、出行、攻城图案。二室四壁绘制力士、武士，藻井绘制日月星辰、仙人奇兽和朱雀、玄武、青龙、白虎四神图案。三室四壁绘制托梁力士，藻井则绘制飞禽、走兽以及莲花等图案。这一时期的墓室壁画四神图出现并逐渐占据主要位置。如禹山里四神墓中，四神已从藻井下落到四壁之主要地位（仅后壁以起居图为主），虽然四神图上方仍分别绘制乘马出行、狩猎图等，但它们已退居次要地位。另外，在长川 1 号墓中，还绘有佛像和菩萨像。中期的壁画题材丰富，线条豪放，这一时期是高句丽壁画艺术发展的重要时期。

晚期：从 5 世纪中叶到 6 世纪中叶，年代约为北朝末年，墓室结构严谨，为方形单室，前有一较长的甬道，墓顶结构已发展为成熟的抹角叠砌，并且对石材的处理十分工整。壁画则直接绘制在平整的石面上，以四神图为整个墓室壁画的主要题材，代替了墓主起居出行等社会风俗画面。如五盔坟 5 号墓，该墓为方形单室，抹角叠涩藻井，四壁绘青龙、白虎、朱雀、玄武，并衬以莲花火焰网状图案。四隅绘人身怪兽。藻井绘制伏羲、女娲、伎乐仙人、日月星辰、龙虎缠斗等图案。又如通沟 17 号墓，四神下衬以莲瓣形网纹地，朱雀足下也有莲台，壁四隅托梁怪兽之上加一龙，盖顶石绘龙虎交缠。这一时期，在有的画面上还点缀鎏金花饰，并以绿松石镶嵌在龙虎鸟兽的眼睛上。这一时期的壁画，内容丰富华丽，技法复杂细腻，色彩浓重绚丽，线条苍劲有力而又富有变化，装饰富丽堂皇，而布局又十分严谨，代表了高句丽壁画艺术的最高水平。6 世纪中叶到 7 世纪中叶初的壁画墓，亦大约与此相似。

自古以来，我国就是一个多民族的国家。生活在不同地域的民族相互促进，共同开发了伟大祖国的山野田川。在长期的政治、经济、文化交流中，各民族人民在保持自身民族特点的同时，又强烈地表现出了相互融合乃至走向一统的趋势，这是中国古代民族史的最大特点。这个特点，在集安高句丽墓群中得到了突出的表现。这些墓葬具有鲜明的高句丽民族特点。如以石垒砌墓冢，形成独特的金字塔状，在平整的石面上直接作画，并在画面上点缀鎏金花饰，等等。但也不难看出，其墓室结构受中原文化的影响甚大，如室顶采用抹角叠砌，实际上是仿中原地区汉墓中的砖砌穹隆顶结构。壁画中的四神图也深受中原汉文化的影响。对这些壁画墓的研究和探讨，不仅可以使我们更多地了解高句丽王室、贵族的生活和社会风俗，而且还可以进一步加深我们对中国各民族历史特点的理解和认识。

七 山西太原北齐娄叡壁画墓

北齐是中国南北朝时期的北朝割据政权。实际创建者是东魏权臣高欢，高欢死后，其长子高澄继专魏政，将篡未篡之时，被家奴刺杀。高欢次子高洋废东魏傀儡皇帝孝静帝，于550年即帝位，国号齐，都邺城（今河北临漳），史称北齐。北齐历经文宣帝高洋、废帝高殷（高洋长子）、孝昭帝高演（高欢第六子）、武成帝高湛（高欢第九子）、后主高纬（高湛长子）、幼主高恒（高纬长子）六帝（其中高洋、高演、高湛母均为高欢皇后娄昭君），于577年亡于北周。北齐享国只有二十八年，却历有六帝，是为该鲜卑化政权皇族兄弟阋墙、宠信奸佞、荒淫短命所致。其中高演杀其侄废帝高殷，高纬中北周离间计，杀重臣名将丞相斛律光，自毁栋梁，又毒杀骁勇善战、屡立战功的兰陵王高长恭（高澄第四子），不一而足。故北周军至即国破人亡。这段简短的亡国历史中有一个重要的人物，即高欢嫡妻北齐武明皇太后娄昭君，她生有六男二女，在她的主持或注视下，其子高澄、高洋、高演、高湛及孙子高殷继承北齐王位。外戚娄氏一族更权倾朝野，富可敌国。其中以娄昭君侄娄叡最具代表性。

娄叡，鲜卑人，本姓匹娄，简改称娄。娄叡自幼丧父（其父为娄太后兄娄拔），由叔父太原王娄昭抚养，其姑母即娄昭君。据《北齐书·娄叡传》记载，娄叡初为高欢帐内都督，高洋称帝后，升领军将领，又封为安定侯，皇建初年封东安王。娄氏虽功高爵显，其实是“以外戚贵幸，纵情财色”，“聚敛无厌”。武平元年（570

年），高欢孙高纬即位，娄叡以东安王爵号进位太师，官并州刺史，娄叡既是姑妈娄后的宠侄和表兄弟们的宠爱之臣，又是北齐政权中一个举足轻重的人物。其卒于武平元年，葬于晋阳。而晋阳（今太原）作为北齐的陪都，既是娄家世居之地，又是其祖茔的所在地。

娄叡生前贪图钱财，富可敌国，死后也要将生前的富贵荣华带入另一个世界享受。于是，我们有幸欣赏到了这不可多得的珍贵遗存——以壁画闻名的娄叡墓。

图 5-9　山西太原娄叡壁画墓中壁画

娄叡壁画墓，位于今山西省太原市晋祠镇王郭村西南 1 千米处，20 世纪 80 年代初发掘。该墓曾长期被认为是北齐丞相斛律金墓——当年的发掘即是在认为此为斛律金墓的情况下制订计划的。墓为甲字形砖砌单室墓，坐北朝南，由封土、墓道、甬道、天井和墓室五部分组成，规模宏伟，地面上有高大的封土，总长 35.5 米，墓底距地表深近 10 米。墓葬虽遭盗掘，但仍出土文物 848 件（组）。其中最为珍贵的是保存完好的墓室壁画（如图 5-9、图 5-10）。论规模，这些壁画是目前所见北朝绘画中最大的；论内容，包括了墓主人生活情况和祥瑞两大部分；论艺术成就，足以反映北朝画坛的气象。

娄叡墓壁画内容与布局继承汉魏以来的传统，组成古代神话和佛、道、儒合流的天人一体的绘画体系。依据构图、布局与内容，大致分为七十一幅画面。残存壁画面积约为 220 平方米，可归纳为两大部分：表现娄叡生前的戎马生涯和显赫的官宦生活的画面，主要位于墓道东西两壁、天井、甬道和墓室四壁的下部；反映墓主人死后升天、回归西方极乐世界虚幻境界的情景画面，主要位于甬道

图 5-10　山西太原娄叡墓壁画之鞍马游骑图

与天井上部、墓门、墓室内第二层和第三层，另有位于墓室顶部的天空星象图，以及数十匹马与骆驼在运行中蹄步自如、生动逼真的画面，展现了画工技艺的精湛和深入生活的纯熟写实作风。这些壁画既分栏分组，又前后呼应，人物姿态各异而情趣一致，造型准确，生机盎然，反映了画家对生活观察之入微和运思之精妙，其艺术水平超越了前代。壁画分若干小段，每段均前有导骑 2 人，后有群像 1 组，各段又相互呼应，以长卷式构图组成一幅人间生活、古代神话传说与儒道释合流一体的宏伟壮丽的画面，其手法写实，洋溢着生活气息。壁画继承顾恺之“以形写神”的艺术传统，沿袭汉魏壁画单纯、粗犷的风格，线条洗练遒劲，注重表现仪卫人物的神采和动态；晕染法运用得相当纯熟，以淡红晕染，突出凹凸明暗的立体效果，具有实体感和空间感。此外，壁画融合了外来艺术成分，丰富了民族传统绘画的表现技法，突出体现了单线勾勒、重彩填染的中国传统绘画特点。同时延续了汉代墓室壁画、汉代帛画所流行的天上、人间、地下的表现程式，布局和内容又受当时盛行的寺观壁画的影响，包含着南北朝晚期佛教思想因素。

娄叡墓壁画技艺的精湛和涉猎事物的浩繁，是展现北齐绘画发展水准，研究北齐音乐、服饰、内廷、丧葬等礼仪制度的重要例证；

亦是北朝中原地区壁画艺术的卓越代表。据史籍记载，北齐绘画成就颇高，名家辈出，曾影响隋及初唐。全墓画面中 200 余匹马的图像，无一重复，动态多样，用线流畅，技艺已达到前所未有的高度，显然是画家成熟期的创作。北齐“画圣”杨子华擅长画马，依照墓主人当时的贵戚权势，很多专家认为，他完全有条件有能力将著名宫廷画家杨子华请到墓室作画。

著名绘画大师吴作人教授的评价，可作为娄叡壁画墓的精华总结：“北齐东安王娄叡墓的发掘，使千百年来徒凭籍志，臆见梗概的北齐绘画，陡见天日；使中国绘画史，犹长河万里，源流更汇支派，空缺得以证实……至于壁画之工拙，揆其简练肯定，运笔收纵，承两晋而启隋唐。”（转引自山西省考古研究所、太原市文物考古研究所著《北齐东安王娄叡墓》）

八 河北磁县北齐高润壁画墓

20 世纪 50 年代以来，在我国的北京、河北、山西、河南等省市，发现了 10 余座东魏、北齐时代的墓葬。这 10 余座墓葬，墓主人的身份较高，几乎全部为统治阶级上层人物，如皇族、外戚、鲜卑贵族、汉族高级官吏及其亲属等。这些墓葬从其形制、随葬品等各方面看较为丰富，并且有明确的纪年，大多残存有壁画，北齐高润墓即是典型代表。

高润，字子泽，北魏至北齐时人，北齐立国后追尊为神武皇帝，高欢第十四子，母冯翊太妃郑大车。高润出生时父母俱过中年，因而深受喜爱，高欢更称其为“吾家千里驹”。历位东北道大行台、右仆射、都督、定州刺史，北齐开国时封冯翊王。高润容貌俊美，性格温和，为官清廉严正，奸吏无所匿。武平六年（575 年）八月病死，谥号“文昭”，赠假黄钺、左丞相。次年二月十一日安葬于邺城西北三十里釜水之阴，即现在的河北磁县城西约 4 千米的东槐树村西北。

1975 年 8 月，该村在进行农田水利建设时发现此墓，同年 9 月进行发掘，获得了一批珍贵的文物和壁画。此墓坐北朝南，由斜坡墓道、甬道和一个近方形墓室组成。全长 63 米，宽 8.73 米。随葬物品全部集中于墓室内，分铜器、石器、瓷器、陶器几大类。墓主人生平在墓志里反映得较为详细。壁画分别绘制在墓道的东西两壁和墓室的四壁上。

由于当地水位较高，整个墓葬基本上浸泡在水里，加之该墓

图 5-11　河北磁县高润墓壁画之举哀图

多次被盗，壁画破坏较为严重。墓道两壁和墓室南壁画面已不可辨认。西壁画面仅可见北端上部有侍从 2 人，其他均模糊不清。东壁壁画中部以下的已难以辨认，仅上部还可隐隐约约地辨认出有一华盖、二羽旌、一侍者、一篷车。只有北壁画面保存较为完整，整幅壁画绘制在宽 6 米，残高 2.8 米的壁面上，内容为举哀图（如图 5-11）。画面的中央，墓主人危坐在帐中，面容呆滞，无一丝表情。从画面上可以看出墓主人年岁在中年，留有胡须，头戴折巾，身着直裾便服，姿态僵硬，微眯双眼，上眼皮较宽，惟妙惟肖地刻画出墓主人即将瞑目去世的状态。墓主人所坐的内帐为一个方形平顶木帐，帐顶四周饰山花蕉叶纹，看上去显得雍容华贵。内帐的两侧各绘一组男女侍从忧戚举哀的悲痛场面。每组 6 人，男侍从的装束差别不大，他们头戴巾子，身着斜领窄袖长服，腰系革带，有的腰间佩挂香包、宝剑，分别张举着翅葆、华盖等仪仗。个个紧锁双眉、表情忧郁，充分显示出他们对墓主人的沉痛哀悼之情。女侍紧靠在帐子的两侧，她们头梳高发髻或裹纱巾，上身着圆领长袖衣，腰下系曳地长裙，东侧的女童手执麈尾，西侧女侍作捧物进献的姿态。她们埋头锁眉、面带痛苦，呈现出十分哀伤的表情。

从整幅举哀图的绘画艺术上看，布局合理，构图严谨，人物造型生动，形象逼真，线条流畅，色彩搭配得当。如两组男女侍从在位置上相互对称，但又有动感，即形体的参差变化。人物的手、耳等小的局部形象，刻画得较为粗略，但在面部表情上，如眼、眉的刻画到整个画面，表现侍从们的悲痛心理、哀悼神态，却是那样的活灵活现，在这方面该画面是相当成功的。

另外，从墓道两壁残留的局部画面中，我们可以看到绘有忍冬、莲花纹的装饰花边。从墓室西壁残留的两位老者形象，墓室东壁残留的人物、车舆、羽葆、华盖，以及车前有一侍者执鞭为引导等残存图案来看，不难想象，如果该墓的整个壁画不被破坏，那将是一幅完美地刻画墓主人生活起居、举车出行、宾客宴饮、举哀出殡等豪华显赫的场面的画卷。它鲜明地展示了北齐时代绘画艺术的独特风格，填补了中国绘画史上的一页空白，具有重要的艺术价值和研究价值。

九 唐懿德太子墓、永泰公主墓和章怀太子墓

武则天是中国历史上的传奇女性，在某些方面甚至可以说是空前绝后的女性。她改唐为周后，为了巩固自己的政权，采取一切措施镇压异己，手段严厉而残酷，即使皇亲国戚也不例外。大足元年（701 年），懿德太子李重润和永泰公主李仙蕙及其夫武延基（武则天侄武承嗣之子）一道被武则天杖杀，其残酷程度可见一斑。唐中宗复位后，于神龙二年（706 年）把他们的坟墓迁至乾陵陪葬。

（一）懿德太子墓

懿德太子墓，位于乾陵东南隅、今陕西省乾县西北的韩家堡。墓地面有封土堆和围墙，南面有土阙 1 对，阙南有石狮 1 对、石人 2 对、石华表 1 对。地下结构全长 100.8 米，由墓道、6 个过洞、7 个天井、8 个小龛，前后甬道和前后墓室组成。甬道和墓室为砖砌，后侧有石椁一具，上雕有凤冠命妇等。

懿德太子墓最珍贵的是满布于墓壁的壁画（如图 5-12）。墓道东西壁，以三出阙和城墙为背景绘太子仪仗，最前面的是队列整齐的步行仪仗，中间为成队的骑马仪仗，最后为 3 辆马车，人物众多，画面宏伟。过洞绘有驯豹、驾鹰、驾鹤图像和内侍侍女。天井内绘有戟架和辇。从甬道至墓室，绘持物侍女。后室顶部绘天象，有日、月、银河和星宿。墓虽早年被盗，仍残存物品 1000 余件，其中包括哀册残片 11 片，楷书阴刻填金，是现存哀册实物中较早的一例。随葬品以俑为最多。计陶俑 834 件，三彩俑 69 件，

图 5-12 唐懿德太子墓壁画之客使图

木俑 161 件。其中以贴金铠甲骑俑为前导，包括乐队的出行仪仗，均为难得之精品。

（二）永泰公主墓

永泰公主墓，位于今陕西省乾县北原，覆斗形土堆。原有围墙，南面有一对石阙。阙南排列石狮 1 对、石人 2 对、华表 1 对，全长 87.5 米，深 16.7 米。由墓道、5 个过洞、6 个天井、8 个小龛、前后甬道和前后墓室组成，甬道和墓室为砖砌。

与懿德太子墓一样，永泰公主墓墓室亦满绘壁画（如图 5-13）。墓道东西壁绘青龙、白虎、6 组仪仗和戟架。前室东西壁画侍女，手持团扇、拂尘、高足杯、烛台等日用器具。后室顶部绘天象，前室东壁绘侍女，形象、生动，线条流畅，为墓室壁画中水平极高的作品。共出土遗物 1300 余件，其中以放置于第一、二天井两侧小龛内的三彩男女骑俑、立俑等仪仗俑群和放置于第三、四天井两侧

图 5-13　唐永泰公主墓壁画之侍女图

小龛中的碟、碗、杯、炉、盒、瓶、罐、勺、奁、盘、灯、笔架等三彩器物最为珍贵。

两位短命而惨死杖下的皇亲国戚，生前未能长享富贵，死后以五彩缤纷的壁画及仪仗伴其左右，也算是一种安慰吧。

（三）章怀太子墓

李贤，字明允，是唐高宗李治的第六子（武则天的次子）。据《旧唐书·高宗中宗诸子传》载，李贤自幼熟读《尚书》《礼记》《论语》，聪明好学。后历任雍州牧、幽州都督、扬州都督、扬州大都督、左武卫大将军、凉州大都督、右卫大将军等职。上元二年（675 年）六月，立为太子。此后除留心于朝政外，还召集当时的学者张大安、格希元、许叔牙等注《后汉书》。后以反叛之罪被废为庶人。永淳元年（682 年）被流放至巴州（今四川省巴中市），文明元年（684 年）被逼自尽，葬于巴州，后武则天追封其为雍王。唐中宗复位后，追赠李贤司徒，并遣使者到巴州迎回李贤灵柩，令其以亲王身份陪葬乾陵。景云二年（711年），唐睿宗追封李贤为章怀太子，重开墓室，令其与其妃房氏合葬。这座墓位于陕西省乾县乾陵东南约3千米的乾陵乡杨家洼村北面的高地上，为乾陵陪葬墓之一。

章怀太子墓，地面现存有高大的覆斗形封土堆，底部边长43米，顶部边长11米，现存高度达18米，封土堆系经夯筑而成，远远望去如同一座小山丘。墓的四周原有围墙，因年久失修现已不复存在，只能从残留的基址遗痕中找到其踪影。封土堆的南面约50米处，尚有残存的土阙1对，高4.5米，土阙之南有东西并列的1对石羊，整个墓地占地约2.6万平方米。

章怀太子墓全长71米，由长斜坡墓道、4个过洞、3个天井、6个小龛、甬道和前后墓室组成。甬道和墓室全部为砖砌。在后室的西侧放置一具庑殿式石椁，由33块石板构成，其上附有精美的人物、花草、动物线雕图案。在椁东侧外壁中部雕一双扇门，左扇门上刻一戴幞头、身着圆领长袍、持笏的半侧身男侍。右扇门上刻一高发髻、身着短衫长裙、戴披巾的半侧身女侍。门边以缠枝纹来修饰。门上有门楣，其中部雕刻莲纹，两端分别雕1只衔枝的朱雀。门上还饰有4排团花门钉和1对铺首衔环。门的两侧各雕一直棂窗，上雕飞马，下雕飞狮，附以云纹来加以衬托。整个石椁雕刻技法娴熟，线条流畅，形象生动，充分反映出唐代雕刻艺术的风格和特点。

章怀太子墓最负盛名的是其精美的壁画，这些壁画分别绘制在墓道、甬道和墓室的壁面上，共有50余组，保存基本完好，为该墓的重要组成部分。从所绘题材和内容看，除青龙、白虎、日月星辰这些祥瑞图案外，其余的绝大部分是出行、客使、仪仗、马球、歌舞以及宫廷侍女、陪臣等，都具有浓厚的宫廷生活气息。

出行图绘制在墓道的东壁，由40多个骑马人物、骆驼以及树木、青山组成。画面中以数骑奔驰的骏马为先导，随后又有数十名骑者分为左右排列，中间有位骑手持一旗走在前面。在这众多的骑者中间，有一位神态自若、身着蓝色长袍、圆脸略带胡须的人，此

此人胯下骑一匹高大的白马，双目注视着前方，显得格外神气和与众不同，当为出行图中的主人。再后面便是奔驰在林荫大道上的马队和骆驼队。马上的侍从头戴幞头，身着短袍，背弓搭箭，有的左手持马缰，右手举大旗，数十面大旗迎风招展，好不气派。后面跟

图 5-14　唐章怀太子墓壁画之出行图

随的驼队，驮有铁锅、木柴、食品等，显然是准备在野外饮炊之用。整幅出行图，画面布局严谨，场面宏伟，人物、动物刻画得淋漓尽致，在色彩上，深浅搭配得当，看上去十分清秀（如图 5-14）。

马球图绘制在墓道的四壁，与东壁的出行图相对。整幅画面中，

绘有20余匹各色骏马，马上之人身穿各色窄袖袍，他们足蹬黑靴，头戴幞头，左手持缰，右手拿球杖。画面中，有在飞驰的马上做回身反手击球姿势的，有在马上回头看球的，有驱马扬鞭向前抢球的，有骑马持杖等待击球的。另有一骑飞奔着向山谷深处驰去，马的臀部及扬起的后蹄露于山外。在众多的马骑中，有一匹枣红马，四蹄腾空驰骋，马上一人身着淡绿色袍，红色翻领，面部微红，手中未持球杖，从其衣着和姿态上看，可能为球场上的裁判。整个马球图画面布局合理，构图严谨，线条流畅，形态逼真，栩栩如生。在球场的一角衬托重叠的青山和古树，更使得整个画面显得活灵活现。是唐代墓室壁画艺术中之佳作。

马球发源于波斯（今伊朗），后传入中国，为宫廷和王公贵族中广为流行的一种体育活动，历经唐、宋、元而不衰。唐代打马球的活动场面，过去我们只能从文献记载中知其一二，缺乏真实、可信的实物资料。这幅马球图，是我们研究唐代马球活动的重要实物资料，同时也是我国与波斯等国文化交流的真实写照。

客使图绘制在墓道的东西两壁上，并相互对称，每组6人。在这些人物中，有大唐鸿胪寺的官员，有国内的少数民族和国外的宾客、使节。壁画将这些不同种族、国属的人物，从姿态、服饰、容貌、表情等各方面都细细地刻画出来，表现得淋漓尽致，充分反映了唐代高超的绘画技法。

除此之外，在甬道、前室、后室中还绘制有手持盆景、果盘、乐器等的侍女和男侍，以及观鸟捕蝉、宫苑仕女等描绘唐代宫廷生活的场景的画面。这些人物画像体态丰满、线条流畅，充分体现了唐代绘画的艺术风格，为我们今天研究唐代的绘画艺术提供了宝贵的资料。这些壁画的真迹现展示在陕西历史博物馆内，而在章怀太子墓内则有十分逼真的临摹壁画供游人观览。

毫无疑问，章怀太子墓是富丽堂皇的，它与墓主人生前的悲惨命运形成了强烈的反差，观之令人唏嘘不已。

十 内蒙古库伦一号辽壁画墓

辽是契丹人创立的国家。契丹是我国古代东北地区历史悠久的民族。辽国在盛极时，据有今东北和内蒙古等广大区域，使金臣服，使宋不敢仰视，但由于内部纷争，最后被金所灭。契丹人曾创造了灿烂辉煌的民族文化，但由于《辽史》所记历史甚简，加之其时书禁甚严，故辽代遗留文献很少。同时由于战火频仍，风吹雨刷，地面的遗物也为数不多。但位于今内蒙古自治区库伦旗前勿力布格村西南 1.5 千米漫岗之上的库伦辽墓，却真实地再现了契丹族当年的辉煌。

前勿力布格距辽代懿州城址（今辽宁省阜新市塔营子古城）15 千米，当属懿州领地。该处有辽墓 30 多座，1972—1974 年发掘了 4 座，其中以库伦一号辽墓规模最大。懿州为辽圣宗之女越国公主以媵臣户建置，越国公主嫁给国舅萧孝忠，推测库伦辽墓可能是萧孝忠家族墓地。

库伦一号辽墓于 1972 年发掘。这一大型砖室壁画墓深入地下达 9 米，全墓由墓道、天井、墓门、甬道、南北耳室、墓室 7 部分组成。墓门作圆拱形，其上筑四阿顶门楼，门楼正面筑仿木结构的雕彩斗拱，其部件有的系砖雕，有的系影作。圆拱形墓门两侧及上方影作立颊和门额，门额上施普拍枋，枋两端未见倚柱。枋上雕绘斗拱三朵，斗拱间为白灰素面拱眼壁。三朵斗拱形制相同，均为单抄四铺作。斗拱上托橑檐槫，槫上砌断面圆形的檐椽和断面方形的飞椽、椽头，飞椽头皆作卷杀，檐头施花缘纹瓦，饰六瓣形花纹的圆形瓦当12陇。在门额、立颊、普拍枋以及檫檐槫涂赭色。墓室穹隆顶、盖顶石为花岗岩质，上大底小。底漫方砖，四周残存镶置香柏护墙木板的沟槽。在墓室中央发现一砖筑方坛，当为放置随葬品的祭台和放置尸体的尸床。墓中出土了包括景德镇影青瓷和定窑白釉瓷器在内的各种随葬品70余件，并出土了刻有文字的经幡、墓志以及各种建筑构件。

库伦一号辽墓的最主要发现当为满布于墓道和墓室内的壁画。这里的壁画，一须一发，一枝一叶，都力求准确，富于写实精神。人物画结构准确而富于表情，细部非常形象，整幅又浑然一体，完全是宋人画风。外层壁画运笔流畅自如，浑厚有力，绝无添改的生硬痕迹。水平之高，令人叹服。

现存壁画分布在长近30米的墓道两壁、天井周围及门侧两壁，面积约180余平方米，所绘内容包括墓主出行、归来，山水花鸟等，不但具有契丹民族特色，在题材内容、艺术风格及制作上，又和唐宋壁画有着一脉相承的关系。其中墓道北壁的墓主出行图、南壁的归来图，人物众多，动作传神，细致入微，色彩匀称，无论题材还是技艺都有许多独到之处，可称得上是经典之作。

北壁的墓主人出行图，约分三组。

靠近天井的第一组绘墓主人及随从。第一人前额剃光，只留鬓角一绺长发，从耳后至肩际，戴黄色耳环，身着绿袍，左手握右臂，右手提骨朵，仰面向主人（第二人），似为主人送行，听候主人吩咐。第二人为主人，鬓发至耳轮分开，一前一后，至耳垂再合拢一起，披于肩上。浓眉大眼，白色上衣，蓝色中单，红色圆领窄袖长袍。腰系革带，踏黑靴。左手握腰带，右手下指，侧着回顾向第一人，似有所吩咐，神态甚是倨傲。第三人红袍黄靴，躬身俯首，双手捧一黑帽，恭谨而立。第四人黄袍黑靴，上体前倾，面向主人，右手拔刀，左手握鞘，似为主人警卫。第五人着土红色袍，左手捧方砚，右手执笔，侧身目视主人。这五人在整幅出行图中最为醒目。五人之前为主人坐骑，白马伫立向前，黑鞍红带，绿垫黄镫，装备十分考究。马头左右各立一人，一人红袍黑带，左手握缰，右手执鞭，当为驭者；另一人黄袍黑带，侧身向驭者。再前是为女主人备车启程的场面，女主人头戴黑色瓜皮帽，鬓发下垂，黄耳坠，浅绿长衫，红腰带，左侧佩一黄色葫芦状荷包及一黑色小皮囊。另一女子头戴绿顶黑皮小帽，后系花结，绿衫红带，手执铜镜，为女主人整容，而镜内为女主人面容。车为轿顶式小车，高轮长辕，红柱支棚，周覆蓝色帷幕，前垂格帘，车棚周围垂黄色短帷，四角挂流苏。车右轮前一少年，绿袍红带，黑靴，双手握缰，牵一灰马鹿；另一红袍少年，准备引鹿驾辕。车辕左侧立一黄袍老者，右手扶骨朵，左手指辕前少年，似有叮嘱（如图 5-15）。

图 5-15 库仑一号辽墓壁画之出行图（局部）

第二组为出行仪仗。车骑之前为五面大鼓，绑在一起呈梅花形。外侧由 5 个黑色长杆做成支架，每杆缚一鼓，支架顶端捆扎在一起，上飘彩带。鼓架之旁分别站立 5 个汉人，前排 3 人，后排 2 人，侧身向鼓。5 人装束基本相同，圆领窄袖外袍，长裤麻鞋，衣裙撩起掖于带下，双腿侍立，当为鼓手。5 人之旁一契丹人，绿袍黄靴，衣裙掖起，微屈右膝，双手扶长竿而立。再前 6 人，除袍服外与前述鼓手装束相同，叉腿侍立。第一人、第四人绿袍，第三人蓝袍，余三人红袍。六人之前一方形台桌，桌上置一大斗。

第三组为车骑前导。一人黑帽长发，圆领紧袖外袍，黑色蹀蹀带，黄靴，似汉人而着契丹装，侧身启齿，双手横握长杆，挥舞向前。再前 2 人，盘膝而坐，前置 2 大碗。

出行图全长 22 米，前后连贯，主题鲜明，气势宏伟。整幅画计人物 29 个，高 1.5~1.6 米。画面以主人为中心，前呼后拥，车马相接，一派豪华阔绰的场面。汉代以来壁画中大量出现的出行图多取材于当时的社会生活，以宣扬统治者的养尊处优。库伦一号辽墓的出行图在整个壁画中仍占据着突出地位。三九严寒之中，仪卫仆从前呼后拥，女主人镜前整容，男主人乘骑训话，两旁契丹侍从恭候，或拔刀出鞘作警卫状，或捧砚握笔似随帐笔吏，形象地反映了辽代契丹贵族轻车肥马、奴仆成群的寄生生活。在辽代，车为贵族专有，鼓为统治权力的象征，该墓壁画车鼓俱全，足以证明墓主人生前的富有和权势。

南壁画归来图，亦分为三组。

第一组是轻车侍从，画 14 人，两驼一车。两驼跪卧，头向外，红色笼头，黄缰红垫，挽车驾辕。骆驼前一老者黄袍红带黄靴，闭目盘膝而坐，似为驭者。旁为一高轮大车，形如殿廊。左侧侍女 2 人，黑帽红巾，长衫绿带。右辕旁一老者，绿袍红带，黑靴短剑，双手抚辕。左辕旁一人绿袍红带，与老者相对而立。辕前 4 人，皆契丹装，袍角掖起，手扶骨朵，似为警卫。这一组人物大都面向墓室，形容疲倦，神态懒散。第二组为仪仗，6 人并排横列面向道口，与北壁出行图中扛什物的仪仗人员相对，右侧 2 人，红袍黑带，长裤麻鞋，肩扛琴囊。6 人之前置一红色台桌，上置方斗。第三组为前导，画 4 人，因脱落较甚而漫漶不清。

归来图长宽与北壁出行图相等，人物大小也略同，计 24 人。三组前后连贯，车毂乍停，主人入内，女仆忙着向内室搬送什物，男仆则在长途跋涉后稍事休息——一幅出行后归来景象。归来图在历代壁画中是十分少见的，如此规模和气势更属仅有。

其他壁画也传神逼真，形象生动。如墓门两侧披甲执剑、怒目欲裂、彩带飘舞的门神。分四层作画的天井南北两侧，有眉清目秀的侍女，有翩翩小蝶舞于花间，有浓淡适宜的祥云，有引颈长鸣的仙鹤，有碧波之间的出水荷花，等等，美不胜收。

壁画基于当时的社会生活，通过特定的环境、情节、人物，展现了主仆之间的阶级关系。出行图克服了习见静止的呆板形式，也和一般常见的出行图不同，而是抓住了行将出发的瞬间：前导开道，仪卫成行，后边已在套车，而主人尚在整容、叮嘱。壁画在描绘人物形象时，注意状物传神，根据奴仆和主人的特定关系，刻画出契丹民族不同阶级、阶层各种人物的身份，把每一个人的心理状态都描绘了出来：男主人侧目斜视，骄逸傲慢；女主人养尊处优，神气十足；侍从则低眉恭谨，诚惶诚恐。归来图中则通过仆人闭目欲睡和倚车假寐的疲倦神态，表现了出行的艰辛和主人已回屋宴饮休息的场景。

壁画布局与墓的整体建筑相适应，采取长卷形式，俨若一条壁画长廊。画师们采取前后照应、对称变化、阶梯式向上和弧形构图的方法，安排了多幅绘画，把人物、环境、四时、主题都表现了出来。壁画采用散点透视、视平线渐次提高的手法，表现车骑仪卫的出行行列。画幅之间按墓结构区分，组与组通过车骑仪仗的穿插，加强了彼此的联系，给人以纵横、深远、动静交错之感。

十一 辽宁法库叶茂台七号辽壁画墓

在我国辽宁省法库县西约50千米处，有一个不太引人注目的小镇叫叶茂台。它的南面是平川，北、西两面靠山，地理位置十分优越，是我国古代营建陵墓的理想场所，著名的叶茂台辽墓群就坐落于此。从1953年6月叶茂台辽墓群被发现开始，这个不起眼的小镇即被学术界所关注，而最为引起学术界轰动的，要算叶茂台村西山南坡的第七号墓。该墓规模之大，结构之复杂，随葬物品之丰富，壁画之精美，为我国众多辽墓中所少见。

叶茂台七号墓是1974年由辽宁省博物馆等单位发掘的，为一座辽代早期契丹族大型砖室壁画墓，全长16.7米，由长台阶墓道、前室、左右耳室和主室构成，平面呈"古"字形。墓门为砖制的斗拱、枋、柱等构成的仿木结构。前室的东西两壁上绘有6幅壁画，其中4幅保存较好，全部为契丹族装束的人物画，均为侍立或捧物的男女仆婢。这些人物画像表情生动，丰颐红颊，栩栩如生，并且按主次大小依次排列。从绘画技法看，为先勾线，后填色，线条流畅，粗细搭配合理，轻重有节，充分反映了墓主人生前的地位及生活场面，同时也反映了我国古代少数民族的绘画艺术风格。

该墓的主室为一长7米、宽5.6米的长方形。在主室的后部安置一座设有勾栏须弥座的歇山顶三开间木制椁，也就是通常所说的"棺床小帐"。这一结构，是我国古建筑中关于小木作结构的一项十分重要的发现。小帐面阔三间2.6米，进深两间1.7米，帐座内部为砖墩基，外部为木制须弥座。帐的四周为勾栏（俗称围栏），帐有门2扇，门的两侧各有1窗，门前有独立的踏道2座，各3阶。顶为歇山式顶，屋顶设有压脊，压脊端头（鸱吻）设木雕龙首，龙首上装有两角，顶面为平面。在须弥座和勾栏的南面和东、西两侧饰彩绘。须弥座南绘5组虎首正面图，并以云气来加以衬托。东西两面各绘三组跑兽，也以云气衬托。北绘牡丹。勾栏的四周以花草图案来加以装饰。在我国众多的辽墓中，这样完整的木结构建筑是第一次出土，它为我们了解和研究我国古代小木作建筑提供了一份十分珍贵的实物资料。

帐内置一具宽大的雕刻彩绘石棺，棺长2.25米，宽1.24米，高0.88米。石棺四壁分别雕刻青龙、白虎、朱雀、玄武四神图，并以火焰状的云气纹加以衬托。棺盖顶部雕刻卷草纹。边沿浮雕人化的十二生肖像，并以牡丹花纹来间隔。棺盖四角雕4只伏狮。另外在棺室前和主室的东南、西南两角分别置有石质供桌、小木桌和木椅。该墓的主人为一老妇，虽然尸骨已朽，但其身上的装饰还清晰可辨，保存较好。老妇身着左衽大袍，腰系鎏金花腰带，双手佩戴分指包腕绣花手套，胸前佩戴有水晶珠、琥珀项串等装饰物。

该墓所出土的随葬品极为丰富，共计有300余件，分布于主室和左右两个耳室内，主要为金银玉器、丝织品、瓷器、首饰等。丝织品有绢、纱、罗、绮、锦等。其中有几件缂金制品和盘金银绣品，华贵精致，堪称精品，十分难得。在这里汇聚了出自我国古代景德镇窑、定窑、耀州窑、辽代官窑等几大名窑的瓷器。有影青瓷、白瓷、青瓷等，工艺手法有刻花、划花、印花等，可以说是我国古代名瓷的荟萃。

在这座墓中较为引人注目的还有在小帐的东西两壁悬挂的保存完整的两幅绢画。一幅是《山水楼阁图》（也称《山弈侯约图》），一幅是《竹雀双兔图》。《山水楼阁图》中，山峰叠嶂起伏，山中松柏挺拔，参差有序。山下清泉如镜，溪水潺潺。在山峦起伏的深处，红楼迭出，回廊弯曲，有两位老者在廊下悠闲地下着棋。远处前来赴约的老者，扶杖而行，身后跟随一身背酒壶、怀抱古琴的书童。整幅画布局合理，栩栩如生，宛如仙境一般。另一幅《竹雀双兔图》中，画竹3竿，雀3只，兔2只。三雀各居一枝头戏耍，两兔在悠闲地吃着青草。雀兔在竹下花草的衬托下，显得生动可爱，活灵活现。这两幅绢画，从内容、保存程度、艺术价值等各方面看，堪称稀世之宝，为我们鉴定传世的同类画卷提供了一个可靠的时代尺度，同时也为我们研究辽代的绘画艺术及其与中原文化的交流，提供了一份难得的实物资料。另外，该墓还出土了一副双陆棋，这是这种已失传多年的古代棋类首次与世人见面。

从该墓形制、出土器物、壁画内容以及在丝织品上多用龙纹图案等方面看，墓主人当属皇族。它为我们了解和研究契丹族早期的丧葬制度、葬俗、服饰、建筑、绘画艺术，及其与中原地区汉民族之间的文化关系、经济往来等各方面，提供了重要的、宝贵的实物资料，同时也为广大的旅游爱好者提供了一个观光、学习的好去处。

第六章　青山处处埋忠骨
——历代名人墓

历史的机遇使雄才大略者创造了经天纬地的大业，历史的“误会”使怀才不遇者发出了愤世嫉俗、振聋发聩的呐喊，历史的公正使他们在无情的峥嵘岁月过后仍然活在人们心中——这就是历代的名人。

名人是历史时代的产物，又给历史增辉添色。名人虽不能创造历史，却能改变和推动历史，使历史充满生机。他们在历史的长河中虽似流星倏然而过，但余光映照千古。

名人无处不在的伟力及其影响往往超出了他所处的历史时代。文圣孔丘的儒家思想，不仅贯穿了其后2000多年的封建社会，成为维系封建统治的精神支柱，而且直到今天还有着根深蒂固的影响。武圣关羽的忠和义，又使许多后人对其膜拜不已……名人之所以成为名人，都有其超过常人之处。

历史的故事需要传承。名人的事迹并不一定都是历史上确然发生过的，例如孔子、关公、屈原等，他们的所作所为或被后人作为美好的想象放大了，或在文学演绎、舞台表演甚至茶余饭后的谈论中被神化了。为了守护这份历久不衰、挥之不去的美好和崇敬，他们本来的形象或事迹反倒不被世人注意了。

名人并不都是伟人，无论以今天的眼光还是历史的角度去审视都是这样。一些著名的悲剧人物因时代的偏见或命运的捉弄而成为名人。像杨贵妃，因天生丽质而先为子妻后为父妾，极尽声色犬马之后被缢死在马嵬坡前，成为专制制度的殉葬品，而正因为有如此曲折的人生经历，人们对她毁誉参半，争论不休。严格说来，因不肯贿赂宫廷画师而被丑化，最后“自愿”赴匈奴和亲的王昭君的人生经历也与其有相似之处。

名人不但不全是伟人，甚至也不见得都是所谓成功的人。但他们的可敬之处就在于他们不断地探索，无悔地追求，拥有义无反顾的向上精神，正是这种精神使其成为名人。名人不会因失败而被贬损，更不会因时过境迁而被遗忘。

名人的名声，有许多是后人为他们创造的。这种创造，就其本质来讲，可以说是人们关心自身命运的一种反映，是人们希冀借助名人的伟力而实现某种目的的良好愿望的不断升华。

名人的身世扑朔迷离，名人的事迹亦真亦幻，与此相应，名人的墓园也真假参半。好在今天的人们于这些并不在意，人们来到名人墓前，在很大程度上是为名人特有的凝聚力和号召力所吸引，其目的也主要是抒发对古代名人的敬仰和纪念之情。

名人装点了美丽而古老的神州。我们在浩瀚的历史长河里寻找璀璨的星光，使他们永不熄灭地跃然纸上，以寄托我们共同的挚情。

一 曲阜孔林

中国两千多年封建社会的礼仪道德，支撑整个封建社会的意识形态体系，乃至延续至今的许多伦理，都是由孔子创立的。作为伟大的教育家，他提倡“有教无类”，“知之为知之，不知为不知，是知也”，提倡“学而不厌，诲人不倦”；作为伟大的学者，他编著《春秋》，整理《诗经》，并有《论语》一书传世；作为伟大的思想家，他的整套理论成为其后各朝各代封建政权的行动指南。总之，虽然脱离不了时代的局限，但孔子作为至今仍有巨大影响的先贤，被称为“圣人”是当之无愧的。

孔子及其思想既然是封建社会的精神支柱，历代统治者自然大加封赏，从汉武帝采董仲舒“罢黜百家，独尊儒术”起，孔子代表的儒家思想逐渐占据了绝对的统治地位。延续了两千余年的埋葬孔子及其后裔的孔林的巨大变化，就是一个绝好的见证。

孔林，亦称“至圣林”，曲阜“三孔”之一，在今山东省曲阜城北 1.5 千米处。史载“孔子死，葬鲁城北泗上”。最初墓地不过 6 万多平方米，两千多年来，孔子后裔及孔氏家族多葬于此，历代帝王又不断赐祭田、墓田，孔林的面积逐渐扩大，至清代已达 200 万平方米。林内古木参天，传说孔子弟子各持其乡异种来植，故树种繁多。延续至今，有古树 2 万余株，四时不凋，是一处古老的人造园林。更绝的是，虽万木成荫，却鸟雀不栖；百草丛生，却绝无蛇迹。林下墓冢累累，碑碣林立，石仪成群。洙水东西流向，水上有洙水桥，桥南有石坊，桥后享殿 5 间，最后为墓地，绕以红墙，内有孔子、孔鲤、孔伋三代陵墓。另有楷亭、驻跸亭、子贡庐墓处等建筑，新中国成立后修了环林公路以便参观。

游览孔林，要从万古长春坊开始，万古长春坊又称五门牌坊，在曲阜城通向孔林的神道中，始建于明万历二十三年（1595 年）。万古长春坊为六柱五门牌坊，飞檐起脊，中间两柱浮雕盘龙，刻工精美。坊额镌刻“万古长春”楷书大字，清雍正帝又命臣下加“奉敕重修”字样。坊两侧各有明嘉靖时御碑亭一座，东亭碑题“大成至圣先师孔子神道”，西亭碑题“阙里重修孔子林庙碑”。走完约 1 千米的神道，即至大林门，又称至圣林坊，即孔林大门，这是清康熙年间的建筑，木构四柱三间式，飞檐双重，彩绘斗拱，绿瓦朱甍，坊额书“至圣林”三个金字，宏丽壮观（如图 6-1）。穿过至圣林坊，再过二林门，登观楼，在观楼上可以俯视孔林林海。

观楼后有一河，这就是千百年来被渲染成圣水的洙水河，此河源出城东五泉庄，西流入沂河。洙水桥北为享殿，亦称享堂，祭孔时设香坛于此。《孔氏祖庭广记》载，孔子殁后，“弟子于冢前以瓴甓为坛，方六尺”。东汉时始易之以石，至唐时则易之以封禅石坛。享殿为明万历年间敕修，清雍正时重修。门面 5 间，

图 6-1　山东曲阜孔林大门

飞檐起脊，黄瓦朱甍，是孔林内最大的建筑。殿内现存有供案及清乾隆皇帝手书“谒孔林酹酒”碑。殿前松柏葱郁，遮天蔽日。石砌通道两侧，石雕翁仲、甪端、文豹、华表对列，形制古朴，为宋明旧物。殿东南有一院为昔日主祭官的斋厅，元代名思堂，后通称更衣亭，为大祭时官员更衣之处。

孔林中央享殿之后为孔子墓（如图 6–2）。其土冢呈马背形状，即马鬣封。墓门北甬道两侧有巨型石雕 4 对，即华表、文豹、甪端等，工艺十分精巧。孔子墓东为其子孔鲤墓，南为其孙孔伋墓，此种布局即谓“携子抱孙”。孔子墓碑有 2 处，前为明正统八年（1443 年）立，刻“大成至圣文宣王墓”，后为宋代所立，刻“宣圣墓”三字。孔墓内墙外是孔氏后裔的墓地，其中最著名者有以创作《桃花扇》等闻名于世的孔尚任墓和乾隆帝之女于氏墓——于氏本姓爱新觉罗，因当时满汉不能通婚，乾隆乃使其女认汉族大臣于敏中为义父，再嫁给七十二代衍圣公孔宪培，仅此即见孔氏后人是多么受宠。

图 6-2　曲阜孔林之孔子墓

二 洛阳关林

洛阳关林是埋葬三国时蜀国五虎上将之首关羽首级之地，前祠后冢，位于河南省洛阳市洛龙区关林镇。关林北依隋唐故城，南临龙门石窟，西接龙门大道，东为伊水清流，是中国唯一的冢、庙、林三祀合一的古代经典建筑。

洛阳关林始建于明万历年间，清乾隆时加以扩建，现存建筑主要为明代修建，是一处保存完整的古建筑群。其布局按帝王宫殿建筑而建，呈“回”字形结构。舞楼、大门、仪门、平安殿、财神殿、春秋殿、关林（冢）为其南北向中轴线，其他建筑的布设皆沿此线左右对称，错落有致，体现我国古代建筑文化的传统特点。舞楼（即千秋鉴楼）、大门、仪门、拜殿、大殿、二殿、三殿、奉敕碑亭、关冢，构成了关林巍峨宏大的建筑格局。其主体建筑上的龙首之多，为中原之最。建于康熙年代的奉敕碑亭，结构端庄，八角亭彩饰华繁、木雕精美，全为木榫结构，反映了古代建筑匠师惊人的创造力。

关羽，本字长生，后改字云长，汉末三国时期名将。赤壁之战后留守荆州。219 年冬，东吴偷袭蜀，关羽大意失荆州，败走麦城，大义归天。次年春，孙权惧刘备报复，于是将关羽首级献于洛阳曹操处，曹操何等奸雄，一眼识破东吴嫁祸之诡计。曹操敬慕关羽为人，于是将计就计追赠关羽为荆王，刻沉香木为躯，以王侯之礼将关羽葬于洛阳城南十五里，并建庙祭祀，即今关林。

关羽去世后，逐渐被神化，被民间尊为“关公”。历代朝廷多

有褒封，经过宋、明、清皇帝的步步加封，清光绪五年（1879 年），关羽最终被封为“忠义神武灵佑仁勇威显护国保民精诚绥靖翊赞宣德关圣大帝”。

明朝万历二十年（1592 年），在汉代关庙原址上，再建关林庙，将其扩建成占地 200 余亩、院落四进、殿宇廊庑 150 余间、规模宏远的朝拜关公圣域。康熙五年（1666 年），敕封洛阳关帝陵为“忠义神武关圣大帝林”，始称关林，与山东曲阜孔林成为比肩而立的两大圣域。乾隆年间加以修建，形成今天关林的规模。关林即成为明清时期皇帝遣官致祭，地方官吏和百姓朝拜关公的场所。

关林大门建于清乾隆五十六年（1791 年），中间大门上有八十一颗金色乳钉，是封建社会等级制度最高品级的标志。东西两边为八字墙，分别撰写“忠义”“仁勇”4 个大字，概括了关羽忠君、义友、仁爱、勇武的一生（如图 6–3）。仪门原为明万历年间关帝庙大门，清代改称仪门。取“有仪可象”之意，是当时文官到此下轿、武官到此下马的场所。门额上的“威扬六合”匾，是慈禧皇太后御笔。在仪门东西次间与尽间的五花隔墙上，各镶嵌刻石一方。东侧为宋代抗金名将岳飞画的关圣帝君像，西侧的“关帝诗竹”，据称为关羽亲手所绘。这幅竹画的全部竹叶点缀成诗：“不谢东君意，丹青独立名，莫嫌孤叶淡，终久不凋零。”石狮御道，被誉为“洛

图 6–3　洛阳关林大门

阳小卢沟”。从仪门到大殿，两边石栏，有 36 根望柱，104 个石狮。石狮御道重修于明万历四十七年（1619 年），由在洛客商捐资，依宫殿式样修建。石狮御道是皇帝或朝廷遣官致祭时的专用步道，百狮百态，惟妙惟肖。因御道甬柱、栏板多为信众所捐修建，祈愿生意兴隆、财源广进，故多雕刻铜钱纹饰，寓意“四方来财”，故民间又称之为“生财之道”。

关林大殿始建于明万历二十四年（1596 年），面阔七间，进深三间，高 26 米。庑殿顶，琉璃瓦覆盖，五脊横立，六兽扬威。正门上有 12 幅明代浮雕木刻，说的是桃园三结义、三英战吕布等关羽忠勇之故事。拜殿位于正殿之前，与之相连，是春秋大祭之时百官僚属谒拜之所。殿中悬挂有乾隆御书的“声灵于铄”匾，以及一副对联：“翊汉表神功龙门并峻，扶纲伸浩气伊水同流。”平安殿又称启圣殿，是关林的主体建筑，位于整个庙院的中心，雕梁画栋，气势恢宏。殿内供奉有贴金关圣帝君像，关平、周仓、王甫、廖化侍立两侧。二殿又叫财神殿（如图 6–4），现存建筑建于明万历二十年（1592 年），是关林建筑中始建年代最早的殿宇之一。五开间庑殿式，门上悬挂清光绪帝御题“光昭日月”匾额，殿中塑关羽怒视东吴像，左侧站着手捧大印的关平，右侧站着手持大刀的周仓。人们多在这里祈求生意兴隆，财运亨通，事业发达。三殿又称春秋殿，也称寝殿，现

图 6–4 洛阳关林财神殿

存建筑建于清嘉庆二十二年（1817 年），殿前有旋生和结义两株奇柏，殿内塑有关公夜读《春秋》像和关公睡像。关林（冢）前奉敕碑亭内，立有“忠义神武灵佑仁勇威显关圣大帝林”碑。碑文记载了关羽生平事迹及封号、建庙等情况，是关林称“林”的重要依据，反映了历代帝王对关羽至高无上的尊奉和对关林崇祀不断的历史，确立了关林在海内外数千座关庙中的领袖庙宇地位。

关冢即关羽灵首埋葬之处，高 17 米，面积达 2600 平方米，冢正面南墙有康熙五十六年（1717 年）所建石墓门，门额题“钟灵处”，墓门对联为：“神游上苑乘仙鹤，骨在天中隐睡龙。”始于汉末，如今绿草如盖，高峻出尘，虽江山已改，而元冢依然。关林翠柏号称洛阳“八小景”之一，古柏千章，葱茏回合，每当大雨急住乍晴之时，云气如烟，似袅袅香篆，悠悠绕冢流走，奇幻之景，令人拍案称奇。石坊宽 10 米，高 6 米，三门道。正额题“汉寿亭侯墓”五字，坊上题联是歌颂关羽之作，书体皆为明清书法。八角亭建于清康熙五年（1666 年），构筑奇巧，别具一格。亭内有龟趺石碑一通，高 4.8 米，碑头雕龙，额题“敕封碑记”四字，碑的正面书题“忠义神武灵佑仁勇威显关圣大帝林”。

千百年来，关羽作为忠义化身、道德榜样受到了民众的普遍敬仰。他的“忠义仁勇”体现了我们中华民族的精神，由此形成的“关公信仰”这一特殊文化现象，已成为联系海内外华人的桥梁和纽带。1994 年洛阳关林成功举办朝圣大典。关林朝圣大典已经成为洛阳的一个特色旅游项目，更成为海内外华人华侨寻根问祖的重要活动之一。通过祭祀关圣、传承古礼，团结中华儿女，弘扬华夏文明。洛阳关林已成为海内外华人谒拜的圣域，也是驰名中外的旅游胜地。

三 屈原墓

屈原，名平，字原，战国楚人。屈原生活在社会急剧动荡的战国晚期，忧国忧民却怀才不遇，报国无门。他是我国历史上伟大的爱国主义诗人，曾官至左徒和三闾大夫，后遭谗被逐，流放沅湘。秦兵攻陷楚国郢都后，他既无力挽救楚国的危亡，又深感自己的政治理想无法实现，在悲愤苍凉之中投汨罗江自尽。他热爱自己的国家，希望国家能改革创新，日益强大，完成统一大业。他被放逐，远离了喧嚣的政治斗争，政治理想化为泡影，却使他有机会接近民众，了解民间的危难疾苦，成为一代伟大诗人，写出了包括《离骚》《天问》在内的流芳百世的名篇。当“路漫漫其修远兮，吾将上下而求索”的豪言壮语响彻耳边之际，谁能不为这样一位品德高尚的流浪诗人击节而叹！他的自尽，绝不是逃避现实，而是对昏庸的当权者的无声而决然的反抗。

这位伟大诗人的墓葬，在今湖南省汨罗市烈女岭上，那远望如小埠，立于山脊的高大的封土堆，象征着诗人不屈的风骨，寄托着人们的无限敬意。

屈原墓（如图6–5）有疑冢十二，一墓前有清同治六年（1867年）立的石碑，上刻“故楚三闾大夫之墓”，另一墓前有清光绪二十八年（1902年）刻的石碑，题为“三闾大夫之墓”。为纪念诗人屈原而建的屈子祠在今汨罗玉笥山上。始建于汉代，清乾隆二十一年（1756年）移建于此。现存建筑有正屋三进，中后两进之间有过亭，前后左右两侧有天井。屈子祠为砖木结构，附近有骚坛、濯缨桥、

图 6-5 湖南汨罗屈原墓

桃花洞、独醒亭、望爷墩、绣花墩、寿星台、剪刀池等不少遗迹，反映了历代百姓对屈原的深深怀念之情。

屈原故里湖北省秭归县凤凰山屈原故里景区内，亦有重建于清道光七年（1827 年）的屈原墓，1976 年兴建葛洲坝水利工程时，将其搬迁到秭归老县城向家坪。2006 年因三峡工程兴建，又复建到凤凰山上现址内，以恢复其历史原貌。

屈原愤然投江的日子，成了今天隆重的节日——端午节，这是人们祈求鱼不食其尸而竞相抛粽于河中的日子。屈原被列为四大世界文化名人之首，他的诗篇成了激励后人奋发上进的宝贵精神财富。他虽投江而去，而墓祠永存人间，精神光耀万古。当我们立于独醒石前沉思时，才真正理解到屈原的伟大与不朽。“屈平词赋悬日月，楚王台榭空山丘”，后继而来的诗仙李白这份由衷的敬意，不正是屈原精神的真实写照吗？

四 张骞墓

张骞，字子文，西汉汉中成固（今陕西城固县）人，两千多年来，张骞以开通西域并开创东西方经济文化交流大通道——丝绸之路而被世人铭记。

西汉初，北方的匈奴势力强大，频频袭扰内地，掠夺民财，给西汉王朝造成重大损失。汉武帝建元元年（前 140 年），十六岁的汉武帝即位，欲凭借“文景之治”所积累的雄厚的物力财力反击匈奴的侵扰，从根本上解除来自北方的巨大威胁。从整个形势来看，联合深受匈奴奴役、被迫自今敦煌祁连一带西迁伊犁的大月氏，沟通西域，在葱岭东西打破匈奴的控制局面，建立起汉朝的威信，确实是孤立和削弱匈奴势力并最后彻底战胜匈奴的一个具有战略意义的重大步骤。汉武帝于是下达诏令，招募使者。张骞挺身而出，“以郎应募，使月氏”，于建元三年（前 138 年）率一百多人，以归顺的胡人堂邑父为翻译及向导，出陇西入河西走廊，经匈奴控制区时被俘。匈奴威逼利诱，让张骞娶妻生子，但张骞身陷囹圄十年，不忘初心，寻机逃脱。再西行至大宛，经康居，抵达大月氏，再至大夏，停留了一年多才踏上归途。归途中，张骞改从南道，但仍为匈奴所得，又被扣留了一年多。元朔三年（前 126 年），匈奴内乱，张骞趁机带着自己的匈奴族妻子和堂邑父，历尽千难万险，逃回长安。这是张骞第一次出使西域。从武帝建元三年出发，至元朔三年归汉，共历十三年。出发时的一百多人，仅三人得回。汉武帝对张骞所为及此次出使西域的成果非常满意，特封张骞为太中大夫。之后，由于张骞随卫青出征立功，“知水草处，军得以不乏”，又被封为博望侯。因张骞在西域极有威信，后来汉所遣使者多称博望侯以取信于诸国。元狩四年（前 119 年），张骞奉命率领 300 人组成的使团第二次出使西域。到了乌孙、大宛、康居、月氏、大夏等国。元鼎二年（前 115 年）张骞回汉，拜为大行令。次年，张骞积劳成疾而卒，归葬于故里博望镇。

张骞（如图 6-6）出使西域之初衷本为贯彻汉武帝联合大月氏

图 6-6 南阳方城张骞塑像

等西域诸国抗击匈奴之战略意图，但并未实现，但就其产生的实际影响和所起的历史作用而言，无疑是巨大的成功。张骞第一次出使西域，使中国的影响直达葱岭东西，后人正是沿着张骞的足迹，走出了誉满全球的“丝绸之路”。这位西汉时期杰出的外交家、探险家、丝绸之路开辟者、开通西域的先行者的墓葬，位于其故乡陕西省城固县博望镇饶家营村。1956 年张骞墓被列为陕西省首批重点文物保护单位。2006 年 5 月，张骞墓被国务院公布为全国重点文物保护单位。2014 年 6 月 22 日，在卡塔尔多哈召开的联合国教科文组织第 38 届世界遗产委员会会议上，张骞墓作为中国、哈萨克斯坦和吉尔吉斯斯坦三国联合申遗的“丝绸之路：长安—天山廊道的路网”中的一处遗址点被列入世界遗产名录。

张骞墓原无定论。1938 年，当时的国立西北联合大学对张骞墓墓道进行了初步发掘，出土了刻有汉隶“博望造铭”封泥及灰陶片、瓦罐、汉五铢钱等文物，从考古学上证明了该墓的真实性。张骞墓冢前树立着一块不多见的刻有民国国旗的石碑，由当时的联大教授黎锦熙书丹，记述了此次发现、增修的过程。

张骞墓位于依托此墓建设的张骞纪念馆中，位于汉江北岸，距城固县约 3 千米。墓地坐北朝南，东西宽 15 米，南北长 15 米，高 8 米，夯筑封土，呈覆斗形，平面呈长方形。整个墓地占地 8000 平方米，古柏成荫，浓郁苍翠，庄严肃穆。墓地门前有一对石造华表，用料考究，精雕细琢，八棱方斗，镂空镌花。墓地正面是阙式门楼，典型的汉代建筑风格，重檐飞角，格局大方，墓四周砌以石基，防水浸蚀。墓前竖有石碑三通，汉代石雕一对。石碑正中一通，高 182 厘米，宽 80 厘米，上刻隶书“汉博望侯张公骞墓”，是清乾隆时陕西巡抚毕沅所立。

博望侯封泥长 2.2 厘米、厚 0.4 厘米，方形。张骞墓东西两侧有两尊汉代石刻，整体呈“S”形，细腰、昂首、卧姿，两尊石雕形制相似，用料为石灰石，采用圆雕手法，雕刻粗犷，风格抽象，是古代雕刻工匠卓越的艺术创造，具有很高的艺术价值。这两尊汉代石雕，名石虎（如图 6–7）。两尊神兽因头部及四肢均不存在，仅剩下躯干，从神兽造型相

图 6–7　张骞墓前石虎

对写实的情况来看，与西汉较霍去病墓前为抽象的石刻相差较远，故多认为是东汉时代的石虎。在古代陵寝文化中，老虎是辟邪除祟、保护死者灵魂和尸体不受鬼魅侵害的神兽，尤其是带有翅膀的神虎。墓前神兽的雕刻尺寸接近真实的老虎，在雕刻细节上，肋骨隐约可见，能让观者感受到石虎雄健外张的力量。

自 1994 年开始，张骞文化艺术节已连续举办了多届，公祭仪式是其必不可少的活动之一。公祭仪式上的表演，既有中国传统的舞龙和威风锣鼓，又有现代的歌舞表演，整个活动庄严而肃穆，欢快而热烈。张骞以其无与伦比的勇敢和智慧走出了一条光耀千古的文化与商贸之路，戈壁荒漠中从未间断的悠扬驼铃演绎了人类亘古不变的和平友谊的最强韵律。两千多年后的今天，丝路旅游方兴未艾，体验者和缅怀者的身影络绎不绝。而基调未变并赋予全新内涵的“一带一路”的热潮，昭示了源远流长的中华民族的崛起、振兴和强国之梦的实现已指日可待，中华民族将永远屹立于世界民族之林。

五 司马迁祠墓

司马迁，字子长，西汉夏阳（今陕西韩城）人，是西汉著名历史学家、文学家和思想家。其父司马谈曾任西汉太史令。司马迁从10岁起便苦读典籍，20岁后历游江淮名地，考察史料，走访民间。后来继承父业任太史令，掌管文书，记载史事。他42岁时开始撰写《史记》，48岁时因李陵一案受牵连，惨遭宫刑。出狱后任中书令。面对这样的经历，他没有自暴自弃，而是忍辱负重，笔耕不辍，历经16年完成巨著《史记》，全书包括十二本纪、三十世家、七十列传、十表、八书，共130篇，长达52万余字。扬雄称赞“其文直，其事核，不虚美，不隐恶，故谓之实录”。这是中国第一部纪传体通史，影响极其深远。司马迁所著之《史记》，资料翔实，记述流畅，文字优美，评论深刻，不以贵贱褒贬，不以好恶臧否，其秉笔直书的史家良心及如椽巨笔的文学奇才实为后世各朝各代史家之楷模。

司马迁其人及其著述《史记》对后世史学和文学的发展都有深远的影响，司马迁留下了千古名著《史记》，而《史记》成就了司马迁。他因《史记》千古流芳，联合国教科文组织把他列为世界历史文化名人。后人为纪念他的功绩，在其原籍修建祠和墓。

司马迁祠墓（如图6–8）位于陕西省韩城市芝川镇东南1千米处，黄河西岸的梁山东麓。祠院占地4.5万平方米，内有牌坊、山门、献殿、寝殿、墓冢等。其中寝殿和山门为宋代木结构建筑遗存，弥足珍贵。寝殿内供奉司马迁坐像。寝殿后的司马迁墓位于全祠最高处。祠的献殿内还有历代名人墨客凭吊题咏的碑碣64通，保存完好。1982年国务院公布司马迁祠墓为第二批全国重点文物保护单位。

司马迁墓屹立于悬崖峭壁之上，气势雄伟壮观。面对滔滔黄河，西依巍巍梁山，依崖就势，河山对峙，气象万千，是陕西省著名的风景名胜区。祠墓依山傍水而建，坐落在用砖石筑成的高台上，高约100米，占地面积约13万平方米。祠墓建筑群自下至上迭坊矗立，坡下东北方竖一木牌坊系清代重建，上书“汉太史司马祠”六个大字。由此沿坡上行，经太公庙至岔道口，坡南有平台之地，建有新迁的元代建筑“禹王庙”“彰耀寺”“三圣庙”等，现已辟为展室。

图 6-8　陕西韩城司马迁墓

自岔道而上，又有一牌坊，系元明建筑物，上书“高山仰止”四字，喻司马迁德高如山，世人至为敬仰。从此迤逦而上，牌坊上书“河山之阳”四字，语出《太史公自序》中的“迁生龙门，耕牧河山之阳”。走完99级台阶登道就进入了祠院，祠院大门上书“太史祠”寝宫，古柏参天，环境幽静，置身其中，如登青云，如临仙境。司马迁祠墓献殿是祭祀时陈列祭器，致敬尽礼的地方。寝宫在献殿之后，建于北宋宣和七年（1125年）。正中有一尊司马迁全身坐像，长须飘拂，两眉入鬓，神态逼真，栩栩如生，现出严肃和抱负不凡之气概。祠内碑石林立，为宋、金、元、明、清各代名人凭吊吟咏之作，诗文雅健，书法挺秀。祠后为司马迁墓，筑于西晋永嘉四年（310），经金、元、清各代修葺，至今完好。墓系砖砌，呈圆形，高2.15米，周长13.19米。墓壁周围嵌有砖雕八卦图案和花卉图案16幅，墓顶古柏一株，树分五枝，枝干苍劲，盘若蛟龙。墓前竖立着一块石碑，上刻“汉太史司马公墓”，为清乾隆陕西巡抚毕沅题书。

史圣的祠墓也像一座丰碑，历经千百年沧桑而愈显雄伟。石条铺就的司马古道，印满凹凸不平的石道印，记录着千百年来仰慕者攀登朝圣的足迹。登上司马坡之巅，眼前雕梁画栋，身旁古柏参天，风光迷人。1958年郭沫若为司马祠题诗，并铭刻在新立石碑上，诗云：“龙门有灵秀，钟毓人中龙。学殖空前富，文章旷代雄。怜才膺斧钺，吐气作霓虹。功业追尼父，千秋太史公。”

司马迁祠墓内献殿中挂有“文史祖宗”的匾额，是在民国初年司马迁的后裔送的。为了纪念这位文化名人，韩城市区建有宽畅的太史大街，在该街西端的广场上，竖立着司马迁青铜塑像。当然，以《史记》之高山仰止般丰碑式的历史地位和司马迁祠墓中络绎不绝的肃穆瞻仰的人群来看，司马迁更是中华民族的骄傲。

六 王昭君墓和杨贵妃墓

女性的伟大往往体现在作为母亲的无私和温情上，但在以"男尊女卑"为正统伦理的封建中国，女性对人类和社会所做出的巨大贡献，就像她们遭受的巨大磨难和屈辱一样，被人们有意无意地淡忘了。然而，千百年来，历史的公正依然使许多不让须眉的巾帼至今仍深受人们的爱戴，如为了民族大义毅然远嫁的王昭君。同时，历史的无情也使许多封建伦理桎梏下的冤魂至今仍使人们倍感惋惜和同情，如乐极生悲一命悬索的杨贵妃。她们从正反两方面说明了中国古代女性的伟大和不幸。

说到王昭君，立即使人联想到一幅孤女远嫁塞外、回头无限凄凉的沉重画面，这就是深入人心的昭君出塞图。王昭君为民族大义毅然远嫁，是一段流传千年的佳话。

西汉初年，百废待兴、山河破碎的西汉王朝无力与迅速强盛起来的北方匈奴族相抗衡，只好采取与匈奴和亲的对策，以宗室女为公主远嫁给匈奴单于，并送去大量财物。这时的和亲是带有纳贡性质的政治联姻。随着汉武帝对匈奴贵族的反击战争的胜利，匈奴受到了沉重打击，内部趋于分裂，其中一支呼韩邪单于愿与西汉友好相处，并在汉朝支持下统一了匈奴。汉元帝竟宁元年（前33年），呼韩邪单于第三次来长安，提出和亲请求，元帝当即应允。一个叫王嫱（字昭君）的宫女，因不肯贿赂宫廷画师而被丑化，得不到皇帝宠幸，这时慷慨应召，元帝惜而许之。王昭君容貌丰美，仪态大方，通情达理，深得呼韩邪单于的倾心敬爱。

图 6-9　呼和浩特王昭君墓

别离汉家繁华，远嫁塞外匈奴，以王昭君这样一个刚烈女子，只有为了胡汉通好，才会毅然主动求行。王昭君在塞外生活了几十年，在她的影响下，汉匈通好，直至西汉终了。史载当时“边城晏闭，牛马布野，三世无犬吠之警，黎庶无干戈之役”，这是一幅多么美好的安定祥和的景象啊！

正因为如此，千百年来王昭君一直受到了人们的爱戴，在世间流传着不少关于她的传说和诗词歌赋。位于今内蒙古自治区呼和浩特市城南 10 千米的王昭君墓（如图 6–9），更成了人们对这位和亲天使进行凭吊敬仰的地方。

每到秋天，周围的草都枯黄了，只有昭君墓表黛色溟蒙，因此历代传称其为“青冢”。唐代杜佑的《通典》中有最早关于这座墓的记载，历代传说甚多。现存昭君墓的墓表为人工夯筑的巨大封土堆，高达 33 米，墓前有平台与阶梯相连，与中原地区汉代帝陵形制有许多相似之处。墓前墓顶各有小亭供游人休息。史载昭君墓前有石虎、石马、石狮等，可惜新中国成立前夕不知去向，只有几块石碑留在墓前。坟前正中立董必武《谒昭君墓》诗碑，“词客各抒胸臆懑，舞文弄墨总徒劳”，表明昭君出塞的历史功勋。

杨贵妃（718—756），名玉环，号太真。其父杨玄琰为蜀州司户。唐玄宗开元二十四年（736年），武惠妃死，有大臣奏道，“玄琰女，姿色冠代，宜召见”。当时，玄宗李隆基已53岁，杨玉环年仅18岁，姿质丰艳，智算过人，善歌舞，通音律，衣道士服，拜见玄宗，玄宗大悦，封杨玉环为贵妃。天宝十四载（755年），安禄山反，次年攻破洛阳，威胁京师长安。六月潼关失守，李隆基携玉环逃难四川，行至马嵬坡，六军不前，要求惩办祸首杨国忠（杨玉环堂兄）和“祸水”杨贵妃。万般无奈之中，李隆基命人勒死时年38岁的杨贵妃。

凡读过白居易长诗《长恨歌》的人，无不为诗人那饱含深情的语言所动。一个伟大的爱情故事，因政治巨变而成为千古绝唱，而杨贵妃更成为这出爱情悲剧的牺牲品。玄宗贵为天子，竟不能保护自己深爱的女人，不能不说是封建专制制度的悲哀，更是唐王朝行将没落的真实写照。

杨贵妃墓（如图6-10）在今陕西省兴平市马嵬坡，坐落在半山腰上，这正是她当年被缢死的地方。墓为一个半坡上的小陵园，

图6-10 陕西兴平杨贵妃墓

面积 3000 平方米，大门顶额横书“唐杨氏贵妃之墓”，园内正面是一座三间的仿古式献殿，过献殿即是墓冢，高 3 米，封土四周砌以青砖。墓砖砌圆形，立杨贵妃之墓碑。传说妇女用贵妃墓上的土搽脸，可去掉脸上的黑斑，使面部肌肤细腻白嫩。因此，其墓土被称为“贵妃粉”，远近妇女争相以土搽脸，连外地游人也要带包墓土回去，于是墓堆越来越小，守墓人不断给墓堆添土，但不久又被人取光。为了保护坟墓，只好用青砖将其包砌。墓前有一碑楼，上刻“唐玄宗贵妃杨氏墓”。游人至此读咏周围回廊上的古人诗作，可以明史，可以抒怀，当别有一番情趣。在贵妃墓后的半坡上修了一亭，亭边用洁白的汉白玉雕了一尊高近 3 米的贵妃站像，其表情凝重，目光哀怨。在回廊石碑上有唐僖宗、李商隐、刘禹锡等人的题咏。流传至今的小说、戏曲等也数不胜数，如《太真外传》《长生殿》《贵妃献发》《贵妃醉酒》《杨贵妃之死》等。绘画方面则以《虢国夫人游春图》《唐杨贵妃沐浴图》等最为著名。

白居易的《长恨歌》以通俗真诚的诗句再现了杨贵妃的生死时刻，读来每每令人潸然沾襟，而清代禁烟英雄林则徐的一首诗为这一千古绝唱做了总结：“六军何事驻征骖，妾为君王死亦甘。抛得蛾眉安将士，人间从此重生男。”今临潼骊山北麓有华清池，传为杨贵妃“春寒赐浴华清池，温泉水滑洗凝脂”的遗迹，其中尤以“贵妃池”更为著名，传为杨贵妃专用的浴池，故又称“妃子汤”，池侧有“晾发亭”，传为贵妃浴罢晾发梳头之处。又有传说杨贵妃当时并未死，辗转到扬州后乘船到了日本，深受日本女性欢迎，今日本甚至有贵妃墓。

如今，杨贵妃墓和王昭君墓都修葺一新，游人络绎不绝，这环境清幽静雅之地，既向游人诉说着薄命红颜凄凉的情与爱，又向游人展示了巾帼英杰在战乱年代做出的杰出贡献。

七 喀什香妃墓

香妃墓位于新疆维吾尔自治区喀什市东郊 5 千米的浩罕村，此处实际上是伊斯兰教圣裔阿帕克霍加家族陵墓的俗称，是有着极为典型的伊斯兰风格的宫殿式陵墓建筑。之所以称之为香妃墓，是因为这与一个真假难辨的美丽传说有关。

据说，清乾隆皇帝有 40 多个后妃，其中有一维吾尔族妃子，即容妃，就是闻名遐迩、遍体生香的香妃。乾隆有一维吾尔族妃子本不足为奇，但在容妃死后的一百多年里，骚人墨客们兴趣盎然，从野史、诗词到舞台，对其大肆渲染，如说她“玉容未近，芳香袭人，既不是花香也不是粉香，别有一种奇芳异馥，沁人心脾”，又或云其原是新疆回部酋长霍集占的王妃，回部叛乱，霍集占被清廷诛杀，将军兆惠将其生擒送与乾隆。但香妃心怀“国破家亡，情愿一死”之志，始终不从乾隆，最后被太后赐死，等等，制造出了一个个真假难辨的香妃故事。

事实上，香妃本名买木热·艾孜姆，清雍正十二年（1734 年）生于世居新疆叶尔羌的一个和卓族家庭，所以又叫和卓氏。因其父在平定新疆准噶尔及大小和卓的叛乱中有功，她被乾隆皇帝册封为和贵人。在清朝后妃的八个等级中，贵人属于第六个等级，其前有皇后、皇贵妃、贵妃、妃、嫔，其后有常在和答应，本不显要。但和贵人天生丽质，乖巧伶俐，又充满异域风情，甚是摄人心魄。又遇上生性风流的乾隆皇帝，于是龙凤呈祥，两相欢愉。和贵人入

宫后的第三年，被册封为容嫔。她的哥哥图尔都同时晋爵，封辅国公。乾隆三十年（1765 年）乾隆第四次南巡，香妃即与皇太后、皇后等一同陪侍且备受宠爱，格外受到恩赏。乾隆三十三年（1768 年），35 岁的容嫔即晋为容妃。又随乾隆东巡，游历泰山，拜谒孔庙。乾隆三十一年（1766 年），乌喇那拉氏皇后亡故，皇上不再立后，乾隆四十年（1775 年），皇贵妃又被赐死，此时的容妃在乾隆的众多后妃中已拥有举足轻重的地位，渐至殊荣的顶峰。乾隆五十三（1788）年四月十九日，容妃离世，享年 55 岁。

香妃死后，由 124 人抬运棺木，历时 3 年，由其嫂苏德香护送回喀什并安葬于阿帕克霍加家族墓地中。这是一座典型的伊斯兰古建筑群，也是伊斯兰教圣裔的陵墓，占地 2 公顷。据说墓内葬有同一家族的五代 72 人（实际只见大小 58 个墓穴）。第一代是伊斯兰著名传教士玉素甫霍加。他死后，其长子阿帕克霍加继承了父亲的传教事业，成了明末清初喀什伊斯兰教依禅派著名大师，并一度夺

图 6-11　新疆喀什香妃墓（阿帕克霍加家族墓地）

得了叶尔羌王朝的政权。他于1693年死后即葬于此，由于其名望超过了他的父亲，后来人们便把这座陵墓称为“阿帕克霍加墓”。香妃葬此墓地后，因其名声日隆，人们便将这座陵墓称作香妃墓（如图6–11）。

阿帕克霍加墓经历了三百多年的风雨历史的洗礼，以其坚忍不屈的精神固守其古朴的建筑风格。来此地的游客或为朝拜而来，或为一睹阿帕克霍加墓高超的建筑技术和艺术风格而来，但更多的则是慕香妃之名而来。阿帕克霍加墓是一组构筑得十分精美、宏伟的古建筑，四角各立一座半嵌在墙内的巨大砖砌圆柱，柱顶各建一座精致的圆筒形邦克楼，陵墓由门楼、大小礼拜寺、教经堂和主墓室五部分组成。正门门楼精美华丽，两侧有高大的砖砌圆柱和门墙，表面镶着蓝底白花琉璃砖。与门楼西墙紧连的是一座小清真寺，前有彩绘天棚覆顶的高台，后有祈祷室。陵园内西面是一座大清真寺，正北是一座穹隆顶的教经堂。主墓室在陵园东部，是整个建筑群的主体建筑，主墓屋顶呈圆形，其圆拱直径达17米，无任何梁柱，外面全部是用绿色琉璃砖贴面，显得格外富丽堂皇、庄严肃穆。墓室内部筑有半人高的平台，平台上整齐地排布着大小不等的数十个墓丘，墓均砌以白底蓝花的琉璃砖，看上去晶洁素雅。

香妃墓已成为人们游览南疆喀什必去凭吊探秘的景点。虽然据考证如果香妃即容妃的话，她确切的葬地是在河北遵化清东陵的裕陵妃园寝，但在一个如此缠绵的历史故事之后，人们宁肯相信此处即为香妃墓，守望并延续着这个美丽传说。

八 苏禄王墓与浡泥国王墓

（一）苏禄王墓

有着五千多年灿烂文明的中国，在绝大部分时期一直以泱泱大国之势屹立于世界强者之林，虽然时有争战，但和平与发展仍是中国和其他各国交流交往的主题。在交通十分落后的古代，许多跨越千山万水来到中国的使者，便永远地留在了这块他们生前向往的土地上。位于今山东省德州市北郊北营村的苏禄王墓便是这种友好往来的历史见证（如图 6–12）。

古苏禄国在今加里曼丹岛和菲律宾群岛之间的苏禄群岛上，今

图 6–12 山东德州苏禄王墓

属菲律宾国。明永乐十五年（1417 年），苏禄东王巴都葛·叭哈剌与西王、峒王率眷属及其使者 340 余人，跋涉千里来到中国，在北京受到了明朝政府的盛情款待和热烈欢迎，历时 27 天。归国途中，东王染疾，不幸病逝于德州城北安陵（今北营）。明成祖得悉后，感而恸之，即遣礼部郎中陈士启前往谕祭，并命有司营墓以天子礼厚葬。成祖当即亲撰碑文，勒碑墓道，追封东王为“恭定王”。王妃及次子、三子及侍从 10 余人留中国守墓，明政府均予以俸禄。

苏禄王墓呈圆形，攒尖顶，高 4 米，直径 16 米，坐北朝南，下部围以 0.8 米高的石砌围墙，坐落在南北长 37.7 米、东西宽 30 米的石砌高台上。墓前立明永乐十五年的墓碑，上刻楷书“故苏禄国恭定王墓”八字。碑前设供桌、茶几、香炉，两侧各有一花坛。墓台上植龙柏、水杉、冬青等 800 余株。墓前祠庙有正殿 5 楹，正中悬东王画像，东西配殿各 3 楹，大门 3 间，周围配以长廊。大门内立“苏禄国东王墓简介”石碑。墓道两侧依次排列石翁仲、石兽、石马、华表，南端立牌坊 1 座，上题“芳名远播”四字。墓道南端东侧有“御制苏禄国东王碑”碑亭 1 座，明成祖朱棣亲自撰文，碑龟趺。两侧有明代所建清真寺 1 座，墓东面 1000 米处有偏妃和次子温哈利、三子安都鲁墓，妃墓略大。两子墓在前分列左右，各为一体，均不砌护基。

明清以来，由于战乱和水患，除王墓、石人、石马及墓碑外，其他建筑荡然无存。1965—1986 年，政府多次拨款维修加固苏禄王墓及妃子、王子墓，复建祠庙、牌坊，修设下水道及排水沟。如今的德州苏禄王墓已修葺一新，松柏成荫，肃穆庄严，游人络绎不绝。

（二）浡泥国王墓

浡泥国王墓，位于南京市雨花台区安德门外石子岗乌龟山南麓，为 15 世纪初浡泥国国王麻那惹加那的墓葬，是中国现存仅有的两处国外国王墓之一（另一处即苏禄王墓），全国重点文物保护单位。浡泥国王墓是反映古代中外友好交往的历史见证，具有重要的历史

价值与现实意义。

古浡泥国自北宋开始就与中国有着友好交往的历史。明洪武初年，明太祖朱元璋曾遣御史张敬之、福建行省都事沈秩二人为使节出使浡泥国。回国时，国王马合漠沙派使者随同张敬之一道来华，祝贺明王朝建立。永乐三年（1405 年）冬，国王麻那惹加那遣使贡献该国特产，明成祖派官封其为王。

明成祖永乐六年（1408 年），浡泥国国王麻那惹加那携王室、亲属、陪臣等共计 150 多人，随郑和航海船队来中国访问，受到永乐皇帝的盛情款待。明朝政府专门派京官张谦去福建迎接浡泥国国王一行。国王自福建至南京途中，所过州县无不热情接待。抵达南京后，永乐皇帝在华盖殿宴请，接着又在奉天殿设宴招待国王和陪臣，还派国公夫人在会同馆内宴请王后等人。平时还派官员送酒席至宾馆，由大臣陪同。同年十月，浡泥国王忽染急病，经太医会诊抢救无效，不幸病故于会同馆，年仅 28 岁。国王临终前留下遗嘱："体魄托葬中华。"明成祖极为悲伤，遵其遗愿，以礼葬王侯的仪式埋葬，谥恭顺王，建祠祭祀。并下旨寻找入中国籍的西南夷人世代为之守墓，每年春秋两季，由专人祭扫。

浡泥国王安葬南京后，其墓历经 600 多年历史风云，几度兴废。从清末到民国，已近湮灭，无人知晓，渺不可寻。20 世纪 50 年代末，南京市文物工作者在乌龟山南麓寻迹找到了被当地群众称为"马回回墓"的一座佚名墓，并在一块断碑上看到了"乐六年八月乙未浡泥国王麻那惹"、"浡泥国王去中国"和"葬之安德门外石子岗"的残存字样。经查阅《皇明文衡》卷八十一明代胡广撰写的《浡泥国恭顺王墓碑碑文》，其内容完全一致，始知这座墓是 15 世纪加里曼丹岛上浡泥国国王麻那惹加那的墓葬。残碑现经修复竖于通往国王墓的林荫道旁。进入墓道，两旁排列着石刻，石望柱已毁，仅存柱础；马及马官各一对，石羊一对，石虎一对，武将一对，享殿仅存柱础。驮碑龟趺曾断为两截，可以明显地看出龟颈部有一道细细的接合痕迹（如图 6–13）。

图 6-13 南京浡泥国王墓

这座安葬在中国土地上的外国国王的陵墓，成了中华民族在历史上与其他国家友好交往的有力例证。2001 年，浡泥国王墓被定为全国重点文物保护单位。2003 年起，地方政府投资近千万元，对浡泥国王墓进行保护性修复工程，已完成了对迁碑亭、牌坊、墓冢、神道等文物古迹的保护性修复；后又进一步扩建，将墓园建成一处具有浓郁文莱地域特色和人文景观的异国风情园。

九 李时珍墓、张衡墓、蔡伦墓

中国五千多年的灿烂文明，不但一直走在同时期的世界前列，而且许多重大发明曾为世界文明的进步和发展做出了不可磨灭的贡献，甚至可以说改变和推动了世界的历史进程。举世闻名的四大发明已是有口皆碑，对人类的巨大贡献也是有目共睹。而在中国悠久的历史长河中，重大的发明和创造不但在当时产生了巨大的作用，而且一直影响到今天。至今仍被中医药工作者奉为经典的《本草纲目》的作者李时珍，在天文学领域做出划时代贡献、发明了浑天仪和候风地动仪的张衡，还有发明造纸术的蔡伦，即是其中的佼佼者。

（一）李时珍墓

李时珍，字东璧，蕲州（今湖北蕲春）人，中国明代伟大的医药学家。其巨著《本草纲目》集诸家本草学之大成，共收药物1892种，对中国传统医学特别是药物学的发展做出了划时代的贡献。李时珍卒于明万历二十一年（1593年），其墓位于今湖北省蕲春县蕲州镇东南2千米的雨湖之滨，为全国重点文物保护单位（如图6-14）。

李时珍墓陵园占地面积50000平方米，墓地南依群山，北临湖水，常年薄雾霏霏，似雨非雨，湖岛交融，宛如画廊。经精心修葺、装点，形成一个亭台错落有致、药园碑廊相映的仿明建筑群。进入陵园，百余种刻工精细的古石雕映入眼帘，欲行欲奔的石狮，神态自若的石象，踏云而奔的麒麟，腾空欲飞的龙凤，无不栩栩如生，惟妙惟肖。通过李时珍纪念馆和本草药物碑廊，在古樟参天、松柏青翠的园林深处，便是李时珍墓冢。墓冢呈椭圆形，封土高 2 米，直径 6 米，周以青石条砌护。墓前有明万历年间李时珍之子所立石碑一通，高 11.5 米，宽 0.6 米，上部及两侧以条石镶框，碑文楷书。20 世纪 50 年代以来，人民政府多次拨款修葺。陵园大门建于 1980 年，为一座四柱三门冲天式青石牌坊，上有郭沫若手书“医中之圣”，门外为莲池。墓冢前立纪念碑，通高 5.5 米，碑顶置李时珍半身塑像，高 1.3 米，乃据美术家蒋兆和先生画像雕刻而成，雕像上的李时珍沧桑满面，目光睿智，慈祥而刚毅。碑身正面刻郭沫若 1956 年题词。纪念碑两侧各建琉璃瓦顶六角亭一座。陵园西侧为李时珍纪念馆，由单檐式歇山顶、左右长廊和陈列馆三部分组成，壁嵌《本草图》石刻，选刊明版《本草纲目》所著录的药物标本图 128 幅。陈列馆内附李时珍生平事迹及所著《本草纲目》

图 6-14 湖北蕲春李时珍墓

等著作的各种中外文版本。

（二）张衡墓

张衡，字平子，东汉南阳郡西鄂县（今河南南阳石桥镇）人。中国汉代伟大的天文学家、数学家、文学家。他曾两次担任太史令，所著《二京赋》脍炙人口，有口皆碑，在汉代文学中占有十分重要的地位。但他最重要的贡献是发明了观察天象的浑天仪和预测大风和地震的候风仪、地动仪，并作天文著作《灵宪》《浑天仪图注》等书，创立了系统完整的天文学说，开辟了世界地震学研究的新纪元。他在前人基础上，制成了用于演示浑天思想的仪器——水运浑象仪。所制浑象以一个直径5尺的空心铜球表示天球，上画二十八宿和各种恒星，半隐于地平圈之下，天轴则支架在子午圈上，天球可绕天轴转动。他利用机械技术，利用漏壶的等时性，通过齿轮的转动，使浑象每日均匀地绕轴旋转一周。地动仪结构更为精巧，主件为铜制尊、中间的“都柱”因失去平衡而触动“八道”中的一道，使相应的龙口张开，小铜珠即落入蟾蜍口中，观察者即可发现地震的时间和方向。因此，仪器曾准确测出了138年发生在陇西的地震，而陇西距安放地动仪的洛阳有1400千米之遥。

为了纪念这位伟大的发明家，后人在他的家乡，即今河南省南阳市石桥镇小石桥村西侧，修建了张衡墓。墓区占地面积5000平方米，为一半圆形土冢，高8米，周长70米，冢边环以砖砌甬道，并有围墙。墓前有“汉征尚书张公平子墓”碑两通，一为明嘉靖年间立，一为清光绪年间重刻。还有1956年郭沫若题词的墓碑。墓北50米处传为读书台故址，长、宽各6.5米，高1.3米。1956年，人民政府拨款重新修建陵园，新建碑楼和读书台，划定保护范围，并修建陈列室，展出有关张衡的史迹。

（三）蔡伦墓

蔡伦，字敬仲，东汉桂阳（郡治今湖南郴州）人，造纸术发明家。东汉明帝永平十八年（75年）或以前，蔡伦开始在京城洛阳皇宫当差。89年，和帝即位，蔡伦升任中常侍，侍从皇帝，参与国家机密大事。后来兼任尚方令，掌管宫廷御用手工作坊。他总结西汉以来用麻质纤维造纸的经验，改进造纸术，利用树皮、碎布、麻头、旧渔网等原料，经过精工细作，制出优质纸张。汉和帝刘肇元兴元年（105 年），造纸术被奏报朝廷，受到汉和帝的称赞，从此造纸术得到推广。后来蔡伦被封为龙亭侯，他组织监制的纸被称为“蔡侯纸”。后来蔡伦卷入宫廷内部的争斗——作为太监的蔡伦曾受窦后旨意构陷安帝祖母宋贵人。太后崩，安帝亲政。121 年，汉安帝命令他投案，蔡伦耻于受审，于是服毒自杀。

在纸没有发明以前，我国古代是靠龟甲、兽骨、竹简、木牍、金石、绢帛来记录事物的。经蔡伦的改进与推广，纸成了一种轻便、实用、经济、理想的新型书写材料，有力地推进了我国科学文化的传播和发展。造纸术是我国古代科学技术的“四大发明”之一，是中华民族对世界文明做出的一项十分宝贵的贡献。纸的发明和传播，对人类社会的进步和文化的发展起了巨大的作用。纸早已成为人们的日常生活中不可缺少的必需品——即使在计算机如此普及的今天，仍无法想象没有纸张的生活，遑论汉唐诸朝。

蔡伦墓祠（如图 6–15）在陕西省洋县龙亭镇，祠内古柏参天，殿宇栉比，碑石林立，风景秀丽而幽静，是全国重点文物保护单位。

墓祠占地 30 多亩，祠区有拜殿、献殿、蔡侯祠、东西配殿、乐楼等清代歇山式建筑及多株古柏和汉桂；墓区有石人、石羊、石马等翁仲，有明、清碑碣多通及单檐歇山顶方形祭亭。高大的墓冢呈漏斗状。蔡伦墓祠是集墓冢、古建园林、文物石刻于一体的旅游胜地。

蔡伦墓冢巍峨高耸，壮观异常。在古木掩映之中，墓前的石碑、石羊、翁仲一字排开，“蔡伦谱系碑”记载着蔡伦家族的历史沿革。墓前还有赵朴初手书“蔡伦墓”的祭亭与国民党元老、著名书法家于右任手书“蔡伦墓”匾额的垂花门。蔡伦墓后为“明月池”，池上昔日有榭，为蔡伦之寝殿。

整个蔡伦陵园分为南北两部分，墓区居北，蔡侯祠的中轴线上

由南而北依次为山门、拜殿、献殿，正殿大门上高悬有唐代德宗皇帝的御书“蔡侯祠”匾额，殿中有蔡伦塑像，右侧壁上绘有“蔡伦纸”制作工艺流程图，左侧壁上绘有蔡伦于114年封为龙亭侯的谢恩图壁画。在蔡伦祠中轴线两侧还有钟楼、鼓楼、厢房、戏楼等古建筑。蔡伦墓西侧有蔡伦纸文化博物馆，是全国首家蔡伦纸文化博物馆。

博物馆融纸文化与蔡侯抄纸工艺为一体，建有茶厅、娱乐房、纪念品堂等配套设施，兼顾休闲与游乐。在古作坊的造纸工艺流水线上，身怀绝技的矍铄老艺人为你展示现存世界上保存最完整、最古老的蔡侯纸造纸全过程。游客可亲自参与、亲手抄制蔡侯纸，留下墨宝。

一部《本草纲目》，一台地动仪，一张白纸，不仅使李时珍、张衡、蔡伦流芳百代，更代表了中华民族的勤奋和智慧。中华民族虽经历了太多的屈辱和曲折，但靠着伟大民族不屈不挠的意志和勤奋，定会重振国威，如猛醒雄师，再度雄踞于世界的东方。

图 6-15　陕西洋县蔡伦墓

附　录

中国古代陵墓（部分）一览表

本书章节	名称	位置	墓主	文物保护与旅游级别	备注
第二章：一、传说时代的陵寝	太昊陵	河南省周口市（羲皇故都风景名胜区）	太昊伏羲氏	全国重点文物保护单位 AAAA级旅游景区	每年农历二月初二至三月初三有盛大庙会
	炎帝陵	湖南省炎陵县鹿原镇鹿原陂	炎帝神农氏	全国重点文物保护单位 AAAAA级旅游景区	宝鸡市渭滨区神农镇常羊山上有第一代神农炎帝的陵与祠
	黄帝陵	陕西省黄陵县城北桥山	黄帝轩辕氏	全国重点文物保护单位 AAAAA级旅游景区	河南新郑有黄帝故里及祭祖大典
	大禹陵	浙江绍兴城东南会稽山麓	大禹	全国重点文物保护单位 AAAA级旅游景区	
第二章：二、殷商王陵	妇好墓	河南省安阳市殷都区小屯村	妇好（商王武丁配偶）	全国重点文物保护单位 世界文化遗产 AAAAA级旅游景区	位于殷墟宫殿宗庙区

（续表）

本书章节	名称	位置	墓主	文物保护与旅游级别	备注
第二章：三、秦始皇陵	秦始皇陵	陕西省西安市临潼区骊山脚下	秦始皇嬴政	全国重点文物保护单位 世界文化遗产 AAAAA 级旅游景区	包含秦始皇兵马俑坑
第二章：四、西汉帝陵	汉高祖长陵	陕西省咸阳市窑店镇三义村北	汉高祖刘邦	全国重点文物保护单位	
	汉景帝阳陵	陕西省咸阳市渭城区正阳镇张家湾、后沟村北的咸阳原上	汉景帝刘启	全国重点文物保护单位 AAAA 级旅游景区	
	汉武帝茂陵	陕西省兴平市东北	汉武帝刘彻	全国重点文物保护单位 AAAA 级旅游景区	建有茂陵博物馆
	霍去病墓	陕西省兴平市南位镇道常村西北	霍去病	全国重点文物保护单位 AAA 级旅游景区	
第二章：五、东汉帝陵	汉光武帝原陵	河南孟津白鹤镇铁谢村	汉光武帝刘秀	全国重点文物保护单位 AAA 级旅游景区	

（续表）

本书章节	名称	位置	墓主	文物保护与旅游级别	备注
第二章：六、魏晋南北朝帝陵	曹操高陵	河南省安阳市安丰乡西高穴村	曹操	全国重点文物保护单位	
	方山永固陵	山西省大同市镇川乡西寺儿梁山	北魏文帝太后冯氏	全国重点文物保护单位	
	北魏宣武帝景陵	河南省洛阳市北邙山	北魏宣武帝元恪	全国重点文物保护单位	在洛阳古代艺术博物馆内
	修安陵	江苏丹阳胡桥鹤仙坳	南朝齐景帝萧道生	全国重点文物保护单位	
	永安陵	江苏丹阳东北狮子湾胡桥	南朝齐宣帝萧承之	全国重点文物保护单位	
	恭安陵	江苏丹阳东北经山金家村	南朝齐和帝萧宝融	全国重点文物保护单位	一说为齐东昏侯萧宝卷墓
第二章：七、隋炀帝陵	隋炀帝陵	江苏省扬州市邗江区西湖镇，扬州市邗江区槐泗镇	隋炀帝杨广	全国重点文物保护单位	西湖镇炀帝陵为考古发现后确认，槐泗镇为原有炀帝陵

（续表）

本书章节	名称	位置	墓主	文物保护与旅游级别	备注
第二章：八、唐代帝陵	昭陵	陕西省礼泉县烟霞镇九嵕山主峰上	唐太宗李世民与长孙皇后	全国重点文物保护单位 AAA 级旅游景区	
	乾陵	陕西省乾县城北梁山	唐高宗李治与武则天	全国重点文物保护单位 AAAAA 级旅游景区	
	顺陵	陕西省咸阳市渭城区底张镇韩家村	武则天母杨氏	全国重点文物保护单位	
	恭陵	河南省洛阳市偃师区缑氏镇东北 2.5 千米的滹沱岭上	孝敬皇帝李弘	全国重点文物保护单位	李弘为高宗太子，未帝而亡，追谥为孝敬皇帝并以帝陵入葬
第二章：九、北宋皇陵	宋陵	河南省巩义市	宣祖赵弘殷（赵匡胤父）、太祖赵匡胤、太宗赵光义、真宗赵恒、仁宗赵祯、英宗赵曙、神宗赵顼、哲宗赵煦	全国重点文物保护单位	包括北宋七帝八陵：宣祖永安陵、太祖永昌陵、太宗永熙陵、真宗永定陵、仁宗永昭陵、英宗永厚陵、神宗永裕陵、哲宗永泰陵及大量陪葬墓

（续表）

本书章节	名称	位置	墓主	文物保护与旅游级别	备注
第二章：十、成吉思汗陵	成吉思汗陵	内蒙古自治区鄂尔多斯市伊金霍洛旗草原	元太祖铁木真	全国重点文物保护单位 AAAAA 级旅游景区	
第二章：十一、明代皇陵	明祖陵	江苏省盱眙县洪泽湖西岸	朱百六（明太祖朱元璋高祖玄皇帝），朱四九（朱元璋曾祖恒皇帝），朱初一（朱元璋祖父裕皇帝）	全国重点文物保护单位 AAA 级旅游景区	朱元璋高祖、曾祖、祖父衣冠冢，其祖父实葬地
	明皇陵	安徽省凤阳县城南7千米处	朱世珍（明太祖朱元璋父）、陈氏（朱元璋母）	全国重点文物保护单位	
	明孝陵	江苏省南京市紫金山南麓	明太祖朱元璋，皇后马氏	全国重点文物保护单位 世界文化遗产 AAAAA 级旅游景区	
	明显陵	湖北省钟祥市城东北纯德山上	朱祐杬（明世宗嘉靖皇帝朱厚熜父）	全国重点文物保护单位 AAAA 级旅游景区	

（续表）

本书章节	名称	位置	墓主	文物保护与旅游级别	备注
	景泰陵	北京市海淀区玉泉山北麓	明代宗朱祁钰与皇后	全国重点文物保护单位	
	明十三陵	北京昌平天寿山南麓	成祖朱棣（长陵）、仁宗朱高炽（献陵）、宣宗朱瞻基（景陵）、英宗朱祁镇（裕陵）、宪宗朱见深（茂陵）、孝宗朱祐樘（泰陵）、武宗朱厚照（康陵）、世宗朱厚熜（永陵）、穆宗朱载垕（昭陵）、神宗朱翊钧（定陵）、光宗朱常洛（庆陵）、熹宗朱由校（德陵）、思宗朱由检（思陵）	全国重点文物保护单位 世界文化遗产 AAAAA 级旅游景区 国家重点风景名胜区	
第二章：十二、清代帝陵	永陵	辽宁省新宾满族自治县永陵镇	孟特穆（肇祖原皇帝，清太祖努尔哈赤的六世祖）、福满（兴祖直皇帝，努尔哈赤曾祖）、觉昌安（景祖翼皇帝，努尔哈赤祖父）、塔克世（显祖宣皇帝，努尔哈赤父），礼敦（右穆武功郡王，努尔哈赤伯父）、塔察篇古（恪恭贝勒，努尔哈赤叔父）	全国重点文物保护单位 世界文化遗产	努尔哈赤祖陵，清关外三陵之一

（续表）

本书章节	名称	位置	墓主	文物保护与旅游级别	备注
第二章：十二、清代帝陵	福陵	辽宁省沈阳市东郊（俗称东陵）	清太祖努尔哈赤及叶赫那拉氏、富察氏	全国重点文物保护单位 世界文化遗产 AAAA 级旅游景区	沈阳东陵公园内，关外三陵之一
	昭陵	辽宁省沈阳市北郊（俗称北陵）	清太宗皇太极及孝端文皇后博尔济吉特氏	全国重点文物保护单位 世界文化遗产 AAAA 级旅游景区	沈阳北陵公园内，关外三陵之一
	清东陵	河北省遵化市西北	世祖福临（孝陵）、圣祖玄烨（景陵）、高宗弘历（裕陵）、文宗奕詝（定陵）、穆宗载淳（惠陵）	全国重点文物保护单位 世界文化遗产 AAAAA 级旅游景区	清东陵、西陵均有大量后妃亲王及重臣陪葬墓
	清西陵	河北省易县城西永宁山	世宗胤禛（泰陵），仁宗颙琰（昌陵），宣宗旻宁（慕陵），德宗载湉（崇陵）。	全国重点文物保护单位 世界文化遗产 AAAAA 级旅游景区	1994 年，清末代皇帝溥仪骨灰葬入清西陵
	钦陵、顺陵	江苏省南京市江宁区祖堂山南麓	南唐前主李昪（钦陵），中主李璟（顺陵）	全国重点文物保护单位	合称南唐二陵

（续表）

本书章节	名称	位置	墓主	文物保护与旅游级别	备注
第二章：十三、其他帝陵	永陵（王建墓）	四川省成都市金牛区	前蜀高祖王建	全国重点文物保护单位	
	吐蕃藏王墓	西藏自治区山南市琼结县城河南侧	松赞干布、芒松芒赞、赤德祖赞、赤松德赞、赤德松赞、赤祖德赞和朗达玛等	全国重点文物保护单位	
	西夏王陵	宁夏回族自治区银川市西贺兰山麓	太祖李继迁（裕陵）、太宗李德明（嘉陵）、景宗李元昊（泰陵）、毅宗李谅祚（安陵）、惠宗李秉常（献陵）、崇宗李乾顺（显陵）、仁宗李仁孝（寿陵）、桓宗李纯祐（庄陵）、襄宗李安全（康陵）	全国重点文物保护单位 国家考古遗址公园 AAAA 级旅游景区 国家重点风景名胜区	
	辽庆陵	内蒙古自治区巴林右旗辽庆州遗址北大兴安岭中	辽圣宗耶律隆绪（永庆陵），兴宗耶律宗真（永兴陵），道宗耶律洪基（永福陵）	全国重点文物保护单位	永庆陵、永兴陵、永福陵合称庆陵
	高句丽王陵	吉林省集安市北龙山	（高句丽）第二十代王长寿王（将军坟）	全国重点文物保护单位 世界文化遗产 AAAAA 级旅游景区	包括王城、王陵及贵族墓地

（续表）

本书章节	名称	位置	墓主	文物保护与旅游级别	备注
第三章：历代王侯墓	曾侯乙墓	湖北省随州市西郊	（战国）曾国君主乙		出土文物在湖北省博物馆展出
	汉广陵王墓	江苏扬州高邮天山	（西汉）第一代广陵王刘胥		
	汉海昏侯墓	江西省南昌市新建区大塘坪乡观西村	（西汉）第一代海昏侯刘贺（汉废帝）		
	汉梁王墓(群)	河南永城芒砀山	梁孝王刘武、梁共王刘买、梁平王刘襄、梁顷王刘无伤、梁敬王刘定国、梁夷王刘遂、梁荒王刘嘉等诸代梁王	全国重点文物保护单位 AAAAA 级旅游景区（芒砀山汉文化景区）	
	汉楚王陵	江苏省徐州市云龙区	第六代楚王刘注汉墓(龟山汉墓)、第三代楚王刘戊(狮子山楚王陵)及第一代楚王刘交、第二代楚王刘郢等。	全国重点文物保护单位 AAAA 级旅游景区（包括徐州汉文化景区，狮子山）	
	马王堆汉墓	湖南省长沙市芙蓉区东郊	西汉长沙国丞相轪侯利苍及其妻、子	全国重点文物保护单位	出土文物及女尸均在湖南省博物馆展出

（续表）

本书章节	名称	位置	墓主	文物保护与旅游级别	备注
第三章：历代王侯墓	南越王墓	广东省广州市越秀区象岗山	第二代南越王赵眜	全国重点文物保护单位	原址建有西汉南越王博物馆
	满城汉墓	河北省保定市满城区陵山	中山靖王刘胜及其妻窦绾	全国重点文物保护单位 AAAA 级旅游景区	
	大葆台汉墓	北京市丰台区花乡郭公庄大葆台村	西汉广阳顷王刘建	全国重点文物保护单位	在原址上建有大葆台西汉墓博物馆
	九龙山汉墓	山东省曲阜市九龙山半山腰	第三代鲁王刘庆忌（3 号墓）等历代鲁王	全国重点文物保护单位	
	明蜀王陵	四川省成都市十陵街道	第三代蜀王朱友垙等历代蜀王	全国重点文物保护单位	建有明蜀王陵博物馆
	靖江王陵	广西桂林尧山西南麓	朱守谦等历代明靖江王	全国重点文物保护单位 AAAA 级旅游景区	建有靖江王陵博物馆
	潞简王陵（潞王坟）	河南省新乡市凤泉区凤凰山南麓	朱翊镠	全国重点文物保护单位 AAAA 级旅游景区	

（续表）

本书章节	名称	位置	墓主	文物保护与旅游级别	备注
第五章：历代壁画墓	懿德太子墓	陕西乾县韩家堡	李重润（武则天之子）	全国重点文物保护单位	唐乾陵陪葬墓
	永泰公主墓	陕西乾县北	李仙蕙（武则天之女）	全国重点文物保护单位	唐乾陵陪葬墓
	章怀太子墓	陕西省乾县杨家洼村	李贤（武则天之子）	全国重点文物保护单位	乾陵陪葬墓之一
第六章：历代名人墓	孔林（至圣林）	山东曲阜	孔子及其后裔	全国重点文物保护单位 AAAAA 级旅游景区	
	关林	河南洛阳市洛龙区关林镇	关羽（首级冢）	全国重点文物保护单位 AAAA 级旅游景区	
	屈原墓	湖南省汨罗市烈女岭	屈原		屈原祠在汨罗玉笥山
	张骞墓	陕西省城固县博望镇饶家营村	张骞	全国重点文物保护单位	
	司马迁墓	陕西省韩城市芝川镇东南	司马迁	全国重点文物保护单位	包括墓和祠
	王昭君墓	内蒙古自治区呼和浩特城南	王昭君	重点文物保护单位 AAAA 级旅游景区	

（续表）

本书章节	名称	位置	墓主	文物保护与旅游级别	备注
第六章：历代名人墓	杨贵妃墓	陕西省兴平市马嵬坡	杨玉环（唐玄宗贵妃）	陕西省重点文物保护单位	
	香妃墓	新疆维吾尔自治区喀什市浩罕村	买木热·艾孜姆（清乾隆容妃）	维吾尔文物保护单位 AAAA 级旅游景区	实为伊斯兰教圣裔阿帕克霍加家族陵墓地
	苏禄王墓	山东省德州市北营村	古苏禄国东王巴都葛·叭哈剌	全国重点文物保护单位	
	渤泥国王墓	江苏省南京市雨花台区安德门外石子岗乌龟山南麓	古浡泥国王麻那惹加那	全国重点文物保护单位	
	李时珍墓	湖北省蕲州镇东南	李时珍	全国重点文物保护单位	
	张衡墓	河南省南阳市石桥镇小石桥村	张衡	全国重点文物保护单位	
	蔡伦墓	陕西省洋县龙亭铺南	蔡伦	全国重点文物保护单位	

后　记

社会的发展日新月异，时代需要学者将古代文化遗产研究成果由学术性向高质量普及性转变，以优秀的图书作品为引领，让大众体会博大精深的民族文化，见证璀璨的中华文明五千年的发展历程，提升文物古迹的保护和利用价值，从而增强文化自信。举凡重大的考古发现，无一例外都会引起全社会的巨大关注。几十处世界文化遗产或考古遗址公园，体现了中华文明发展的状貌。而古代陵墓正是文化遗产中非常重要的元素。博大精深的中华文明中历经沧桑幸存至今的陵与墓，不仅有高深幽暗的深沉与无奈，更有绚丽悲壮的内涵与倾诉，俨然已成为当代人不可或缺的凭吊怀古场所。因此我们确需与时俱进，顺应大势，体会新形势下人们对古代文化的理解角度和欣赏需求，给人们提供更加新颖全面、生动活泼的导引与提示，于是就有了本书的撰著。

本书虽大致基于 20 世纪 90 年代末辽宁师范大学出版社出版的《永恒的家园——古代陵墓》一书，但又有许多重大改进，以专业性与通俗性为主旨，以考古新发现、新热点为契机和切入点，增加诸多章节条目。力求条理更加清晰，行文更加流畅，历史脉络更为完整，雅俗共赏，图文并茂。

据此，我们对全书进行了重新编写润色，着力增加新材料、新知识。书中去除了部分略显晦涩的线图，适当增加图片，传播文化与文物保护并重，符合记载中华文明、弘扬民族文化的丛书定位。原书由刘曙光等先生指导厘定框架，润色标题文字，校定全书，本书修订时仍以此为基本蓝本，再予致谢！另外，原书由多人合作编写完成，本书由于时间紧迫，人各一方，重聚不易，主要由桑永夫、吕劲松、王璐完成。

古代陵墓的内涵及其所代表的重大事件和历史人物，因其题材厚重深远，臧否好恶向来不一，研究评论汗牛充栋。力争做到考古学术研究和提升普通读者文化素养兼顾，一直是撰著者追求的目标，因此，我们试图将专业背景与大众普及性二者有机结合，增强本书的可读性。

从某种意义上说，本书只是据实陈列，为文物研究者及爱好者提供些许帮助和导引，所谓抛砖引玉而已。倘有裨益，幸甚之至。书中恐有疏漏舛误，敬请读者诸君不吝指正。

桑永夫

2020年暮春于洛阳